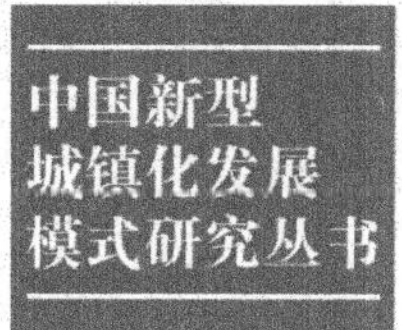

引领新型城镇化
——镇海模式解读

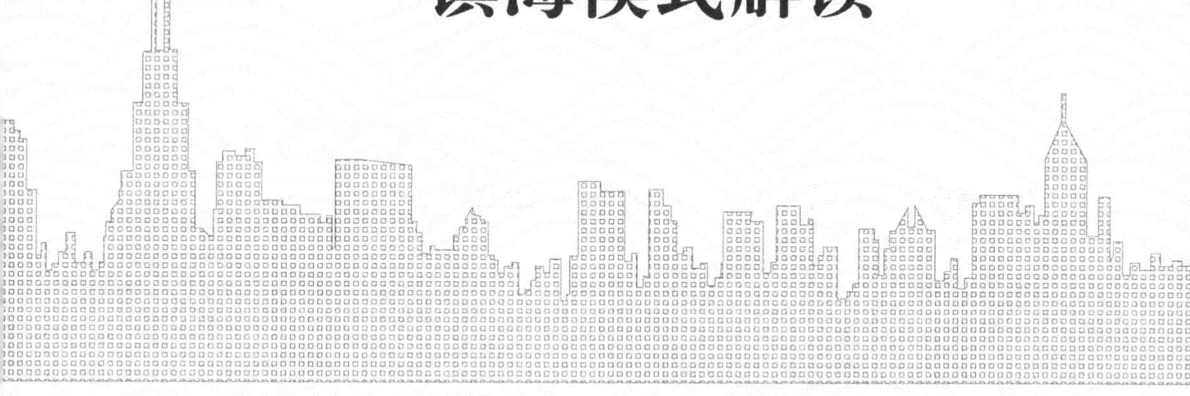

引领浙江智库系列

宁波市镇海区发改局 全域城市化课题组 著

图书在版编目(CIP)数据

引领新型城镇化 ：镇海模式解读 / 宁波市镇海区发改局，全域城市化课题组著. — 杭州 ：浙江工商大学出版社，2016.9

(中国新型城镇化发展模式研究丛书)

ISBN 978-7-5178-1704-8

Ⅰ. ①引… Ⅱ. ①宁… ②全… Ⅲ. ①城市化—研究—宁波市 Ⅳ. ①F299.275.51

中国版本图书馆 CIP 数据核字(2016)第 151144 号

引领新型城镇化——镇海模式解读

宁波市镇海区发改局　全域城市化课题组 著

责任编辑　谭娟娟　汪　浩

封面设计　叶泽雯

责任校对　尤建忠

责任印制　包建辉

出版发行　浙江工商大学出版社

(杭州市教工路 198 号　邮政编码 310012)

(E-mail:zjgsupress@163.com)

(网址:http://www.zjgsupress.com)

电话:0571-88904980,88831806(传真)

排　　版　杭州朝曦图文设计有限公司

印　　刷　浙江新华数码印务有限公司

开　　本　710mm×1000mm　1/16

印　　张　15.5

字　　数　238 千

版 印 次　2016 年 9 月第 1 版　2016 年 9 月第 1 次印刷

书　　号　ISBN 978-7-5178-1704-8

定　　价　45.00 元

项目成员

负责人：

崔召春　宁波市镇海区发改局

毛丰付　浙江工商大学教授

成　员：

盛伟刚　镇海区发改局

王光润　镇海区发改局

童凯士　镇海区发改局

虞　鸿　镇海区发改局

李振宇　唐山市统计局

曲　亮　浙江工商大学

徐霭婷　浙江工商大学

刘　彤　浙江工商大学

王建生　浙江工商大学

柳津妮　浙江工商大学

谢在阳　浙江工商大学

白云浩　浙江工商大学

李玉龙　浙江工商大学

王　哲　浙江工商大学

毛杰龙　浙江工商大学

崔　爽　浙江工商大学

张　彦　浙江工商大学

章　静　浙江工商大学

执　笔：

曲　亮　徐霭婷　谢在阳　李振宇

本著作是以下项目资助成果

◎ 国家自然科学基金项目“城市化进程中的非正规部门形成与动态演化:中国经验”,浙江省高校人文社科重点研究基地(浙江工商大学统计学)(编号:71173190/G0301)

◎ 国家自然科学基金项目“住房政策对劳动力迁移的影响机制及政策模拟:基于获取能力的视角”(编号:71273235)

◎ 浙江省“钱江人才”基金项目(编号:1050JF3013005)

◎ 现代商贸研究中心课题“资源环境与现代流通体系创新”(编号:1050KUSM14011)

◎ 现代商贸研究中心课题“流通业发展的国际比较研究”(编号:2010KUSM15001)

前 言

城镇化是一个地区社会经济发展的必然趋势，是中国特色社会主义现代化建设过程中推动地区城市工业化、信息化、国际化发展的重要途径。综观我国近几年的发展，城镇化建设进入了快车道，政府在加大投融资建设力度的同时，也加快了推进城镇化的部署工作。2010 年，中央经济工作会议明确指出，“城镇化是我国现代化建设的历史任务，也是扩大内需的最大潜力所在”；2013 年，李克强总理在国务院常务会议上也强调，“城镇化是我国经济增长的巨大引擎，是政府工作的重点，要以人为本，走新型城镇化道路”。2015 年 2 月，基于城镇化建设的制度背景，国家发改委将江苏、安徽两省和宁波等 62 个城市(镇)列为国家新型城镇化综合试点地区，各试点区域城市化进程加快，为进一步在全国范围内开展城镇化工作提供了发展经验和战略支持。

城镇化是一个伴随着人口迁移、经济增长、产业升级、生态环境改善、管理制度优化及人民物质文化水平大幅提升的过程，对于促进地区人口、资源集聚，增强城市竞争实力和提高城市的辐射带动作用具有重要意义。2011 年，浙江省宁波市委、市政府积极响应全国城镇化建设的号召，提出全面推进“六个加快”的战略部署，即加快打造国际强港、加快构筑现代都市、加快推进工业升级、加快创建文明城市、加快建设生态文明、加快提升生活品质，为促进宁波城镇化建设提供了可靠条件。据相关统计数据显示，宁波市城市化率由 1980 年的 18.2%提高到 2015 年的 71.1%，城市工业化、现代化水平得到明显提高。

镇海区是宁波市的一个中心城区，素有“浙东门户”的美誉，经济实力强、资源丰富，城市发展潜力大。近年来，以镇海炼化为主导产业的地区经济实现了快速增长，生产总值由 2009 年的 340.27 亿元上升至 2014 年的645.55亿元，年均增长15%左右；产业结构不断升级优化，区属固定资产投资逐渐由第一产业向第二、第三产业转移，工业总产值占全区GDP的比重持续上升；与此同时，镇海区加大了社会保障的投入力度，社保体系逐步完善，居民生活水平大幅提高，城乡差距进一步缩小，基本实现了农村向城镇发展水平的平稳过渡。为了进一步缓解城市发展的矛盾，促进城市的发展建设，2010年，镇海区政府战略性地提出"全域城市化"的发展道路，旨在通过包括经济、政治、文化、社会与生态文明"五位一体"在内的整个城区的全面协调可持续发展，建立健全以城带乡的长效机制，推进城市化、工业化和农业现代化的"三化"建设，并最终实现人民生活方式、产业发展结构及社会制度体系等向城市逐步转型的发展目标。

基于全域城市化的战略指导和政策扶持，镇海区通过近20年的发展，已初步形成城乡统筹、城市化高速发展的良好局面。为了进一步研究与总结近年来镇海全域城市化的发展成效、存在的不足及今后的改进措施，镇海区发展和改革局委托浙江工商大学课题组，在分析镇海区全域城市化发展现状、发展经验的基础上，探讨镇海全域城市化的发展特点及发展模式，并通过构建一套科学、严谨的全域城市化发展的综合评价指标体系，全面、准确地反映全域城市化的发展特征与存在的问题，为政府今后的工作开展提供可靠的决策依据。

本书共分为五个章节。其中，第一章由曲亮、崔召春、王光润、李振宇、柳津妮、白云浩、王哲、章静完成，主要介绍了城市化发展背景及镇海区经济社会的发展现状。第二章由徐霭婷、毛丰付、盛伟刚、李振宇、童凯士完成，该部分主要基于镇海区全域城市化发展过程中涉及的有关经济、社会、基础设施、居民生活和生态环境等各项指标，通过构建全域城市化综合评价指标体系，采用定量、定性的方法，从城乡统筹、经济高效、社会和谐、资源节约和农村现代化等不同角度对城市化发展的特征与现状进行较为全面的、完整的分析和论述，挖掘现象背后的一般规律。第三章由谢在阳、柳津妮、王建生、白云浩、李玉龙、崔爽、毛杰龙、张彦完成，主要从"五位一体"发展的基本现状及具体实践出发，总结镇海区全域城市化发展过程中政治、经济、文化、社会和生态建设方面的典型案例及政府在此过程中的主要贡献，为今后城市化发展提供经验指导。第四章、第五章由毛丰付、曲亮、刘彤、盛伟刚、虞鸿、谢在阳、柳津妮、白云浩、王建生、李玉龙完成，本部分在全面分析镇海区全域城市化发展情况的基础上，认真细致地总结了镇海区发展模式的特点、发展机制与发展路径，并为镇海区今后全域城市化的发展建设提供多方面战略性的可行化发展建议及完善措施。

本书的主要创新之处在于：第一，着眼于城市“五位一体”的发展视角，全方位、多层次地深入分析与总结镇海区全域城市化发展过程中的有关政治、经济、文化、社会和生态建设等方面的现状、典型事迹及存在的不足之处，全面、完整地反映了全域城市化的发展情况与主要特征；其次，基于城市化发展的各项观测指标，构建了镇海区全域城市化发展综合评价体系，从多个维度对城市化发展的各方面进行测量和分析，为政府决策者整体把握镇海区全域城市化的宏观发展方向，做出正确决策提供科学的、合理的基础和依据；最后，严谨地总结镇海区全域城市化发展模式的特点与发展路径，并建设性地提出新常态下镇海城市发展的突破口与具体措施。

宁波市镇海区全域城市化建设是一项重大的战略规划与研究课题，城市化的发展涉及土地资源整合、产业结构调整、用地布局规划、基础设施建设、人民物质文化生活保障及生态环境的改善等多个方面，但其建设过程中仍有很多矛盾和突出问题亟待我们关注和解决。目前，镇海区全域城市化的发展已经取得了阶段性的初步成效，城市化水平不断提高，但镇海区面积小，外来人口多，基础建设薄弱，今后的全域城市化发展进程该如何推进还需进一步的探索、努力与实践。

本书是在宁波市镇海区面临经济转型、全域城市化快速发展及“十三五”规划前期的大背景下创作而成的。立足于镇海区“五位一体”的发展现状，本书通过构建全域城市化综合评价指标体系与对镇海发展模式的深入归纳与总结，对于今后推进镇海区全域城市化的发展建设及促进其他新型城镇化发展，乃至全国城市化水平的有序提升，均具有重要的研究意义与参考价值。

目录
CONTENTS

第一章
城镇化发展的背景及现状

一、城镇化发展的背景解读

城镇化是每个国家在工业化、现代化进程中必经的过程，也是工业化、现代化的重要标志。改革开放以来，中国经济的高速增长也伴随着城镇化的加速发展，城镇化模式由计划经济体制下的“自上而下”型，逐步演变为社会主义市场经济体制下多元并行的发展格局。2010 年，中央经济工作会议明确指出，“城镇化是我国现代化建设的历史任务，也是扩大内需的最大潜力所在”；2013 年，李克强总理在国务院常务会议中也强调，“城镇化是我国经济增长的巨大引擎，是政府工作的重点，要以人为本，走新型城镇化道路”。随着中国城镇化发展战略的提出，城镇化进程呈现出加速增长的势头，城镇化水平不断提高。

（一）城镇化概念

城镇化是一个历史范畴，也是一个发展中的概念。党的第十五届四中全会通过的《关于制定国民经济和社会发展第十个五年计划的建议》中正式采用了“城镇化”一词。所谓城镇化主要指农村人口不断向城镇转移，第二、第三产业不断向城镇聚集，从而使城镇数量增加、城镇规模扩大的一种历史过程。城镇化既是物质文明进步的体现，又是精神文明前进的动力，城镇化集中反映了各个国家在实现工业化、现代化过程中所经历的社会变迁。目前，国内学者关于城镇化的研究很多，但关于城镇化的定义与内涵并未形成统一的认识。

1. 新型城镇化

2012 年在党的十八大报告中，正式提出了“把生态文明理念和原则全面融入城镇化全过程，走集约、智能、绿色、低碳的新型城镇化道路”的新型城镇化概念。

国家提出的新型城镇化模式是在政府引导下依靠市场运作，以人口的城镇化为发展核心，科学发展观为指导方针，坚持“全面、协调、可持续推进”原则，充分发挥信息化、农业产业化和新型工业化的发展动力，走“内涵增长”、可持续发展道路，建设城乡一体化的特色中国。新型城镇化较之于之前的城镇化，“新”的方面主要体现在以人为本，时刻将人放在突出的位置，城镇化建设的出发点和落脚点转移到了提升人的生活质量和水平方向，更加注重提高城镇化的质量、坚持科学全面可持续发展和以人为本，以及环境、社会和人民协调发展。（倪鹏飞，2013）

要理解新型城镇化的内涵，可以分别从坚持工业化、信息化、城镇化和农业现代化相互协调借以延续农村文明，统筹城乡发展；实现资源、环境与人口、经济相协调，保证城镇化建设健康有序和谐；形成以城市群为主体，大、中、小城市与小城镇协调发展的空间布局；以人为本，实现人的全面发展四个方面来重点着手研究。若要从发展观念看，新型城镇化的主要特征由原来的“重城轻乡”“城乡分治”，向城乡统筹转变；从制度改革角度讲，新型城镇化摒弃了之前传统的“重单项突破”，变成了多项改革进行，推进户籍、保障、就业等综合配套体制改革；若从城乡关系看，新型城镇化鼓励城市支持农村发展，积极推进城乡、产业、基础设施、生态环境和公共服务“五位一体”，促进城乡统筹发展；若从发展模式上看，新型城镇化强调突出中国特色，通过依托现有包括自然、历史文化、交通、区位等资源，打造中国特色城镇化发展模式，构建专业化、特色化突出的城镇。（张占斌，2013）

2. 城乡统筹

“城乡统筹发展”这一概念是在 2003 年党的第十六届三中全会上明确提出的，属于“五个统筹”战略之一。2008 年，国家做出“我国总体上已进入以工促农、以城带乡的发展阶段”的基本判断，并于同年正式实施《城乡规划法》，标志着我国将改变城乡二元结构的规划管理制度，进入城乡统筹的规划管理新时代。

城乡统筹主要是针对我国城乡之间的户籍、劳动用工、社会福利、住房政策、教育政策及土地使用制度等不同政策形成的城乡二元经济社会分割格局而提出的，认定城市和乡村都是经济社会发展这个大系统中不可分割的一部分，目的是打破原本存在的城乡二元结构及政治、经济、社会发展的制度隔离，实现城乡生产要素合理配置，协调城乡利益，创建城乡之间政治、经济、社会运行的融合机制，但城乡统筹并不意味着降低城市的生活标准来侧面提高乡村，也不是消灭乡村减少差距，而是通过新农村建设，让乡村居民享受与城市居民均等的待遇。(吴丽娟等，2012；姜太碧，2005)

城乡统筹的内涵包括城乡制度统筹、城乡要素统筹、城乡关系统筹。具体来说，城乡制度统筹涉及劳动力就业制度、户籍管理制度、财政分配和转移支付制度、社会保障制度、教育制度；城乡要素统筹最重要的是土地要素、资金要素、劳动力要素的统筹；城乡之间最主要的关系即区位、产业和居民的关系，也包括工业与农民、农业与市民的两个间接关系，而城乡统筹的核心是统筹城乡产业关系。城乡统筹主要有自上而下型、自下而上型和自上自下混合型三种基本的发展模式，其中自上而下型模式强调“城市包围农村”，以城市为主体，通过发展大城市为重点来带动农村经济的协调发展，中心城市和地方政府起着决定性作用；自下而上型模式主张“农村包围城市”，以发展壮大小城镇为主体带动乡村经济、社会的发展；自上自下混合型模式强调“城市农村齐头并进”，从城市和乡村两者的相互作用出发来探讨城乡统筹发展的动力机制。(姜太碧，2005；吴丽娟等，2012)

城乡统筹大致包括城乡政治(制度)统筹、经济产业统筹、社会服务统筹、生态环境统筹、特色资源统筹及空间布局统筹六个基本发展内容。从不同的角度探讨城乡统筹，核心与关键也有所不同：若基于产业发展视角，城乡之间需要建立“中间体”(小城镇)进行过渡与衔接，从而有效推动城乡产业融合，解决城乡经济断裂问题，促进城乡经济可持续发展；若基于资源要素配置视角，城乡统筹的重点在于深化土地、劳动力、资金生产资源的市场化改革，使各类要素在城乡之间真正流转起来；若基于制度创新视角，则城乡统筹就是以确立和保护农民平等权利为核心，统一城乡经济体和经济政策，实现城乡制度一体化。

3. 城乡一体化

新中国成立以来的我国城乡一体化，依政府在城乡一体化过程中的不同作用和表现，可以划分为三个不同的发展阶段，即城乡一体化提出与探索阶段(改革开放后至20世纪80年代中后期)、城乡边缘区研究阶段(20世纪80年代末到20世纪90年代初)、城乡一体化理论框架及体系建立并完善阶段(20世纪90年代中期至今)。党的"十七大"报告中明确强调,要建立"以工促农、以城带乡"的长效机制,形成城乡经济社会发展一体化新格局。

关于城乡一体化的定义,因角度不同,不同学科对此可谓"百花齐放"。社会学和人类学界从城乡关系的角度出发,认为城乡一体化是指打破发达城市和落后农村之间分割的壁垒,将城市乡村的经济和社会生活紧密结合,协调城乡之间的矛盾直至消灭城乡之间的基本差别,使城乡融为一体;经济学界则从经济发展规律和生产力合理布局角度出发,认为城乡一体化是指城乡经济布局一体化,城乡之间要加强交流和合作,实现生产要素的合理流动和优化组合,促使生产力合理分布,以取得最佳的经济效益;规划学主要是从空间的角度对城乡一体化进行理解,对具有一定内在关联的城乡交融地域上各物质与精神要素进行系统安排;生态学、环境学是从生态环境的角度,认为城乡一体化是对城乡生态环境的有机结合,保证自然生态过程畅通有序,促进城乡健康、协调发展。(景普秋等,2003)

城乡一体化的内涵涵盖了四个主要方面,即克服城乡分割格局实现城乡经济、社会统一协调发展;改变原本城乡互不联系的局面,实现乡村服务城市、城市服务农村的互帮互助局面,城乡之间优势互补、互相促进;促进城乡经济、社会、文化的全方位融合;行政区域建设应符合城乡一体化建设的要求。城乡一体化是一个长期战略,不可能在短时期内实现具体长期性特点,并且在一体化过程中还要兼顾城市和乡村具有的整体性、互动性特点,以城市为中心形成有限度的辐射区域的地域性特点,同时关注城市和乡村发展具有城市化和逆城市化的双向性和广泛性特点。

城乡一体化并不完全等同于城镇化,它是城镇化发展的一个新阶段。城乡一体化是把城市与乡村作为一个整体统一规划,通过体制改革和政策调整,促进城乡在规划建设、产业、市场、政策、生态环境、社会事业等方面的一体化,改变原有的城乡二元结构,保证城乡发展在政策上平等对待、城乡内产业发展互帮互助、待遇上要一致不能有太大差距,让农村居民享受的文明和待遇与城镇居民同等,使整个城乡经济社会全面、协调、可持续发展。

从国家政策层面看,新型城镇化、城乡统筹与城乡一体化这三个概念并不完全等同，最早提出的是城乡统筹发展概念，接着是城乡一体化，而新型城镇化则是在原有城镇化概念的基础上顺应时代发展的产物，而且被赋予了新的内涵。实际上，这三者之间具有密切的联系，新型城镇化的战略方针是城乡统筹、协调发展，而最终目标是实现城乡一体化。城乡发展的历史，大致沿着这样一条道路演变：乡育城市—城乡分离—城乡对立—城乡联系—城乡融合—城乡一体。这一演变过程既反映了城乡演变的趋势，也反映出城镇化进程的阶段性。

(二)政策总结

1. 国家

新中国成立以来的我国城镇化政策，依政府对城镇制定的政策差异和成果，可以划分为四个不同的发展阶段，即控制城镇化阶段（1949—1978 年）、推动城镇化阶段（1979—1993 年）、引导城镇化阶段（1994—2005 年）和重点发展城镇化阶段（2005 年至今）[①]。

(1)控制城镇化阶段

新中国成立初期，国务院通过调整镇的建设标准来控制城镇的数量和城镇人口，不仅如此，还通过限制户籍、就业和社会保障制度等方面来限制农村人口流动，对城镇化的态度保持在控制发展上。国务院在 1995 年的会议上规定，常住人口在 2 000 人以上，其中非农人口要占到 50%以上；若城镇人口在 1 000—2 000 人之间，则非农人口应控制在 75%以上，达到这两个标准其中之一才将地区纳为城镇。随后，1998 年全国人民代表大会采取最直接的手段进行控制——对常住人口登记进行规定，对城镇规模进行直接控制，限制了农村人口流向城市，这一时期城乡二元格局分化严重，农村地区和城市地区在福利、社会机会和社会保障等方面差异甚大。

(2)推动城镇化阶段

在上一阶段国家对城镇的规模及发展进行严格控制之后，到 20 世纪 70 年代末期，城乡差距、工农差距悬殊，相比于城市的发展，农村发展落后无比，这一时期出现了各种社会问题使得农村改革迫在眉睫。为了改善农村地区落后情况，政府发布了一系列推动城镇化发展的政策。首先

---

① 《中国农村城镇化政策的历史演进》，凤凰网，2013 年 1 月 6 日，http://finance.ifeng.com/news/macro/20130106/7518521.shtml。

便是推动一些小城镇的发展，重新确定建镇标准，放宽镇的建设规模要求。在1979年党的十一届四中全会和1980年的全国城市规划工作会议中都提到了要有计划地发展小城镇，控制大城市的规模，合理地发展中等城市，消除农村城镇化的障碍，加强对农村地区的支援。1983年的《当前农村经济政策的若干问题》《关于实行政社分开建立乡政府的通知》中都提出要对1955年和1963年中共中央和国务院设镇的规定做调整，放宽建镇标准，建立乡镇政府作为基层政权组织，突出镇的城市特质。其次，对前一阶段城镇的户籍管理制度、就业和社会保障等方面规定进行改善，消除城镇和农村发展在这方面的障碍。1984年1月1日的《中共中央关于1984年农村工作的通知》和10月13日的《国务院关于农民进入集镇落户问题的通知》都明文规定支持在城镇就业的农民，对参与城镇生活的农民准予其落户城镇，地方政府也优先为其提供衣食住行的方便。

这一时期伴随着改革开放和市场经济的推进，以乡镇企业的突起为代表的小城镇得到了空前的发展，国家关于推进小城镇发展的政策极大地推进了乡村工业化和农村的城镇化，此时小城镇在整个体系中担当了“城市之尾，农村之首”的角色，对当时经济发展起到了十分关键的推动作用。但是，当时政府的主要着眼点还定位在确定城镇化的大方针上。为了弥补这一政策上的空白，推进中小城市和城镇的发展，1985年颁布的第七个五年计划中提出要重点发展中小城市和城镇，防止大城市过度膨胀；1990年第八个五年计划中又提出要进一步调整和优化农村产业结构，推进小城镇的发展及1993年的《中共中央关于建立社会主义市场经济体制若干问题的决定》中也提出加强对乡镇企业的规划，充分利用和改造现有小城镇，建设新的小城镇。尽管如此，但这些文件都没有明确城镇化的具体政策[①]。

在当时的时代条件和发展背景下，尽管受政府推动作用，广大农民和农村的生产力积极性大大提高，农村经济也以前所未有之势快速发展，但因政府的政策都集中在较大层面，并没有提出具体政策，导致了地方政府盲目增加城镇数量、扩大城镇规模，出现了无数小城镇一哄而上乱发展、乱占用土地和污染环境的严重不和谐局面。当时还表现出社会乡镇企业过于分散、小城镇建设粗放无序、人口两栖化情况，城镇发展混乱的局面

---

① 中共中央：《中共中央关于制定国民经济和社会发展第七个五年计划的建议》，1985年9月23日。

也让中央意识到要采取具体的措施引导城镇发展。

(3)引导城镇化阶段

国家于1992年进行了市场化经济体制改革，此时国民经济发展不单单要靠大城市，农村和小城镇建设的地位也越来越突出，此时出台引导农村城镇化发展的政策尤为重要。1994年9月发布的《关于加强小城镇建设的若干意见》中注重以科技为先导，提高小城镇建设的科技水平，创建小城镇试点提高整体水平等，强调规范引导小城镇发展、科技带动小城镇发展，这是我国第一个关于小城镇发展的指导性文件，是政府引导城镇化的开端。随后1995年4月发布的《中国小城镇综合改革试点指导意见》正式决定选择一批小城镇进行试点工作，试图通过试点部分小城镇的初期效果来引导小城镇健康发展。1998年10月《中共中央关于农业和农村工作若干重大问题的决定》和十五届四中全会会议中将小城镇建设提高到了"大战略"的高度。2000年6月13日，中共中央、国务院发布了《关于促进小城镇健康发展的若干意见》，首次提出要改革小城镇户籍管理制度，这是新时期政府引导小城镇发展的标志性文件。随后党的十六大进一步明确了我国坚持大中小城市和小城镇协调发展，走中国特色的城镇化道路的根本方向。

在这个时期，随着国家政策的转移和相关文件的出台，城镇的地位逐渐提高，和之前不重视城镇化发展的态度相比，我国推进城镇化进程的政策有了明显的转变：小城镇的战略地位由"推动农村和农业发展的大问题"转变为"关系我国经济和社会发展的重大战略问题"；由政府控制计划小城镇发展转移到了由政府引导以市场为主的小城镇发展机制。在之前的城镇化政策阶段，小城镇的发展主要靠政府的计划，处于计划阶段，政府的行政命令直接控制小城镇的数量、规模和人口等。但在这一阶段，小城镇的发展不再由政府直接干预，而是充分发挥市场的主导作用，让商品流通、人员流动等跟随市场调节。这一时期政策使得小城镇由粗放的发展方式向集约的发展方式转变，破除了盲目追求数量和形式致使小城镇发展缺乏科学规划、布局不合理、配套设施不齐全、盲目攀比扩张、乱占土地和污染环境等问题，大幅度放宽对小城镇发展的要求。

(4)重点发展城镇化阶段

在出台了一系列具体带动城镇化发展的政策之后，我国城镇化得到了稳健的提升。2005年9月29日，中共中央政治局在第二十五次集体学习中提出建设社会主义新农村的概念、坚持走中国特色的城镇化道路，按照循序渐进、节约土地、集约发展、合理布局的原则，努力形成资源节约、环境友好、经济高效、社会和谐的城镇发展新格局，将城镇化道路上升至国家层面的大战略。经过一段时间的发展，我国城镇化水平继续提高，城市经济实力不断增强，城镇体系更加完善，城镇空间布局趋于合理。截至2005年底，全国设市城市661个，城镇人口56 212万人，城镇化率达到43%。同时，城市经济的发展和就业岗位的增加，有力地促进了农村富余劳动力向城市和非农产业转移，农村外出务工劳动力人数持续增加①，形成了京津冀、长三角、珠三角等城市群，产业和人口进一步集聚，城市群发展逐步成为城镇化的主体形态。

城镇化的具体原则是在党的十六届五中全会通过的“十一五”规划中第一次提出，后来经过不断的完善，党的十七届五中全会通过的“十二五”规划将城镇化的具体原则概括为“统筹规划、合理布局、完善功能、以大带小”②。2006年3月，全国人大通过的“十一五”规划纲要提出城镇化的主体形态是城市群③，随后党的十七大在十六大的基础上，在新实践和新探索的基础上进一步丰富了走中国特色城镇化道路的内涵，也进一步明确和开拓了推进城镇化的新思路，第一次指出了要形成辐射作用大的城市群。

2008年国际金融经济危机爆发，我国经济经历了深刻变革，城镇化进程进入新的阶段，中国面临世界经济持续低迷、贸易保护主义抬头、发达经济体推行量化宽松货币政策的外部环境使得新兴经济体面临又一次被“剪羊毛”的风险，这对我国经济发展带来巨大冲击。城镇化进程中会伴随着大量的农村人口转移到城市，进而产生大量投资需求和消费需求，改善城乡结构和国民收入结构，对第三产业和新产业的发展和成长起着很大的促进作用。④ 尽管城镇化对经济的发展有促进作用，但是城镇化进程中也会出现一些亟待解决的问题，例如，城乡二元结构问题，城镇公务服务和社会保障服务群体并未涉及大多数农民问题，城市建设“重面子

---

① 参考《2005年我国城镇化发展现状和2006年我国推进城镇化工作重点》。
② 详见人民日报，2010年10月28日。
③ 详见人民日报，2007年3月17日。
④ 详见人民日报.2013年12月15日。

轻里子”“重地上轻地下”“重短期轻长期”问题[①]、大量的农民工进城造成农村“空心村”和人口过于向大城市集中的“城市病”问题。

发展到这个阶段，追求城镇化的“更快”已经不符合时代的发展要求了，如何在城镇化率不断提高的同时“更好又快”地发展城镇化才是这阶段的主题。在多年探索的经验基础上，在2009年底召开的中央经济工作会议和在2010年2月的省部级主要领导干部专题研讨班上，我党提出了“新型城镇化”的理念和要求——提升城镇化发展质量和水平。2010年，中央经济工作会议明确强调城镇化的历史地位，即作为我国现代化建设的历史任务，同时又是扩大内需的最大潜力，表明国家接下来一段时间要围绕提高城镇化质量，积极引导城镇化健康发展，对大中小城市和小城镇进行科学合理部署，使得产业格局与生态环境相协调，并且着重推进农业转移人口市民化工作。2010年全国两会期间，为了提高我国城镇化率，有建议维持年均提高1.14个百分点的增速。2011年3月，国家“十二五”规划纲要中提出以5年4个百分点的速度提高我国城镇化率，力争到2015年达到50%以上。国家政策强有力地增强了城镇化发展的“底气”，到2011年我国城镇化率突破了50%，标志着城镇化站在了新的起点上。2012年数据显示，我国城镇人口由1.72亿增加到7.21亿，创造了人类历史上规模空前的城镇化奇迹。[②] 2013年3月和5月召开的国务院常务会议强调城镇化是我国经济增长的巨大引擎，是政府的工作重点，并且指出新型城镇化一定要以人为核心，防止人口过于向大城市聚集的“城市病”，要大力度解决城市内部的二元结构，降低城镇化的门槛。

2013年5月24日，国家发改委发布《关于2013年深化经济体制改革重点工作的意见》，意见中提出对户籍制度进行改革，根据城市的承载力和迁移情况来推行相应的户籍制度，统筹推进相关公共服务、社会保障制度改革。十八届三中全会通过的《中共中央关于全面深化改革若干重大问题的决定》中明确提出，接下来的一段时间，国家要全面开放建镇规模限制和城市落户的限制，逐步放开中等城市对落户的限制，根据大城市条件合理限定落户的条件，严格控制特大城市人口规模，推进农村转移人口

① 《中国特色新型城镇化道路的发展演变及内涵要求》，中国共产党新闻网，2014年5月26日，http://dangshi.people.com.cn/n/2014/0526/c85037-25066007-3.html。

② 《中华人民共和国2012年国民经济和社会发展统计公报》，人民日报，2013年2月23日。

市民化。中央城镇化工作会议中也提出要走新型城镇化道路，以“以人为本”为核心，有序推动常住人口市民化。同年 12 月 15 日，中央城镇化工作会议提出要保护生态环境，着力推进绿色、循环、低碳、可持续发展，减少对自然的干扰和损害，节约利用土地、水、能源等资源，尊重自然，顺应自然达到天人合一，“让城市融入大自然，让居民望得见山，看得见水，记得住乡愁”。

2014 年，中共中央、国务院印发《国家新型城镇化规划（2014—2020 年）》提出下一阶段目标是以人为本，提升城镇化水平和质量，使城镇化格局更加优化、城市发展模式科学合理、城市生活和谐宜人、城镇化体制机制不断完善。2015 年 2 月，国家发改委印发了《国家新型城镇化综合试点方案》，选取部分城市作为综合试点先行发展，包括江苏、安徽两省和宁波等 62 个城市（镇）被列为国家新型城镇化综合试点地区，并原则上同意了这些试点地区报送的试点工作方案，通过试点使试点地区充分发挥改革试点的先遣队作用，大胆探索适合地区的城镇化发展模式，争取到 2017 年各试点任务取得阶段性成果，形成可复制、可推广的经验和模式。

2. 浙江省

改革开放以来，浙江省顺应市场化改革的方向，城镇化工作一直在全国处于一路领跑阶段，较早形成了以大城市为核心，大中小城市与农村小城镇互动发展的良好态势，对浙江省经济发展做出了巨大的贡献，也在全国的城镇化工作中起着模范带头作用。依政府在城镇化过程中的不同作用和表现，浙江省城镇化的过程可以划分为三个不同的演进发展阶段，即自发推进阶段（1998 年之前）、快速推进城镇化阶段（1998—2007）和重点突破、全面攻坚城镇化阶段（2008 年至今）。

（1）自发推进阶段

在全国，浙江省是尝试城镇化道路的先行者，早在 1995 年就参与了国家第一批小城镇综合改革试点工作，全省在国务院的大力支持和帮助下，选择了 112 个镇进行现代化小城镇的试点工作。

这个阶段，浙江省乡镇企业迅速发展，“乡乡冒烟、村村点火”的乡镇企业带动了百万农民做到了农业向非农业的大转移。受乡镇企业发展的影响，衰落的农村经济得到复苏，农村城镇化得到较大的发展。这个时期是浙江省率先改革开放、率先启动工业化和市场化为背景，小城镇迅速崛起，大中小城市总体上处于内生演进的起步阶段。这一时期，农村工业化带动了农村的城镇化，城镇体系初步形成，城市建设区逐步扩大，城市化水平稳步提高，1978 年到 1997 年，全省城镇人口从 527 万增加到 1 574.43 万，城市化水平从 14.05％发展到 35.56％，提高了 21.51 个百分点。

(2)快速推进城镇化阶段

①1998—2002 年。

如果说 1998 年之前的浙江省城镇化是自发推进阶段，1998 年以后的浙江省便进入了快速推进城镇化阶段。自 1988 年国家开始停止福利分房时，住房开始商品化，市场逐渐开始占据主导地位，这在一定程度上强有力地带动了城镇的扩张。当时情况下浙江省经济社会发展迅速，经济总量从全国第 12 位升至第 4 位，但由此也带来一个严重的问题，即城市化的发展跟不上经济发展的脚步，由于之前政策一直倾向于小城镇的发展，导致大中城市发展不足、中心城市集聚辐射能力弱、小城镇数量过多、发展层次较低等问题。

为了有效解决这些问题，1998 年浙江省第十次党代会上提出了“不失时机地推进城市化进程”，揭开了浙江省实施城镇化战略的序幕。浙江省在全国率先提出并实施城市化发展战略，随后省委、省政府先后研究出台了《浙江省城镇体系规划(1996—2010 年)》《浙江省城市化发展纲要》和《关于加快推进浙江城市化若干政策的通知》等一系列政策措施，其中《浙江省城市化发展纲要》在全国开创先河，提出了构建“35221”的浙江城镇体系框架目标，其中强调以县城为重点，着力培育 100 个中心镇，促进小城镇发展从数量型向质量型转变。通过中心镇建设，推进人口集聚和产业集聚，建立农村人口向城镇集聚的人口流动机制，加快人口城市化步伐。在这一阶段，浙江省城市化的工作主要体现在加快行政区的调整，拓展了城市的发展空间，并在此基础上，推进了开发区、特色工业园区等各类园区的建设，有力地推动了浙江省经济格局发展转变，此时县域经济不再是小城镇模式，而是逐渐往现代商贸物流大城市化方向发展。

这一时期城市化飞速发展并呈现出前所未有之势，截至 2002 年底，浙江省城市化水平达到了 51.9％。大中城市的作用和地位不断提高，一大批开发区、工业园区蓬勃发展，产业集聚度提高。

②2003—2007 年。

2003 年以来至 2007 年是浙江省推进新型城市化、统筹城乡发展全面推进时期。2004 年，浙江率先制定并实施统筹城乡一体化纲要，提出重点发展小城市和中心镇，建设美丽乡村，全面开展县域村庄布局规划编制，加快推进镇规划和村庄规划编制。2005 年，浙江省委、省政府出台《浙江省统筹城乡发展，推进城乡一体化纲要》，明确提出今后一个时期浙江省统筹城乡发展、推进城乡一体化工作的指导思想、主要任务和战略举措。2006 年，浙江省委、省政府召开城市工作会议，出台了《关于进一步加强城市工作，走新型城市化道路的意见》，在全国率先提出并实施新型城市化战略，指出新型城市化要坚持科学发展、大中小城市和小城镇协调发展、城乡互促互进的城镇化道路。这一时期是浙江省新型城市化战略的探索时期。

当时社会还普遍存在"要地不要人""要物不见人"的偏差，相当一部分进城务工农民并没有真正地融入城市，成为城市市民。这种情况下浙江省委、省政府在全国首先提出了城乡一体化的发展目标，强调以人为本、集约发展、创新发展、和谐发展，走资源节约、环境友好、经济高效、社会和谐、大中小城市和小城镇协调发展、城乡互促互进的城市化道路。2006 年，浙江省在全国率先开展新一轮省域城镇体系规划编制工作，提出了未来要发展成"三群四区七核五级网络化"的城镇空间结构，改变以往的"就城论城、就乡论乡"的城乡二元分割的编制方式。在这一时期，浙江省先后实施了"五大百亿"工程、"三个千亿"工程，开展"千村示范、万村整治"活动，全面推进城乡基础设施、公共服务的统筹建设，提升城乡综合功能。到 2006 年底，试点镇成为小城镇经济发展的示范区、体制改革创新的先行区，也是浙江区域特色块状经济的主体、农民进城务工增收的主阵地，贡献占浙江经济总量的 1/3，成为浙江经济发展的主力军。

2007 年，浙江省政府颁布《浙江省中心镇发展规划（2006—2020 年）》和《关于加快中心镇培育工程的若干意见》，明确支持中心镇发展，公布了第一批 141 个省级中心镇名单，正式启动全省中心镇培育工作。2007 年 6 月，浙江省第十二次党代会报告中提出统筹推进新型工业化、城市化和新农村建设，并强调坚持走新型城市化道路，加快中心镇和特色小城镇发展，以中心镇建设促进人口集聚和产业集聚，充分发挥城镇化在统筹城乡发展中的重要作用。

（3）重点突破、全面攻坚城镇化阶段

2008 年以来是浙江统筹城乡发展进入重点突破和全面攻坚的新阶段。从 2008 年起，浙江省每年拨款 500 万元作为城镇化发展专项资金。2009 年 5 月，提出要结合新型城市化与新农村建设，增强中小城市发展实力的同时，加快中心村建设，形成以城带乡、以工促农的城乡区域协调发展体制机制。2010 年，浙江省委、省政府出台《进一步加快中心镇发展改革的若干意见》，提出下一阶段目标是把全省 200 个中心镇建设成为具有鲜明特色的优质县域中心或者副中心，提升中心镇地位。浙江省政府还制定出台了《关于进一步加快中心镇发展和改革的若干意见》，提出实施“两百双千工程”。2010 年 4 月，浙江省政府制定出台《关于开展小城市培育试点的指导意见》，提出从中心镇中选取 21 个中心镇赋予其县级待遇，给予中心镇 10 亿元培育资金、欠发达地区 10 亿元扶持资金助其发展，计划将其培养成具有一定实力的中小型城市。到 2010 年，浙江省城镇化基本进入了新阶段，由于大城市拥有更好的社会保障和公共服务，大多数人更愿意留在大城市。在此基础上，2010 年 12 月 29 日，省政府办公厅出台《关于开展小城市培育试点的通知》，在原本 200 个中心镇中选取 27 个中心镇开展小城市试点，防止中心镇和小城市脱节，使中心镇拥有能和城市匹配的产业支撑和公共服务体系的配套，并在控制大城市人口规模的同时，在培育小城市的过程中注重产城融合，建设宜居宜业的小城市，使小城市成为连接大中城市和农村之间的桥梁，实现人口就地城市化。截至 2012 年，2010 年选择的 27 个试点中心镇生产总值总量达到 2 131亿元，占全省生产总值比重的 6.16%；财政总收入超 280 亿元，占全省比重的 4.38%；镇平均建成区常住人口达到 10.3 万人，城镇化率提高到 62.8%，高出全国平均城镇化率约 10 个百分点。

随后，2011 年，浙江省政府出台的《浙江省新型城市化发展“十二五”规划》，2012 年召开的全省新型城市化工作会议颁布的《浙江省深入推进新型城市化纲要》，都对今后一个时期深入推进新型城市化工作进行了全面部署。彼时浙江省城镇化率在全国已处于遥遥领先地位，达到了 57.2%，常住人口达到 5 180 万人。浙江省采取独树一帜的做法，即推动大中城市优质资源向中小城镇乃至中心村延伸，促进小城镇的发展，通过政策导向及优惠鼓励农民向中小城镇集聚，实施“就地城镇化”，走符合省情的新型城镇化道路，提高城市群和都市功能，增强县域城镇集聚能力，加快形成城乡一体化发展新格局。

2014 年，浙江省发布《浙江省人民政府关于全面推进城镇低效用地再开发工作的意见》，指出全省在下一阶段要响应国家号召全面贯彻落实新型城镇化战略，坚持以人为核心，对全省利用率低、效用低的地皮进行再开发，优化用地布局，改善人居环境，促进经济转型升级，努力做到以最少的土地资源消耗带动最大规模的经济增长。

3. 宁波

改革开放以来，宁波市城乡发展面貌日新月异，城市化快速推进，到2013年宁波市城市化率已达69.8%。宁波市城市化进程总体上经历了三个发展阶段：小城镇发展阶段（1980—1990年）、城市化快速发展阶段（1991—2005年）和新型城市化发展阶段（2006年至今）。

（1）小城镇发展阶段

宁波市起初便具有体制机制这一改革的先发优势，农村集体经济和民营经济发展抓住了一个大契机，在一定程度上推动了宁波市城镇的发展和集聚，这是宁波市城镇发展的强有力的"后盾"。这一时期尽管小城镇在发展，但宁波整体还是存在浓重的"乡土气息"，农村居民依旧不愿离开土地，造成了"离土不离乡、进厂不进城""村村点火、户户冒烟"的农村就地工业化局面，使得农村像城市、城镇像农村。尽管带来了经济的快速发展，但却造成了城镇化的离散模式、城镇化质量不高、一心只注重经济发展、忽视人民生活质量的局面。

1985年以后，宁波农村产业结构加速调整和乡镇企业高速发展，极大地推动了人口集中和城镇集聚，城市化水平由1980年的18.2%提升到1990年的31.1%。1992年实施的"撤扩并"行政区划调整，使小城镇数量剧增，建制镇达到122个，比改革开放前多99个。

（2）城市化快速发展阶段

这一时期宁波工业化的快速发展成为宁波市城镇化进程的主要动力，带动了城镇化进程突飞猛进。1995年浙江着手进行的中心镇综合改革试点和2005年浙江提出的加快培育中心镇道路，都对宁波都市区发展提出了要求。为了突破宁波原有的城市格局和形态，从更大的空间范围内考虑设施的配置、交通的联系和产业的联动关系，宁波市"十五"规划纲要明确提出"四大战略"，其中就包括城市化战略。这一期间，宁波对乡镇企业进行成功转制并且施行并乡扩镇政策，取得了一定成效，至2005年，宁波市城市化水平达到了57.2%；宁波市建成区面积也提高到了120多平方千米，但这一时期城市化表现出典型的"要地不要人""兴城不兴业""重量不重质"现象，土地利用一定程度上呈粗放的发展形态。

1999年以来，在政府推进为主、自发发展为辅的双重合力作用下，宁波市明确提出要首先培育一批中心镇，并选择16个中心镇进行重点培育，推进城市化进程，至此，宁波城市化进程进入新的加速发展时期。

(3)新型城市化发展阶段

这一时期新型城市化和新型工业化的融合发展、科学发展观统领城市化发展、城镇化以人为本的战略转变,在给宁波带来了巨大机遇的同时,也带动了宁波城镇化的发展,城市化内涵和质量大大提高。

2006年,宁波召开了全市城市工作会议,提出要走大中城市和小城镇协调和谐发展、城乡互促共进的新型城市化道路,努力构筑宁波都市区。自2006年浙江省提出实施新型城市化战略以来,宁波市的城镇化建设过程中更加注重城市功能和质量,使得城市功能日益强大、居民生活质量逐渐提高,宁波市城镇化水平和步调走在全省前列。但宁波城镇化发展实践中仍存在几大突出问题,主要包括人口城市化和土地城市化节奏不一致、市域空间布局不合理、中心城市辐射能力较弱、城市经济综合竞争力不强和城乡面貌离群众期望差距较大等,宁波市政府意识到缩小城乡差距任务还很艰巨。

2007年,浙江省中心镇培育工程正式启动,省政府公布了第一批省级中心镇名单,宁波江北慈城镇等17个镇入围。随着中心镇的迅速发展,现行管理体制已经不利于中心镇的壮大崛起。宁波着眼于城镇化发展的新形势,围绕新型城镇化、中心镇向小城市跨越式发展等方面进行了一系列的特色城镇化道路的探索,首先便是建设卫星城改革试点镇,把全市城镇化建设提高到新的水平。2009年底,宁波市确定泗门、石浦、慈城、溪口、观海卫、西店、集士港7个镇为卫星城改革试点镇,2011年9月,又在原来基础上加入周巷镇。随着这一战略决策的推进,宁波8个卫星城迅速壮大,城乡面貌日新月异,卫星城逐渐发展成为宁波市地位独特的区域中心和宁波城市体系的重要节点。

2012年,宁波为了促进空间布局更加合理、资源配置更协调,编制《宁波市域总体规划》《宁波市统筹城乡发展规划》,对宁波市重大区域进行重新规划。2013年底,宁波市委、市政府针对宁波市现状提出"双驱动四治理"重要部署。2013年7月,市委审议颁布《中共宁波市委关于深入推进新型城市化提升城乡治理水平的决定》,强调宁波市要加快城镇化步伐,充分发挥城镇化对工业化、信息化和农业现代化的带动作用,提升城市治理水平,发展健康城镇化,建立新宁波。

2014年4月,浙江省扩大试点城市范围,新增16个试点城市,其中宁波江北区、慈城镇、宁海县、西店镇在列。2014年5月,宁波出台三年行动计划,目标设定于将宁波发展成具备"一核两翼、两带三湾"多节点网络化的现代城市布局、高端化的城市功能的新型城市。

作为东部沿海城市中发展较快的一员，宁波具有扎实的经济基础、原本城乡区域之间差距较小、城镇化水平总体高于浙江省平均水平的特点，但同时高速的发展也给宁波带来了很大的压力，宁波市城市可持续发展压力较大。近些年，宁波市响应省里号召，结合实际情况积极探索符合市情的城镇化道路，坚持以人为本，转变发展方式，提升城镇化质量，探索城镇化发展的新模式、新路径、新机制，为全国提供可复制、可推广的经验和模式。

4. 镇海全域城市化

镇海作为一个中心城区，具有实力强并且发展潜力大的特点，而镇海的快速发展是在城市建立的基础之上，要实现镇海的全面协调发展，就必须确定并强化镇海的城市功能。对一个地区而言，发展城市并不单单是某一项的发展，这涉及整个区域各个方面的协调配合发展，即发展“全域镇海”下的城乡统筹，而全域镇海的目标就是“全域城市化”。镇海区推进全域城市化（城镇化）建设，是镇海区委、区政府顺应镇海发展实际做出的战略决策，也是镇海新时期坚持解放思想、深化改革开放、加快转变经济发展方式的重要举措。

镇海区对其“全域城市化”的基本宗旨主要是形成以招宝山街道、庄市、骆驼为主体的中心城区，以蛟川、澥浦、九龙湖镇为支撑的区域性网络，区域内的农村地区逐步按“就地城市化”模式，建设成规模不等、分工有序、功能互补的村镇，以吸纳区域内的农村人口和产业，形成较高程度的集聚，进而实现“全域城市化”为目标①。镇海区农村是城市化工作的最大弱点，故城市化的主要着力点和切入点都在农村，对全域城市化而言，最重要的工作也是农村工作问题的重中之重，即用非农业化解决农业生产问题，用市民化解决农民生活问题，用城市化解决农村改造问题。对城市产业布局而言，最重要的是改变过去“零散布局”的产业格局，形成集群化的产业相互依赖的“一家人”格局，支持产业向工业园区集中，放大工业园区的集聚效应，突出上下游相关企业的连带作用，争取打造出从研发设计到销售的一体化全方位服务流程，实现城市产业布局“全域集群化”。

2010 年，镇海区响应宁波市号召，提出全域城市化道路，在此基础上镇海区加快拓展城市发展新空间，全面推进新城开发和老城提升项目，通

---

① 详见《“全域城市化”理念的镇海》。

过建立农村集中居住区、实行农房两改更措施对农村施行“就地城市化”；城区建设方面，投资建立大城区、拓宽城市空间，以新城开发建设为核心进行全区发展决策。2011 年，《镇海区“十二五”规划纲要》指出要大力发展镇海区的全域城市化，顺应镇海区工业化、城市化发展要求，提升基础设施覆盖率，提高公共服务质量，加强镇海区都市辐射力。

镇海区全域城市化重点工作放在以新城老城为核心，以基础设施为重点，提升区域承载力，构建区内“20 分钟交通圈”，加快城市化大平台建设；以城乡融合为目标，加快其他片区建设，全面实施“2016 工程”。

2012 年，镇海区城市建设已经进入加速推进期。在镇海区第十三次党代会上提出，今后的城镇化工作将重点着力建设全域城市化示范区，推动全域城市化格局更好更快形成。同年，宁波市住建委提出建设全域城市化应该从两个层次理解：一是借助宁波中心城的地理位置，利用中心城的辐射作用融入宁波城区整体的发展之中；二是注重镇海区的城乡统筹发展，考虑镇海区区域面积较小的实际情况，力争做到有限空间的最大化发展，带动产业集聚和各类设施的完善。同年，区政府颁布了《镇海区全域城市化发展规划》，正式推行全域城市化，突出由传统农村向现代社区转型、传统农民向现代城市居民转型、传统农业向现代都市农业转型的三大主线；基于“2016 工程”的社区空间优化与都市产业发展布局，从空间布局一体化、基础设施一体化、产业布局一体化、社区布局一体化和公共服务一体化五个方面，构建镇海区全域城市化的总体空间格局，基本实现有农地、无农业，有农居、无农村，有农工、无农民三大目标，科学规划城乡格局，完善基础设施建设，缩小城乡差距，将镇海区打造成宁波大都市新型城市化的先行区、长江三角洲全域城市化的示范区。《镇海区全域城市化五年行动计划(2012—2016)》中提出，镇海区五年内的目标是使城乡规划更加科学、基础设施更加完善、城镇村庄更具魅力、城乡发展差距缩小等。

2013 年，镇海区全域城市化综合配套改革试点工作继续实施，其中骆驼街道率先制定街道战略响应全域城市化口号；庄市街道紧随其后，秉持征地拆迁与城市管理“两个中心”，通过大体量拆迁、高品质建设、精细化管理“三位一体”工作加速推进全域城市化步伐；[①]蛟川街道通过规范

① 宁波市住房和城乡建设委员会：《镇海区庄市街道“三位一体”推进全域城市化建设》，浙江政务服务网，2013 年 8 月 19 日，http://jianw.ningbo.gov.cn/GB/show.aspx?id=22144&path_id=000000039700520。

小区管理、推进重点项目、改善河网环境等“组合拳”，全力加快全域城市化进程[①]。镇海区紧密围绕“经济发展、社会民生、生态环境、文化建设、行政组织”五位一体，提升基础设施建设，完善基础设施布局，推进公共服务均等化发展，构建镇海都市新区，稳步推进城镇农村和谐发展，建立“美丽新镇海”。同年，镇海区被纳入国家智慧城市试点名单，镇海区把握机会、结合自身发展状况，编制了《智慧镇海建设规划纲要》，并确定 15 个重点任务项目，深化农村经济体制改革，完善城乡一体化，稳步推行“智慧城市”改革试点，不断加快重点项目建设，普及智慧项目应用，为镇海区全域城市化发展插上“智慧的翅膀”。

二、镇海区发展现状

镇海区位于浙江省宁波市境东北部，中国大陆海岸线中段，长江三角洲南翼，东海沿岸。镇海东濒舟山群岛，西连宁绍平原，南接北仑港，北濒杭州湾，与上海一衣带水，是宁波市的北大门。自古以来镇海便是中国对外交往的重要口岸之一，素有“浙东门户”之称。随着宁波东部新城、杭州湾跨海大桥和舟山跨海大桥的建成，镇海成为宁波接轨上海、连通舟山的重要交通节点。[②]

镇海陆地面积 246 平方千米，海岸线长 21 千米，地形狭长，地势西北、东南两端高，中间平，甬江由西南流向东北入海，横贯境内中部。境内除西北为丘陵地形外，均属沿江沿海水网平原，地势低平。本区属亚热带季风气候，温和湿润，四季分明，雨量充沛，年均气温在 8—16.3 ℃，年降水量 1300 毫米左右。[③]

镇海历史悠久，小港横山下、沙溪蛇山山麓，均已发现了新石器时代人类居住的遗迹。自五代后梁开平三年(909)正式置县治；1985 年 7 月，

---

① 宁波市住房和城乡建设委员会：《镇海区蛟川街道打出全域城市化“组合拳”成效》，浙江政务服务网，2013 年 9 月 4 日，http://www.nbjs.gov.cn/gb/show.aspx? id=22392&path_id=000000039700399。

② 《镇海概况》，镇海新闻网，2015 年 4 月 2 日，http://zh.cnnb.com.cn/zh-news4024/zhgk/zh_zhkg/20090929094625.htm。

③ 《历史沿革》，宁波市镇海区政府网，2015 年 7 月 5 日，http://www.zh.gov.cn/zjzh/zhgg/zhgk/lsyg/201404/t20140411_148434.shtml。

镇海县并入宁波市，同年10月正式撤销县建制，建立宁波市镇海区；2001年，镇海区实行辖区内行政区划调整，目前下辖澥浦、九龙湖两个镇及招宝山、蛟川、骆驼、贵驷、庄市五个街道；2014年底，镇海区户籍人口为23.17万，其中非农业人口17.34万。[①]

镇海自古以来一直是我国对外交往的重要口岸，系古代海上丝绸之路的启碇港。悠久的历史让镇海形成了敢于拼搏的海防文化、敢闯世界的海上丝路文化、开拓进取的商帮文化等特色传统文化，并与现代都市文化相结合，与时俱进，构成了具有镇海特色的文化气息和文化环境。镇海还是著名的“院士之乡”，目前两院院士中属镇海籍的有20多位，充分显示出镇海人重视教育、勤于读书的品质。优越的地理位置、适宜的自然条件及深厚的历史文化底蕴使镇海迸发出巨大的发展活力。

（一）经济发展

“十二五”期间，镇海经济增速稳中缓升，2014年实现区属生产总值增长8.1%。一直以来，镇海都是将石油化工业作为支柱产业，中国最大的原油加工企业中国石化镇海炼油化工股份有限公司就设立于此，目前已集聚了一批大规模、具有竞争优势的企业，形成以镇海炼化、镇海电厂、原油储存、液体化工等为特色的化工产业集群，化工业产值占镇海区属总产值的90%以上。在强化优势产业的同时，镇海区积极寻求产业结构转型升级，利用自身区位优势、产业集聚优势、政策扶持优势不断开拓新领域，着力提升经济发展优质化水平。

镇海区重视科技创新对经济发展的支撑作用，大力实施创新驱动发展战略，积极创建省级创新型城区；确立并强化了企业的技术创新主体地位，逐步推进科技领航与培育“236工程”及高新企业“100工程”，深入实施创新指标五年倍增计划，加快完善了科技市场企业化运作机制。2013年以来，镇海以“国家智慧城市”为契机，加速科技化与市场化深度融合，开展智慧制造企业试点，以创新促发展。与此同时，镇海区创新产业发展模式，实施文化创意产业提升三年行动，通过优势产业与新兴产业的协作互补，提升产业竞争力和创造力，全面推进文化创意、装备制造两个镇海

① 《镇海概况》，镇海新闻网2015年4月2日，http://zh.cnnb.com.cn/zh-news4024/zhgk/zh_zhkg/20090929094625.htm。

特色联盟联动发展。[①] 如阿里巴巴·镇海装备制造产业带的建设，不仅为镇海区找到了新的增长点和未来可能的发展方向，而且对新型产业的入驻起到示范效应。

镇海作为古代中国对外交往的重要口岸，拥有得天独厚的港口区位优势和扎实的临港产业基础，具备发展港口服务业和海洋产业的现实条件。目前，其正全力推进“贸易港”“物流港”和“智慧港”三位一体建设，通过依托大宗生产资料交易中心，做优电子商务、期货交割和三方融资，大宗商品总成交额已超过1 000亿元；宁波镇海保税物流中心（B型）获批，宁波港九龙仓仓储公司获得上交所的期货交割库资质，由此可以看出，定位为物流枢纽港的镇海区潜力无限。同时，镇海着力打造全方位产业发展平台，力求高起点谋划产业布局、高质量整合资源，包括以物流业为主的城市物流孵化区、城市物流示范园区，以科创大厦、创E慧谷等为主体的文创产业核心区块，镇海大道两侧商务楼宇为中心的区域性总部经济、金融服务业和新兴服务业等。[②] 在海洋经济方面，抓住“21世纪海上丝绸之路”这一重大机遇，积极布局，利用自身制造业优势，与沿线地区形成上下游产业链格局，有效地推动了海洋产业的转型升级与发展。

长期以来，镇海的经济发展严重依赖于石油化工产业，区内经济活力明显不足。随着环境问题的约束，以及“绿色、智慧、宜居”的全域城市化目标的提出，调整产业结构，转变原有的高耗能、高污染、低效率、低产出的发展模式刻不容缓。目前，镇海大力发展战略性新兴产业，改造提升传统优势产业，深入开展工业企业绩效评价，健全“提转并关”政策体系；同时，落实“机器换人”项目，打造电子商务园区，实施关键标准提升和品牌培育工程。在成长型企业培育方面，镇海重点扶持创新成长型企业，并加大对民营小微企业的帮扶力度，解决企业最头痛的融资渠道少、融资难的问题；通过推动企业管理创新和商业模式创新，引导建立现代企业制度，不断促进民营经济质量和诚信“双提升”。[③]

镇海注重招商业态布局，推进产业链招商、高端服务业招商，加强与央企对接，积极推进大项目、大企业、大工程、大平台的引进与建设。2014

---

① 参考《镇海区2015年政府工作报告》。

② 《回眸“六大战略”最新成果 建设美丽镇海》，镇海新闻网，2015年1月30日，http://www.zhxww.net/zhnews4071/xwzx/bdyw/20150130072621.htm。

③ 参考《镇海区2015年政府工作报告》。

年实际利用外资 2.7 亿美元，引进市外内资 70 亿元、“浙商回归”资金 20 亿元。与此同时，实施“科技兴贸”“品牌兴贸”战略，保持自营进出口总额稳定增长，其中出口同比增长 8%。积极实施“走出去”战略，实现了对外经济合作营业额、服务外包执行总额分别同比增长 5%和 15%。①

（二）社会民生

“以人为本”是一个地区发展的基本原则和最终落脚点，镇海以实施“全域城市化”战略为契机，大力推进基础设施建设与公共服务统筹完善，始终将促进社会安定和谐、提高居民生活和福利水平作为工作的重心。“十二五”期间，区内社会事业全面发展，社保、医疗、教育、住房、公共交通等各个方面都有了显著提高，从医疗保险及养老保险参保率创下新高到城乡居家养老服务中心基本全覆盖，从社区服务站“一站一品”的创建到区内拆迁安置房达到总体平衡，让老百姓切实感受到改变就在身边。

镇海坚持以民生为导向。2014 年投入民生资金 31.1 亿元，占全区公共财政预算支出的 70.9%；同时，持续保持高就业水平，2014 年新增就业岗位 13 935 个，开发和保持公益性岗位 1 046 个，使城镇登记失业率降至 1.86%。社会保障体系进一步完善，新农合与城镇居民医疗保险、城镇职工医疗保险进行了有序整合，户籍人口养老保险参保率、城镇居民基本医疗保险参保率都达到 95%以上，而新农合参合率更是达到 98.5%，人均筹资标准为宁波市最高。镇海区在应对日趋严重的老龄化问题时，实行多样化政策：一是对高龄老人生活津贴执行标准保持省市区中的领先水平，并荣获“全国敬老模范先进单位”称号；二是在全市率先试点社会救助“一门受理”机制，加快完善分类分层救助模式；三是实施“9055 工程”，使区内城乡居家养老服务中心基本实现全覆盖，养老机构数量和质量显著提升。② 在住房保障方面，推进住房体制改革，增加公租房和廉租房的供给数量，并逐步扩大覆盖范围，将部分外来的优秀人才涵盖进来，在有效缓解中低收入家庭住房困难的同时，成为吸引人才留居镇海的重要手段。

镇海区重视社会事业的全方位发展。在教育方面，实施孝德礼仪教

---

① 参考《镇海区 2015 年政府工作报告》。

② 参考《镇海区 2015 年政府工作报告》。

育三年行动，义务段教育质量继续保持省市区领先水平，普通高中一本上线率列宁波市第一。在医疗方面，政府积极推进医疗体制改革，进行医疗一体化试点、公立医院综合改革；同时，充分发挥社区（村）作为基本单元的重要作用，完善社区卫生服务体系，实现医疗信息公共服务平台与宁波市通用共享。在社区方面，基层自治水平逐步提升，通过成立社会组织公益服务中心，进一步规范村、社区工作。在人力资源方面，启动对流动人力资源提质提效三年行动计划，开展流动人员综合积分申评试点。而在安全生产方面，镇海着力打造第三方监管模式并逐步成熟，完成97%的油气管线隐患整改，加上油气危化管线电子数据库基本建成及危化品运输车辆综合服务中心投用，使得各类安全生产事故数、死亡人数、直接经济损失大幅度降低。[①]

（三）地域文化

文化是城市的灵魂，是持久发展的内核，一个地区的魅力和吸引力主要靠文化底蕴。“十二五”期间，镇海区在不断加强自身“硬实力”的同时，围绕“文化强区”建设目标，着力实施文化提升措施，深入贯彻“以文化促发展”的战略部署，打造独具镇海特色的文化“软实力”。镇海区从完善公共文化设施网络、丰富公共文化服务产品、提升公共文化服务供给能力、加大公共文化人才队伍建设力度四个方面入手，努力提高人民的文化生活质量，满足群众日益丰富的精神文化需求，传播正确的世界观和价值观，推动全区的文化大发展和大繁荣，真正实现文化惠民。[②] 同时，镇海将培育和践行社会主义核心价值观放在突出位置，制订并实施了“厚德镇海”建设三年行动，提升居民的社会公德、职业道德、家庭美德及个人品德，全力打造厚德镇海，创建文明城市。

在具体的文化建设中，镇海区政府深入分析地域文化优势，立足基层群众，充分利用文化统筹城乡关系。制定并发布了《镇海区基层公共文化设施和服务标准》，打造“市民文化节”“雄镇大舞台”等文化品牌，积极探索和实践“政府主导、群众主体、社会参与、品牌运作”的群众文化建设新机制，鼓励引导更多的社会力量参与到群众文化事业的发展之中，使当地

---

① 参考《镇海区2015年政府工作报告》。

② 《镇海区全面改善文化民生实现文化惠民》，中国文明网，2014年10月27日，http://nb.wenming.cn/xsqcz/201410/t20141027_2253973.shtml。

居民成为"文化强区"建设的践行者和受益者。推动公共文化服务设施群功能效益向农村地区辐射，探索推行文化服务配送菜单和文化消费卡服务，加强对基层群众文化需求的衔接和优质服务资源的配送。[①] 2014年，镇海区首届市民文化节成功举办，以市民为核心的文化建设体系逐步形成。

镇海不断优化本土文化产业发展环境，深化文化金融合作，完善产业服务平台，培育和扩大文化消费，坚持以大学科技园为核心，不断夯实"一核多元"的产业发展格局，推动文创企业由"规模化"走向"品牌化"。镇海区着眼"文化强区"目标，做好整体规划，在为文化创意产业发展提供专项扶持资金的同时，进一步优化管理服务，全力挖掘文创产业的潜力和增长点，使文化创意企业成为区域经济发展的助力、国民经济的推动力。2014年，全区共引进文化创意企业290家，获批知识产权1 097项，以原创动漫业、网络游戏业、文化服务业等为重点的新兴文化创意产业逐步在镇海落地、生根、壮大。[②]

镇海区重视文化建设的引导作用和传播功能，为区内居民提供多样化的文化知识盛宴。同时，又努力推动"图书漂流""流动博物馆""流动海防馆""社区博物馆"等的建设和运行，加强对"海上丝绸之路文化"的研究交流，夯实文博事业基础，"盘活"文化馆、宁波博物馆、海防历史纪念馆等优秀传统文化资源，促使优秀传统文化和非物质文化遗产"在流动中保护，在保护中流动"，实现两轮驱动、比翼齐飞。[③] 通过这一系列的活动，不仅提升了市民对家乡文化的理解和认识，也使得原本缺乏生气的各类文化遗产变得生机勃勃。

(四)生态环境

镇海区作为浙江省重要的化工产业基地，集聚了一大批化工企业，在推动城市经济发展的同时，也带来了环境污染、水土资源破坏等生态问题。近年来，随着对生态环境重要性的认识不断加深，镇海区将生态环境

---

① 《宁波市镇海区处理好"三大关系"推进文化强区建设》，浙江文化信息网，2015年6月1日，http://www.zjcnt.com/content/2015/06/01/251235.htm。

② 《回眸"六大战略"最新成果 建设美丽镇海》，镇海新闻网，2015年1月30日，http://www.zhxww.net/zhnews4071/xwzx/bdyw/20150130072621.htm。

③ 《宁波市镇海区处理好"三大关系"推进文化强区建设》，浙江文化信息网，2015年6月1日，http://www.zjcnt.com/content/2015/06/01/251235.htm。

整治提升到战略高度。2003 年，镇海区提出“既要金山银山又要绿水青山，力争经济社会发展与生态环境保护双赢”的发展理念；在 2012 年更是将生态环境整治和生态文明示范区列为“六大战略”和“六个示范区”之首，出台了多项整治行动计划和环境保护政策，成功走出一条从重工化区转变为国家级生态文明示范区的发展之路。

2014 年，镇海区环境空气质量优良率为 80.2%，各项指标都有了质的改变。为整治煤尘污染，镇海区停止了离城区较近的镇海港区 2 号泊位、3 号泊位的煤炭作业，并在港区和镇海煤炭交易市场之间建成总长 7 000 余米防风抑尘网和配套喷淋设施，2014 年降尘均值达到 5.14 吨/(平方千米·月)，为近 15 年来最低。在废气治理上，镇海区于 2013 年率先引入先进的泄漏检测与修复(LDAR)技术并在 27 家企业试点，2014 年推广至 69 家企业；同时，推进“禁燃区”和“限行区”建设，2011 年以来年淘汰燃煤燃油锅炉 286 台，黄标车 2 998 辆，多项有效整治措施使得有机废气总量较 2011 年下降 17.3%。“十二五”期间，镇海区总投资约 10.3 亿元推进二氧化硫、氮氧化物两项大气污染物减排，随着镇海发电 4×215 兆瓦燃煤机组脱硝工程和镇海炼化自备电站、催化装置的脱硫脱硝工程的完工，每年削减二氧化硫约 6 000 吨、氮氧化物近 19 000 吨[①]。

“五水共治”是镇海区围绕实施生态环境整治战略的一项重大工程，以治水为突破口，同步开展治污攻坚、排涝提升、防洪强基、供水优化、全民节水五大行动。自 2014 年其提出以来，镇海区完成河道生态修复、清淤清障、污水管网建设改造、污水管网普查测量、机械化清疏改造疏浚雨水管网及雨水管网新建等多项工程，排水排污能力大幅提升。同时，建立起三级“河长制”，29 条区级河道落实区领导担任河长，实行全程跟踪管理；对辖区内 195 条一般河道落实镇村两级河长管理，实现了区域河道三级河长监督全覆盖的目标。[②]

“绿色、宜居”是镇海区城市建设的目标，这不仅要求对环境污染问题进行治理，也要求对城市环境进行绿化和保护。2012 年，镇海区启动省森林城市创建工作，全面推进“森林镇海”建设，2013 年被命名为“省级森林城市”。至 2014 年末，全区森林覆盖率达 27.7%，城市绿地面积 2

---

① 《生态环境整治·镇海在行动》,《今日镇海》2015 年 6 月 5 日。

② 《绿色崛起 生态文明引领发展》,《今日镇海》2015 年 1 月 30 日。

737.34 公顷，公园绿地 228.46 公顷，人均公绿 12.83 平方米，绿化各项指标处于宁波市领先水平。“城在林中，道在绿中，房在园中，人在景中”的美丽镇海画卷正在铺开。[①]

① 《宁波市首个“国家生态文明建设示范区”——镇海 把城市建在森林中》，中国文明网，2014 年 8 月 8 日，http://www.wenming.cn/syjj/dfcz/zj/201408/t20140808_2108602.shtml。

第二章
全域城市化发展综合评价体系

一、全域城市化发展综合评价指标体系构建

城市发展是以人为本的全面、协调、可持续发展。以人为本是城市发展的出发点和归宿；全面发展是以经济建设为基础，全面推进经济、政治文化建设，实现经济发展、社会进步；协调发展是要统筹兼顾，推进生产力和生产关系、经济基础和上层建筑相协调，推进经济、政治、文化建设各方面相协调；可持续发展是促进人与自然的和谐统一，实现经济发展和人口、资源、环境相协调，实现永恒发展。为了客观、全面、科学地衡量城市发展水平，推进宁波市镇海区全域城市化快速、高效、稳步地前进，需要构建一套科学的、严谨的、合理的全域城市化发展综合评价指标体系。

（一）全域城市化发展综合评价指标体系构建意义

全域城市化发展综合评价指标体系无论是对全域城市化发展过程的实时监控，还是对全域城市化发展水平的评估优化，都起着不可或缺的关键作用。对此，我们试图以人为本，立足于科学发展观和可持续发展理念，建立镇海区全域城市化发展综合评价指标体系，进而开展其全域城市化发展的综合评价。

1. 全域城市化发展综合评价指标体系比单一指标更能全面、准确地体现全域城市化的发展特征

全域城市化作为新型城镇化的高级阶段，强调了“全域”发展，更为注重城乡的融合发展，提出了农业产业化和现代化及村镇社区化等要求。

全域城市化是一个多元化的动态发展过程，并且对打破城乡二元结构起着极其重要的作用。若仅选择全域城市化发展过程中人口、用地规模、经济发展等相关单一指标来衡量全域城市化发展状况，显然已经不能完整、全面地反映出全域城市化发展的丰富内涵，其评价结果往往容易造成高估或低估全域城市化发展水平。综合评价指标体系则需囊括全域城市化发展过程中涉及的经济、社会、基础设施、居民生活、生态环境和城乡统筹等诸多指标，通过定量计算，才能较全面、较完整地反映全域城市化发展水平。因此，必须建立一套科学的、严谨的、合理的全域城市化质量综合评价指标体系，全面、客观地反映出全域城市化各个方面的发展状况，评价和监测全域城市化的发展质量，以达到系统反映全域城市化建设成果的目的。

2. 构建全域城市化发展综合评价指标体系能够及时地反映全域城市化发展过程中存在的问题

首先，全域城市化综合评价指标体系由多个子系统组成，各个子系统又由多个指标组成，在对镇海区全域城市化发展进行综合评价的时候，我们通过综合评价指标体系的评价，不仅能了解镇海区全域城市化各个子系统的发展状况，更能准确地找出对镇海区全域城市化发展影响较大的指标，以便于在今后的发展规划中给予重点发展。其次，采用全域城市化综合评价指标体系对宁波市不同城区、县的全域城市化发展进行综合评价，可利于城区、县间的横向对比，反映出各个城区、县的发展特征及自身优势，也利于其他城区、县借鉴经验改正不足之处。最后，若将镇海区不同年份的全域城市化发展作为研究对象，可直观地反映镇海区全域城市化发展趋势，便于进行纵向对比，继而从宏观上把握住该区全域城市化发展的正确方向。全域城市化是一个动态发展的过程，涉及方面众多且复杂，借助全域城市化发展综合评价体系，我们能够及时、全面地了解城市当前的发展状态，明确不同城市发展的最终状态，以及把握不同区域城乡协调发展的实现程度。

3. 构建全域城市化发展综合评价指标体系可为政府决策者提供决策依据

全域城市化的发展是一项庞大的系统工程，政府决策者不仅要凭借其知识、经验、智慧与胆识，更要借助具有可操作性的全域城市化发展综合评价指标体系，掌握准确的信息和数据，做出科学正确的发展决策，从而逐步满足人们生存过程中与之增长的物质文化精神等方面的需求，缩小城乡发展差距，共同进步并实现现代化。建立科学的、合理的、全面的全域城市化发展综合评价指标体系能为镇海区政府全域城市化发展状况提供准确的指导信息：一方面，可以帮助政府决策者从整体出发把握镇海区全域城市化发展的宏观方向，对全域城市化发展做出正确评价，把握好城市发展过程中的各种协调关系，包括人与人的协调、人与生态环境的协调、经济与社会的协调和城市与农村的协调等；另一方面，可以帮助政府决策者从局部出发找到处理问题的着手点，整体把握与局部调整相结合，共同为决策者制定合理的镇海区全域城市化发展战略和调整政策提供科学依据。

4. 构建全域城市化发展综合评价指标体系是对镇海区全域城市化发展综合评价与规律认识的需要

镇海区的全域城市化进程可以从两个层次理解：一是要主动接受宁波中心城的辐射，融入宁波大都市的发展；二是统筹城乡间的发展，从镇海全域考虑各类设施的布局和片区功能定位。未来的发展，我们不能简单地沿袭发达国家、城市的城市化发展模式，必须走出一条具有镇海特色的全域城市化道路。镇海面临区域面积较小的劣势，在有限空间里，必定要实现组团间的集聚和联动发展，而不是相互割裂的、独立的发展。全域城市化正是构成这种发展的重要推动力。面对这种新的形势，我们需要建立一个科学的、合理的全域城市化综合发展评价指标体系，该指标体系应能全面、客观地反映镇海区的建设、生产经营及社会各方面发展情况和存在的问题，评价和监测其全域城市化的进展情况。基于此，我们才能够正确地把握镇海区的发展方向，对其全域城市化发展规律具有更加深入的认识。

总之，通过构建全域城市化发展综合评价指标体系对镇海区全域城市化发展状况进行评价，意义在于既要反映出镇海区全域城市化整体发展状况，又要反映出镇海区全域城市化系统中各个子系统的发展状况，从而促进镇海区全域城市化的健康发展，即产业结构优化升级，各项基础服务设施更加便捷完善，居民在收入水平提高的基础之上能充分享受到城市（区）带来的各种物质、精神、生态文明，使城乡差距日渐缩小。

（二）全域城市化发展综合评价指标体系构建原则

建立一整套科学、规范、可操作和可比性较强的全域城市化发展综合评价指标体系，必须按照十六届三中全会提出的“统筹城乡发展、统筹区域发展、统筹经济与社会发展、统筹人与自然和谐发展、统筹国内发展和对外开放”要求，坚持以人为本，以全面、协调、可持续的科学发展观为理论背景，制定镇海区全域城市化发展综合评价统一的衡量标准，为全面建设小康社会服务。为此，要遵循以下几个原则：

1. 人本原则

城市的存在及发展都是为了满足人类对物质及精神的需求，全域城市化的最终目的也是满足人类对物质及精神的需求。除此之外，人也是全域城市化发展的根本动力，一切为了人，一切依靠人，两者的统一构成“人本原则”的完整内容。因此，全域城市化发展综合评价指标体系的建立应立足于以人为本这一原则，以人为中心，并真实、客观地反映全域城市化发展对城市居民生活质量的提高乃至整个社会的发展所起到的作用。

2. 系统性原则

全域城市化的发展包括人口演进、空间地域类型转化、经济生产方式更替、生态环境优化、居民生活方式转变和价值观念提升等诸多方面的转化，既有农村向城市的转换过程，也有城市自身发展的前进过程。因此，我们构建的镇海区全域城市化综合评价指标体系应能系统、科学地反映出全域城市化发展的六大方面——城乡、经济、社会、资源、环境和农村。同时，通过科学合理的方法确定出各个指标的权重，以确保评价的准确性和权威性。

3. 层次性原则

层次性是全域城市化发展系统性的表现，为了提高评价的精度，必须合理构造层次数量和指标数量，并且指标之间应存在着密切的联系：高层次指标是低层次指标的综合，具有提纲挈领的作用；低层次的指标是对高层次指标的解释，是更具体的定性和定量分析。我们构建的镇海区全域城市化发展综合评价指标体系中，以镇海区全域城市化发展为最高层次指标，其下包括城乡统筹、经济高效、社会和谐等六个子系统，各子系统下又由不同指标构成了三级指标。

4. 可操作性原则

全域城市化发展综合评价指标体系是由许多要素构成的统一体，涉及指标数量较大。全面的评价指标虽然可以提高评价的精确性，却易造成大量繁复的计算。除此之外，不同的指标获取难度不同，各评价指标必须含义明确，易于获取和计算。因此，我们应选择数目合适的指标来进行评价，这就要求指标的选择和设置必须抓住全域城市化发展过程中的主要方面和本质特征，使所选指标具有可采集性和规范性，如城市化水平指标反映镇海区城市化发展程度，通过非农业人口占总户籍人口的比重表示。

5. 科学性原则

科学性原则要求综合评价指标体系应该建立在科学的基础上，客观地反映目标与指标之间的真实关系，信息力求尽量少的重叠和遗漏。除此之外，数据要求来源可靠、准确、客观，指标目的明确，定义准确，界定清晰，具有理论依据。在指标的筛选上，应参照权威专家的建议，指标间既存在内在联系，又要避免内涵上的重复。在指标权重的赋予上，应尽量减少误差，保证赋权的客观性和科学性。基于此原则，镇海区全域城市化发展综合评价指标体系的每一个指标均有明确的定义与统一的口径，指标解释见后文。

6. 可比性原则

我们构建的全域城市化发展综合评价指标体系应该能够分别对宁波各个区域进行横向比较和纵向比较，从而归纳出镇海区全域城市化发展的特点、规律指标体系及问题等。因此，各评价指标的选取必须能够进行宁波市内部的横向比较与纵向比较，反映宁波各区域全域城市化发展的差异，得出发展结果。如果未能考虑到这些因素，那么构建全域城市化发展综合评价指标体系的意义就不存在。

7. 动态性原则

全域城市化不仅仅是个结果，更是个持续、动态、不断深化的过程，因此必须认识到指标体系的动态性。选取的指标应该能够通过表述镇海区过去和现在经济、人口、区域空间结构等各因素之间的关系，进而揭示镇海未来全域城市化的发展趋向。同时，全域城市化发展的动态性也决定了其复杂多变，因此在构建指标体系时必须有针对性地进行调整与补充。

8. 精减代表原则

为保证评价指标体系的系统性，将指标库所有的指标都加入指标体系中是不科学的，也是不经济的。因为指标数量的增多意味着数据获取成本的增加。另外，指标之间可能存在一定的相关性，致使一些指标成为冗余指标。指标体系要在信息全面性和指标数量尽可能少之间寻找最优均衡点。因此，在保证镇海区全域城市化发展综合评价指标体系系统性的前提下，重点考虑城乡统筹、城市经济、社会和谐、资源节约、人居环境和农村现代化等具有代表性的指标。

（三）全域城市化发展综合评价指标体系构建与解释

我们在结合《浙江省新型城市化发展“十二五”规划》中的主要发展指标及根据对全域城市化发展内涵的理解，在文献分析法、专家调查法、案例研究法和理论研究法相结合的基础上，设计了镇海区全域城市化发展综合评价指标体系。

1. 全域城市化发展综合评价指标体系构建

镇海区全域城市化发展综合评价指标体系的构建主要由城乡统筹、经济高效、环境友好、资源节约、社会和谐和农村现代化六个子系统组成（图 2-1）。“城乡统筹”子系统下设有“城市化水平”“城乡居民收入差距倍数”“城乡居民人均消费支出差距倍数”“城乡固定资产投资差距倍数”指标；“经济高效”子系统下设有“人均生产总值增长速度”“研究与试验发展经费支出占 GDP 比重”“非农产业全员劳动生产率”“第三产业增加值占 GDP 比重”“规模以上工业企业利润增长速度”“外贸出口增长速度”“地方财政收入增长速度”指标；“环境友好”子系统下设有“城市建成区绿化覆盖率”指标；“资源节约”子系统下设有“单位建设用地二、三产业增加值”“单位生产总值能耗”“城市人均公园绿地面积”指标；“社会和谐”子系统下设有“城镇居民人均可支配收入增长速度”“农村居民人均纯收入增长速度”“职工及城乡居民养老保险参保人数增长速度”“城镇登记失业率”“城镇居民人均住房面积”“每万人拥有医生数”“每万人拥有卫生机构床位数”“公共图书馆万人藏书量”“农村居民人均医疗保健支出”“农村居民人均交通和通信支出”指标；“农村现代化”子系统下设有“人均农业机械总动力”“农村居民每百户拥有私家车量”“农村人均文化娱乐支出”“农村居民每百户拥有电脑量”指标（表 2-1）。这六个子系统以人的活动为中心，包括经济、生活质量、社会发展、基础设施和环境等在内的一个有机整体，它们相互作用、相互协调、共同发展，其指标间有着密切联系。

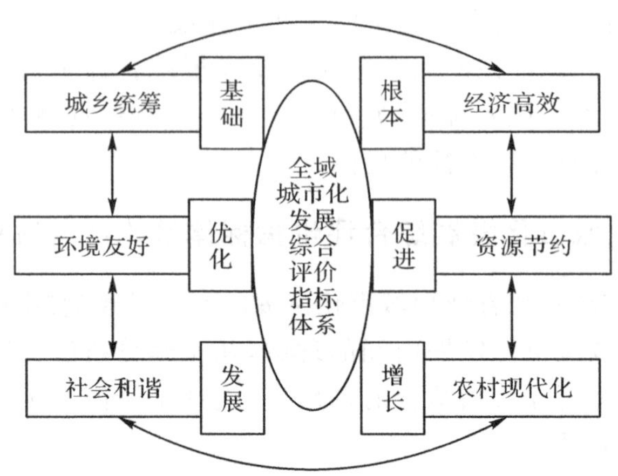

图 2-1　全域城市化发展综合评价指标体系

表 2-1　镇海区全域城市化发展综合评价指标体系具体说明

子系统	具体指标	单位
城乡统筹	城市化水平	%
	城乡居民收入差距倍数	倍
	城乡居民人均消费支出差距倍数	倍
	城乡固定资产投资差距倍数	倍
经济高效	人均生产总值增长速度	%
	研究与试验发展经费支出占 GDP 比重	%
	非农产业全员劳动生产率	元/人
	第三产业增加值占 GDP 比重	%
	规模以上工业企业利润增长速度	%
	外贸出口增长速度	%
	地方财政收入增长速度	%
环境友好	城市建成区绿化覆盖率	%
资源节约	单位建设用地二、三产业增加值	亿元/平方千米
	单位生产总值能耗	吨标准煤/万元
	城市人均公园绿地面积	平方米
社会和谐	城镇居民人均可支配收入增长速度	%
	农村居民人均纯收入增长速度	%

续　表

子系统	具体指标	单位
	职工及城乡居民养老保险参保人数增长速度	%
	城镇登记失业率	%
	城镇居民人均住房面积	平方米
	每万人拥有医生数	个
	每万人拥有卫生机构床位数	个
	公共图书馆万人藏书量	册
	农村居民人均医疗保健支出	元
	农村居民人均交通和通信支出	元
农村现代化	人均农业机械总动力	千瓦
	农村居民每百户拥有私家车量	辆
	农村人均文化娱乐支出	元
	农村居民每百户拥有电脑量	台

2.全域城市化发展综合评价指标体系解释

(1)“城乡统筹”子系统

党的十六大提出:“统筹城乡经济社会发展,建设现代农业,发展农村经济,增加农民收入,是全面建设小康社会的重大任务。”这是第一次在党的全国代表大会上从国民经济社会全局的角度提出的城乡共同发展战略,由此开启了中国经济社会发展的新纪元。党的十八大在提出推进城乡发展一体化的同时,从全面建成小康社会的全局,对城乡发展一体化的时空布局提出了进一步的要求,更加强调发展的平衡性、协调性、可持续性,这包含着城乡的平衡、协调发展。同时,十八大提出城乡收入倍增计划,强调了城乡居民收入增长的协调一致,避免城乡居民收入差距的进一步拉大,要求城镇化质量明显提高、农业现代化和新农村建设成效显著、基本公共服务均等化总体实现。

基于此,我们设计了“城乡统筹”评价子系统。该子系统共涉及四项指标:

①“城市化水平”反映城市化的发展程度,计算公式为:

城市化水平=非农业人口/总户籍人口。

②“城乡居民收入差距倍数”反映城乡居民收入的差距,计算公式为:

城乡居民收入差距倍数＝城镇居民人均可支配收入/农村居民人均纯收入。

③“城乡居民人均消费支出差距倍数”反映城乡居民消费的差距，计算公式为：

城乡居民人均消费支出差距倍数＝城镇居民人均消费支出/农村居民人均消费支出。

④“城乡固定资产投资差距倍数”反映城乡经济发展潜力的差距，计算公式为：

城乡固定资产投资差距倍数＝城镇固定资产投资/农村固定资产投资。

(2)“经济高效”子系统

面对复杂严峻的国内外经济形势，镇海区人民在宁波市镇海区委、区政府的正确领导下，牢牢把握“稳中求进、进中求好、积极有为、走在前列”的工作总基调，紧紧围绕实施“六大战略”，建设“六个示范区”这一主线不动摇，凝心聚力谋发展，全力以赴抓落实，这是新常态下宁波赶超发展的内在要求，对镇海经济如何走向“高效经济”，具有重要的引领作用。当前，中国经济发展进入新常态，正通过全面深化改革推动生产方式和产业结构的转变，经济增长质量的高效将成为各个地区重要的目标，因此经济高效对于全域城市化发展具有非常重要的推进作用。

基于此，我们设计了“经济高效”评价子系统。该子系统共涉及七项指标：

①“人均生产总值增长速度”反映地区的经济发展水平，计算公式为：

人均生产总值增长速度＝(今年人均生产总值－上一年人均生产总值)/上年人均生产总值。

②“研究与试验发展经费支出占 GDP 比重”反映地区的科技创新投入强度，计算公式为：

研究与试验发展经费支出占 GDP 比重＝研究与试验发展经费支出/GDP。

③“非农产业全员劳动生产率”反映非农产业全员劳动的生产效率，计算公式为：

非农产业全员劳动生产率＝非农产业产值/非农产业从业人数。

④“第三产业增加值占 GDP 比重”反映地区产业结构服务化的程度，计算公式为：

第三产业增加值占 GDP 比重＝第三产业增加值/GDP。

⑤“规模以上工业企业利润增长速度”反映规模以上工业企业利润的增长程度，计算公式为：

规模以上工业企业利润增长速度＝（今年规模以上工业企业利润－上一年规模以上工业企业利润）/上年规模以上工业企业利润。

⑥“外贸出口增长速度”反映地区对外开放水平的增长程度，计算公式为：

外贸出口额增长速度＝（今年外贸出口额－上一年外贸出口额）/上一年外贸出口额。

⑦“地方财政收入增长速度”反映地方财政收入的增长程度，计算公式为：

地方财政收入增长速度＝（今年地方财政收入－上一年地方财政收入）/上一年地方财政收入。

（3）“环境友好”子系统

环境友好型社会是一种人与自然和谐共生的社会形态，其核心内涵是人类的生产和消费活动与自然生态系统协调可持续发展。环境是经济社会可持续发展的物质基础和保障，经济的发展离不开资源和环境的支撑。环境友好型社会有利于降低成本，提高经济效益和国际竞争力。建设环境友好型社会，提高资源的利用效率，发展循环经济，推行清洁生产，保护环境和生态，对于一个地区各个方面的发展，具有非常重要的意义。

基于此，我们设计了“环境友好”评价子系统。该子系统仅涉及“城市建成区绿化覆盖率”一项指标，计算公式为：

城市建成区绿化覆盖率＝城市建成区的绿化覆盖率面积/城市建成区总面积。

（4）“资源节约”子系统

资源环境因素是一个国家经济发展的必要物质条件，它决定了一个国家经济发展的可能性、规模、速度和可持续性，而我国经济高速增长是以高消耗、高污染、高投入取得的，这就使得我国资源环境的压力越来越大，严重制约着社会的可持续发展。要推进全域城市化的发展，节约资源是一个长期而艰巨的过程。

基于此，我们设计了“资源节约”评价子系统。该子系统共涉及三项指标：

①“单位建设用地二、三产业增加值”反映建设用地的使用效率，计算

公式为：

单位建设用地二、三产业增加值＝二、三产业增加值/建成区面积。

②“单位生产总值能耗”反映地区的能源消费水平和节能降耗状况，计算公式为：

单位生产总值能耗＝生产总能耗（吨标准煤）/GDP。

③“城市人均公园绿地面积”反映城市整体环境水平和居民生活质量，计算公式为：

城市人均公园绿地面积＝城市公园绿地总面积/城市人口。

（5）“社会和谐”子系统

和谐社会作为多层次、多领域的系统工程，需要政治、经济、社会与文化等多方面的协调、和谐与深入发展。要保证经济社会协调健康发展，必须以经济建设和构建和谐社会为基点，妥善协调好经济社会结构变动过程中的各种利益关系，充分调动一切积极因素，正确处理各方面的社会矛盾，为经济社会发展创造一个长期稳定和谐的环境。构建和谐社会是经济发展的前提条件，而经济发展是构建和谐社会的基础和保证，两者是具有内在联系的统一整体，也是经济社会发展的重要目标和必要条件，是推进全域城市化发展的重要一环。

基于此，我们设计了“社会和谐”评价子系统。该子系统共涉及四项指标：

①“城镇居民人均可支配收入增长速度”反映城镇居民人均可支配收入的增长程度，计算公式为：

城镇居民人均可支配收入增长速度＝（今年城镇居民人均可支配收入－上一年城镇居民人均可支配收入）/上一年城镇居民人均可支配收入。

②“农村居民人均纯收入增长速度”反映农村居民人均纯收入的增长程度，计算公式为：

农村居民人均纯收入增长速度＝（今年农村居民人均纯收入－上一年农村居民人均纯收入）/上一年农村居民人均纯收入。

③“职工及城乡居民养老保险参保人数增长速度”反映职工及城乡居民享有基本养老保障的程度，计算公式为：

职工及城乡居民养老保险参保人数增长速度＝（今年参加养老保险职工人数－上一年参加养老保险职工人数）/上一年参加养老保险职工人数。

④“城镇登记失业率”反映地区的就业状况，计算公式为：

城镇登记失业率＝城镇登记失业人数/城镇从业人员总数与城镇登记失业人数之和。

⑤“城镇居民人均住房面积”反映城镇居民的居住条件，计算公式为：

城镇居民人均住房面积＝城镇实有住宅居住面积/城镇人口。

⑥“每万人拥有医生数”反映一个地区的医疗条件，计算公式为：

每万人拥有医生数＝医生数(人)/总人口(万人)。

⑦“每万人拥有卫生机构床位数”反映一个地区的医疗设施条件，计算公式为：

每万人拥有卫生机构床位数＝卫生机构床位数/总人口(万人)。

⑧“公共图书馆万人藏书量”反映地区的教育资源状况，计算公式为：

公共图书馆万人藏书量＝公共图书馆藏书量/总人口(万人)。

⑨“农村居民人均医疗保健支出”反映一个地区医疗水平，计算公式为：

农村居民人均医疗保健支出＝农村居民医疗保健总支出/农村人口(人)。

⑩“农村居民人均交通和通信支出”反映农村居民信息产业的发展水平，计算公式为：

农村居民人均交通和通信支出＝农村居民交通和通信支出/农村人口。

(6)“农村现代化”子系统

现代化农村社区是指生产力发达、社会发展和政治文明程度较高的农村社区。农村社区发展是经济发展和社会发展的综合体，是从传统社区向现代化社区不断变迁的过程。经济发展是社区发展的前提，也是解决农村各种社会问题的重要手段。要想实现农村社区的现代化，必须完成以农业为主的传统经济向工业、服务业为主的现代化经济转变。加快农村现代化建设是全域城市化发展的必由之路。

基于此，我们设计了“农村现代化”评价子系统。该子系统共涉及四项指标：

①“人均农业机械总动力”反映农业机械化发展变化情况，计算公式为：

人均农业机械总动力＝农业机械总动力/农业人口。

②“农村居民每百户拥有私家车量”用来衡量一个家庭的富裕程度，

计算公式为：

农村居民每百户拥有私家车量＝农村居民拥有私家车总数/农村居民(百户)。

③“农村人均文化娱乐支出”反映农村的文化建设情况，计算公式为：

农村人均文化娱乐支出＝农村文化娱乐总支出/农村人口。

④“农村居民每百户拥有电脑量”反映农村的信息化普及程度，计算公式为：

农村居民每百户拥有电脑量＝农村居民拥有电脑总量/农村居民(百户)。

二、镇海区全域城市化发展综合评价：基于宁波市

通过采用科学合理的综合评价方法，基于不同年份分析镇海区全域城市化的发展水平，对于全面理解镇海区全域城市化的发展现状、地位、优势及存在的不足，深入挖掘镇海区全域城市化发展的潜力，具有重要的现实意义和参考价值。

(一)全域城市化发展综合评价方法

在实证问题研究中，为了全面、系统地分析问题，我们必须考虑众多影响因素。这些涉及的因素一般称为指标，在多元统计分析中也称为变量。因为每个变量能从不同的侧面反映我们所研究对象的特征，但在某种程度上存在信息的重叠，具有一定的相关性，因而简单地对变量逐个进行分析会在一定程度上导致信息重叠。在利用统计方法研究多变量问题时，变量太多会增加计算量及分析问题的复杂性。因此，我们希望在进行定量分析的过程中，涉及的变量较少，但是能够反映较多的信息。

主成分分析法是在力保数据信息不丢失的原则下，对这种多变量的截面数据进行综合简化的最佳方法，即对高维变量空间进行降维处理。很显然，系统辨识在一个低维空间要比一个高维空间更为直观、简单。

1. 经典的综合评价方法：PCA 基本思想

主成分分析(Principal Components Analysis，简称“PCA”)也称主分量分析，是揭示大样本、多变量数据或样本内在关系的一种方法，旨在利用降维的思想，把多个变量转化为少数几个综合变量(即主成分)，从而降

低观测空间的位数，以获取最主要的信息。其中，每个主成分都是原始变量的线性组合，各主成分之间互不相关，因此这些主成分能够反映原始变量的绝大部分信息（85%以上），并且所含的信息互不重叠。基于此，在研究复杂问题时，就可在损失较少信息的情况下，只考虑少数几个主成分，以便简化问题，抓住问题核心所在。

PCA 作为一种降维的统计方法，它借助于一个正交变换，将其分量相关的原随机向量转化成其分量不相关的新随机向量，这在代数上表现为将原随机向量的协方差阵变换成对角形阵，在几何上表现为将原坐标系变换成新的正交坐标系，使之指向样本点散布最开的 P 个正交方向，然后对多维变量系统进行降维处理，使之能以一个较高的精度转换成低维变量系统，再通过构造适当的价值函数，进一步把低维系统转化成一维系统。

据此，PCA 的基本思想可以归纳为：它通过对原始变量相关矩阵或协方差矩阵内部结构关系的研究，利用原始变量的线性组合形成几个综合变量（主成分），在保留原始变量主要信息的前提下起到降维与简化问题的作用，使得在研究复杂问题时更容易抓住主要矛盾。主成分分析法的关键在于变量降维及主成分内涵的解释。

2. 经典的综合评价方法：PCA 主要作用

主成分分析主要起着降维和简化数据结构的作用。首先，PCA 能够降低所研究问题的数据空间的维数。即用研究 m 维的 Y 空间代替 p 维的 X 空间（$m<p$），而低维的 Y 空间替代高维的 X 空间所损失的信息很少。即使只有一个主成分 Y_1（即 $m=1$）时，该主成分 Y_1 仍是利用 p 维 X 空间的全部变量得到的。其次，PCA 为多维数据的图形表示提供一种思路。我们知道当维数大于 3 时，作图表现会变得异常困难和复杂。在大部分实证问题研究中，其研究变量都大于 3，直接进行作图是不可能的。然而，若经过主成分分析，我们可以选取前两个主成分（代表了绝大部分的原始信息）或其中某两个主成分，根据主成分的得分，画出 n 个样品在二维平面上的分布情况，直观地观测各样品在主成分中的地位，进而还可以对研究样本进行分类处理，也可以发现远离大多数样本的离群样本。然后，PCA 可以筛选回归变量。回归变量的选择有着重要的实际意义，为了使模型本身易于进行结构分析、控制和预报，需要从原始变量所构成的子集合中选择最佳变量，构成最佳变量集合。通过利用 PCA 筛选变量，我们可以用较少的计算量来选择变量，从而获得最佳变量子集合。最

后，可由 PCA 构造回归模型。将各主成分作为新变量代替原来的变量进行回归分析，能更加直观地反映研究问题。

3. 经典的综合评价方法：PCA 基本模型

假设我们所讨论的实际问题中，有 p 个指标，我们把这 p 个指标看作 p 个随机变量，记为 $X_1, X_2, \cdots, X_p$。主成分分析就是要把这 p 个指标的问题转变为讨论 m 个新的指标 $F_1, F_2, \cdots, F_m (m<p)$ 的问题，按照保留主要信息量的原则充分反映原指标的信息，并且指标间相互独立。

$$\begin{aligned} F_1 &= a_{11}X_1 + a_{21}X_2 + \cdots + a_{p1}X_p = \alpha'_1 X \\ F_2 &= a_{12}X_1 + a_{22}X_2 + \cdots + a_{p2}X_p = \alpha'_2 X \\ &\cdots \\ F_p &= a_{1p}X_1 + a_{2p}X_2 + \cdots + a_{pp}X_p = \alpha'_p X \end{aligned} \tag{2-1}$$

这种由讨论多个指标降为少数几个综合指标的过程在数学上就叫作降维。主成分分析通常的做法是，寻求原指标的线性组合 F_1（选取的第一个线性组合，即第一个综合指标）。F_1 包含了多少原指标的信息，则可通过 F_1 的方差表示，即 $\mathrm{Var}(F_1)$ 越大，表示 F_1 包含的信息越多。因此，在所有的线性组合中选取的 F_1 应该是方差最大的，故称为第一主成分。如果第一主成分不足以代表原来 p 个指标的信息，再考虑选取第二个线性组合 F_2，为了有效地反映原来的信息，F_1 已有的信息就不需要再出现在 F_2 中，也就是说，F_1 和 F_2 相互独立。同理 F_2 和 F_3 相互独立……用数学语言表达就是要求 $\mathrm{Cov}(F_1, F_2)=0$，则 F_2 称为第二主成分，依此类推可以构造出第三、第四、……、第 p 个主成分。

同时，PCA 满足以下性质：

①每个主成分的系数平方和为 1，即：

$a_{1i}^2 + a_{2i}^2 + \cdots + a_{pi}^2 = 1$；

②主成分之间相互独立，无重叠的信息，即：

$\mathrm{Cov}(F_i, F_j)=0, i \neq j, i, j=1,2,\cdots,p$；

③主成分的方差依次递减，重要性依次递减，即：

$\mathrm{Var}(F_1) \geqslant \mathrm{Var}(F_2) \geqslant \cdots \geqslant \mathrm{Var}(F_p)$。

（二）2005 年镇海区全域城市化发展评价

为了更好地反映镇海区全域城市化发展的整体情况，我们对宁波 3 市（慈溪市、奉化市、余姚市）6 区（北仑区、江北区、江东区、鄞州区、镇海区、海曙区）2 县（宁海县、象山县）2005 年全域城市化发展情况分别进行了评价排名，了解镇海区在宁波市中的排名情况，并从横向上正确客观地把握镇海区全域城市化发展情况，以对其发展规律具有更加深入的认识。

1.2005 年宁波市全域城市化发展综合评价指标选择与数据预处理

全域城市化发展受许多因素的影响，主要有城市化水平、人均生产总值、单位生产总值能耗等。由于资料的可得性和代表性，选择以下指标：

$X11$：　城市化水平(%)
$X12$：　城乡居民收入差距倍数(倍)
$X13$：　城乡居民人均消费支出差距倍数(倍)
$X21$：　人均生产总值增长速度(%)
$X22$：　研究与试验发展经费支出占 GDP 比重(%)
$X23$：　非农产业全员劳动生产率(元/人)
$X24$：　第三产业增加值占 GDP 比重(%)
$X25$：　规模以上工业企业利润增长速度(%)
$X26$：　外贸出口增长速度(%)
$X27$：　地方财政收入增长速度(%)
$X31$：　城镇居民人均可支配收入增长速度(%)
$X32$：　农村居民人均纯收入增长速度(%)
$X33$：　职工及城乡居民养老保险参保人数增长速度(%)
$X34$：　城镇登记失业率(%)
$X35$：　每万人拥有医生数(人)
$X36$：　每万人拥有卫生机构床位数(床)
$X37$：　公共图书馆万人藏书量(册)
$X38$：　农村居民人均医疗保健支出(元)
$X39$：　农村居民人均交通和通信支出(元)
$X41$：　单位建设用地二、三产业增加值(亿元/平方千米)
$X42$：　单位生产总值能耗(吨标准煤/万元)
$X43$：　城市人均公园绿地面积(平方米)
$X51$：　城市建成区绿化覆盖率(%)
$X61$：　人均农业机械总动力(千瓦)
$X62$：　农村人均文化娱乐支出(元)
$X63$：　农村居民每百户拥有电脑量(台)

在该评价指标体系中，由于性质不同，各评价指标具有不同的量纲和数量级。当各指标间的水平相差很大时，如果直接用原始指标值进行分析，就会突出数值较高的指标在综合分析中的作用，相对削弱数值水平较低指标的作用。因此，为了保证结果的可靠性，对上述原始指标数据均进行标准化处理。

2. 2005 年宁波市全域城市化 PCA 模型构建

按照我们建立的全域城市化发展综合评价指标体系，在对原始数据进行预处理之后，利用 SPSS 软件对标准化数据进行主成分分析，首先要确定主成分个数，如表 2-2 所示，得到主成分的特征值、方差贡献率及累计方差贡献率，继而确定主成分个数。

表 2-2 主成分的特征值、方差贡献率及累计方差贡献率

主成分	F_1	F_2	F_3	F_4	F_5	F_6
特征值	6.663	5.332	3.688	2.903	2.668	1.515
方差贡献率	25.627	20.509	14.184	11.164	10.260	5.825
累计方差贡献率	25.627	46.137	60.321	71.485	81.745	87.570

根据确定主成分的缺省准则即特征值大于 1，并且按照主成分的累计方差贡献率一般认为要达到 85%才符合要求的准则，来确定主成分的个数。如表 2-2 主成分的特征值和累计方差贡献率所示，只需对前 6 个主成分进行分析即可，得到的主成分载荷矩阵如表 2-3 所示。

表 2-3 载荷矩阵

变 量	F_1	F_2	F_3	F_4	F_5	F_6
X11 城市化水平	0.553	0.712	0.270	0.161	0.282	0.010
X12 城乡居民收入差距倍数	0.514	−0.112	0.137	0.581	−0.306	−0.124
X13 城乡居民人均消费支出差距倍数	0.845	−0.225	0.073	−0.318	0.291	0.130
X21 人均生产总值增长速度	0.083	0.003	−0.815	−0.017	−0.063	0.496
X22 研究与试验发展经费支出占 GDP 比重	−0.340	0.102	0.683	0.454	0.154	−0.313
X23 非农产业全员劳动生产率	0.544	0.235	−0.707	0.238	0.176	−0.018
X24 第三产业增加值占 GDP 比重	0.555	−0.535	−0.003	0.450	−0.357	−0.247

续 表

变 量	F_1	F_2	F_3	F_4	F_5	F_6
X25 规模以上工业企业利润增长速度	−0.422	−0.271	0.095	0.238	0.545	0.275
X26 外贸出口增长速度	0.255	0.080	0.626	0.040	−0.607	0.053
X27 地方财政收入增长速度	−0.725	0.552	0.224	−0.303	0.097	−0.102
X31 城镇居民人均可支配收入增长速度	−0.936	0.109	−0.124	−0.242	−0.012	−0.026
X32 农村居民人均纯收入增长速度	−0.712	0.228	−0.230	−0.199	−0.105	−0.368
X33 职工及城乡居民养老保险参保人数增长速度	−0.408	0.234	0.117	0.636	0.295	0.432
X34 城镇登记失业率	−0.372	0.396	0.133	−0.260	0.506	0.182
X35 每万人拥有医生数	0.126	0.404	0.197	0.311	−0.525	0.555
X36 每万人拥有卫生机构床位数	0.413	0.707	0.360	−0.032	0.047	−0.033
X37 公共图书馆万人藏书量	0.605	0.639	−0.013	−0.079	0.345	−0.277
X38 农村居民人均医疗保健支出	0.580	−0.267	0.599	−0.332	0.266	0.105
X39 农村居民人均交通和通信支出	0.084	−0.225	0.502	−0.404	0.213	0.230
X41 单位建设用地二、三产业增加值	−0.362	0.828	0.082	0.170	−0.168	−0.141
X42 单位生产总值能耗	−0.434	−0.491	0.454	0.121	−0.156	0.202
X43 城市人均公园绿地面积	0.848	0.099	0.111	0.046	0.461	−0.058
X51 城市建成区绿化覆盖率	0.272	0.681	−0.022	−0.423	−0.461	−0.049
X61 人均农业机械总动力	0.113	0.569	−0.555	0.427	0.169	−0.039
X62 农村人均文化娱乐支出	0.410	0.263	−0.156	−0.656	−0.404	0.225
X63 农村居民每百户拥有电脑量	−0.094	0.875	0.271	0.196	−0.116	0.256

利用主成分的载荷矩阵和相关系数矩阵的特征根来计算特征向量，即特征向量等于主成分载荷矩阵的相应值除于特征值的平方根，再利用

特征向量得到主成分的得分如表 2-4 所示。从表中数据可以看出，11 个县（市、区）的综合排名依次为镇海区、北仑区、江东区、鄞州区、海曙区、江北区、奉化市、宁海县、慈溪市、象山县、余姚市。其中，从排名前三的得分来看，镇海区的全域城市化发展以较大优势领先于排名第二、三的北仑区和江东区（图 2-2），其得分是第二名的 2.1 倍、第三名的 4.2 倍。

表 2-4　主成分得分矩阵及得分排名

县（市、区）	F_1	F_2	F_3	F_4	F_5	F_6	综合得分	排名
北仑区	3.589	1.943	−3.902	−0.045	1.370	0.675	1.076	2
慈溪市	−0.519	−0.936	−1.064	−1.503	−2.055	2.006	−0.834	9
奉化市	−1.897	1.073	0.413	0.308	−2.345	−0.604	−0.515	7
海曙区	2.213	−1.427	−0.704	1.727	−1.437	−1.011	0.181	5
江北区	0.902	−0.407	−0.723	0.371	−0.327	−0.667	0.014	6
江东区	1.889	−1.404	1.942	1.292	−1.176	−0.388	0.539	3
宁海县	0.523	−3.349	1.097	−3.725	0.956	−0.116	−0.822	8
象山县	−2.318	−1.998	−0.748	0.825	2.622	−1.544	−0.964	10
鄞州区	−1.818	−0.759	1.578	2.430	1.623	2.438	0.214	4
余姚市	−5.048	2.862	−1.075	−0.773	−0.250	−0.520	−1.147	11
镇海区	2.485	4.402	3.186	−0.907	1.019	−0.268	2.259	1

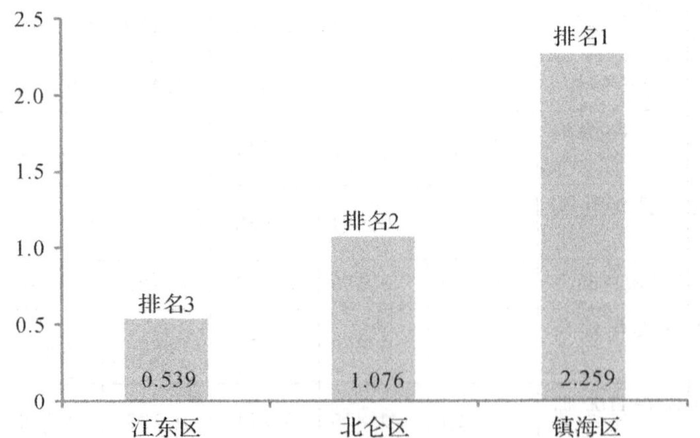

图 2-2　2005 年宁波全域城市化发展排名前三城市（区）得分

此外，从基础数据来看，镇海区的很多指标都处于领先位置，具体比较结果如表 2-5 所示。从表中数据可以看出，镇海区在城市化水平、每万人拥有卫生机构床位数、公共图书馆万人藏书量等方面较其他地区有着明显的优势。同时，镇海区的其余指标数值大多处于中等偏上水平，所以 2005 年镇海区的全域城市化发展在宁波 3 市 6 区 2 县中处于领先地位。

表 2-5　镇海区全域城市化发展基础数据及差距

指　标	镇海区	第二高	最低	与最低的差距
X11 城市化水平	63.14	41.42	15.84	47.30
X36 每万人拥有卫生机构床位数	58.00	37.55	11.99	46.01
X37 公共图书馆万人藏书量	5 892.00	5 250.23	2 550.86	3 341.14
X41 单位建设用地二、三产业增加值	9.76	9.67	4.78	4.98
X51 城市建成区绿化覆盖率	45.14	41.05	18.60	26.54
X63 农村居民每百户拥有电脑量	27.00	22.00	8.00	19.00

(三)2010 年镇海区全域城市化发展评价

为了更好地反映镇海区全域城市化发展的整体情况，我们对宁波 3 市(慈溪市、奉化市、余姚市)6 区(北仑区、江北区、江东区、鄞州区、镇海区、海曙区)2 县(宁海县、象山县)2010 年全域城市化发展情况分别进行了评价排名，了解镇海区在宁波市中的排名情况，并从横向上正确客观地把握镇海区全域城市化发展情况，以对其发展规律具有更加深入的认识。

1. 2010 年宁波市全域城市化发展综合评价指标选择与数据预处理

考虑到数据的可获得性，我们对宁波 11 个县(市、区)2010 年的全域城市化发展情况进行综合评价的评价指标体系如下：

X11：　城市化水平(%)

X12：　城乡居民收入差距倍数(倍)

X13：　城乡居民人均消费支出差距倍数(倍)

X21：　人均生产总值增长速度(%)

X22：　研究与试验发展经费支出占 GDP 比重(%)

X23：　非农产业全员劳动生产率(元/人)

X24：　第三产业增加值占 GDP 比重(%)

X25：　规模以上工业企业利润增长速度(%)

X26：　外贸出口增长速度（%）
X27：　地方财政收入增长速度（%）
X31：　城镇居民人均可支配收入增长速度（%）
X32：　农村居民人均纯收入增长速度（%）
X33：　职工及城乡居民养老保险参保人数增长速度（%）
X34：　城镇登记失业率（%）
X35：　城镇居民人均住房面积（平方米）
X36：　每万人拥有医生数（人）
X37：　每万人拥有卫生机构床位数（床）
X38：　公共图书馆万人藏书量（册）
X39：　农村居民人均医疗保健支出（元）
X310：　农村居民人均交通和通信支出（元）
X41：　单位建设用地二、三产业增加值（亿元/平方千米）
X42：　单位生产总值能耗（吨标准煤/万元）
X43：　城市人均公园绿地面积（平方米）
X51：　城市建成区绿化覆盖率（%）
X61：　人均农业机械总动力（千瓦）
X62：　农村居民每百户拥有私家车量（辆）
X63：　农村人均文化娱乐支出（元）
X64：　农村居民每百户拥有电脑量（台）

2.2010 年宁波市全域城市化 PCA 模型构建

同 2005 年方法类似，首先要确定主成分个数，如表 2-6 所示，得到主成分的特征值、方差贡献率及累计方差贡献率。

表 2-6　主成分的特征值、方差贡献率及累计方差贡献率

	F_1	F_2	F_3	F_4	F_5	F_6
特征值	7.881	4.706	3.833	3.124	2.744	1.981
方差贡献率	28.148	16.806	13.690	11.157	9.801	7.074
累计方差贡献率	28.148	44.954	58.644	69.801	79.603	86.676

同 2005 年所述准则，根据表 2-6 主成分的特征值和累计方差贡献率，只需分析前 6 个主成分即可，得到的宁波 3 市 6 区 2 县全域城市化发展情况的综合得分及排名，如表 2-7 所示。从表中数据可以看出，2010 年

宁波 3 市 6 区 2 县全域城市化发展的综合情况排名前三的依次为镇海区、北仑区、慈溪市(图 2-3)。从综合得分可以看出,2010 年镇海区的全域城市化发展得分是第二名北仑区的 1.85 倍,是第三名慈溪市的 2.68 倍。与 2005 年的排名得分比较,镇海区全域城市化发展得分与第二、三名差距有缩小的趋势。

表 2-7　2010 年宁波市全域城市化发展综合得分及排名

地区	综合得分	排名	地区	综合得分	排名
北仑区	1.113	2	慈溪市	0.768	3
奉化市	−0.778	9	海曙区	0.426	4
江北区	0.045	6	江东区	−0.271	7
宁海县	−1.411	10	象山县	−1.699	11
鄞州区	0.161	5	余姚市	−0.412	8
镇海区	2.058	1	—	—	—

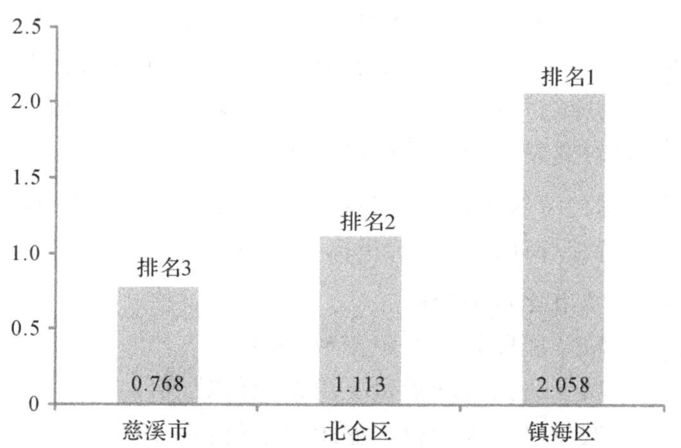

图 2-3　2010 年宁波市全域城市化发展排名前三城市(区)得分

此外,从基础数据来看,镇海区的很多指标都处于领先位置,具体比较结果如表 2-8 所示。表中数据结果表示,与其他地区相比,镇海区在城市化水平、人均生产总值增长速度、每万人拥有医生数、公共图书馆万人藏书量等方面有着比较明显的优势,而且镇海区其他大部分的指标数值在 11 个县(市、区)中处于中等偏上水平。基于此,2010 年镇海区的全域城市化水平在宁波 3 市 6 区 2 县中处于领先地位。

表 2-8　镇海区全域城市化发展基础数据及差距

指　标	镇海区	第二高	最低	与最低的差距
X11 城市化水平	72.25	49.21	17.99	54.26
X21 人均生产总值增长速度	32.00	21.44	12.90	19.10
X36 每万人拥有医生数	39.00	37.04	18.12	20.88
X38 公共图书馆万人藏书量	11 945.00	10 689.78	4 256.02	7 688.98
X39 农村居民人均医疗保健支出	1145.00	990.50	539.55	605.45
X51 城市建成区绿化覆盖率	45.23	40.30	20.47	24.76
X64 农村居民每百户拥有电脑量	54.00	50.00	23.00	31.00

(四)2013 年镇海区全域城市化发展评价

为了更好地反映镇海区全域城市化发展的整体情况，我们对宁波 3 市 6 区 2 县 2013 年全域城市化发展情况分别进行了评价排名，了解镇海区在宁波市中的排名情况，并从横向上正确客观地把握镇海区全域城市化发展情况，以对其发展规律具有更加深入的认识。

考虑到数据的可获得性，我们对宁波 11 个县(市、区)2013 年的全域城市化发展进行综合评价的评价指标体系如下：

X11：　城市化水平(%)
X12：　城乡居民收入差距倍数(倍)
X13：　城乡居民人均消费支出差距倍数(倍)
X14：　城乡固定资产投资差距倍数(倍)
X21：　人均生产总值增长速度(%)
X22：　研究与试验发展经费支出占 GDP 比重(%)
X23：　非农产业全员劳动生产率(元/人)
X24：　第三产业增加值占 GDP 比重(%)
X25：　规模以上工业企业利润增长速度(%)
X26：　外贸出口增长速度(%)
X27：　地方财政收入增长速度(%)
X31：　城镇居民人均可支配收入增长速度(%)

X32：　农村居民人均纯收入增长速度(%)
X33：　职工及城乡居民养老保险参保人数增长速度(%)
X34：　城镇登记失业率(%)
X35：　每万人拥有医生数(人)
X36：　每万人拥有卫生机构床位数(床)
X37：　公共图书馆万人藏书量(册)
X41：　单位建设用地二、三产业增加值(亿元/平方千米)
X42：　单位生产总值能耗(吨标准煤/万元)
X43：　城市人均公园绿地面积(平方米)
X51：　城市建成区绿化覆盖率(%)
X61：　人均农业机械总动力(千瓦)
X62：　农村居民每百户拥有私家车量(辆)
X63：　农村人均文化娱乐支出(元)
X64：　农村居民每百户拥有电脑量(台)

同理，如前所述，首先确定主成分个数，如表 2-9 所示，得到的主成分的特征值、方差贡献率及累计方差贡献率。

表 2-9　主成分的特征值、方差贡献率及累计方差贡献率

	F_1	F_2	F_3	F_4	F_5	F_6
特征值	6.827	4.410	3.455	2.685	2.278	2.017
方差贡献率	27.306	17.640	13.819	10.741	9.113	8.067
累计方差贡献率	27.306	44.946	58.765	69.506	78.620	86.687

如前所述准则，同理根据表 2-9 主成分的特征值和累计方差贡献率，只需分析前 6 个主成分即可，得到的宁波 3 市 6 区 2 县全域城市化的综合得分及排名，如表 2-10 所示。从表中数据可以看出，2013 年宁波 3 市 6 区 2 县全域城市化发展综合情况排名前三的依次为北仑区、镇海区、江北区(图 2-4)。从综合得分看出，镇海区排名较 2005 年、2010 年下降 1 名，但是与北仑区全域城市化综合得分差距不大。

表 2-10　2013 年宁波市全域城市化发展综合得分及排名

地　区	综合得分	排　名	地　区	综合得分	排　名
北仑区	1.864	1	慈溪市	−0.161	7
奉化市	−1.193	10	海曙区	0.454	4
江北区	0.581	3	江东区	−0.075	6
宁海县	−0.830	9	象山县	−1.365	11
鄞州区	0.173	5	余姚市	−0.747	8
镇海区	1.299	2			

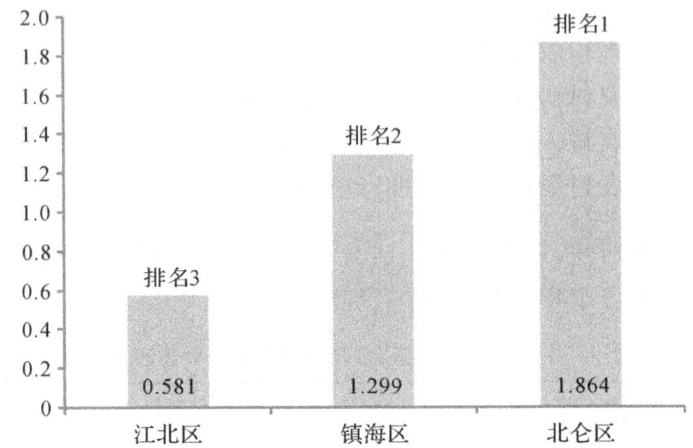

图 2-4　2013 年宁波市全域城市化发展排名前三城市(区)得分

从基础数据来看镇海区与北仑区的差距，具体比较结果如表 2-11 所示。表中数据结果表示，在两个地区差距比较大的指标数值中，镇海区的城市化水平、规模以上工业企业利润增长速度、每万人拥有医生数、每万人拥有卫生机构床位数、公共图书馆万人藏书量及农村人均文化娱乐支出方面指标数值明显高于北仑区。但在人均生产总值增长速度、非农产业全员劳动生产率、第三产业增加值占 GDP 比重、地方财政收入增长速度、职工及城乡居民养老保险参保人数增长速度方面则明显不及北仑区。尤其是职工及城乡居民养老保险参保人数增长速度这一指标，北仑区是镇海的 64.80 倍。从六大子系统来看，2013 年镇海区经济高效子系统中有较多指标值低于北仑区，说明镇海区近年来在经济发展方面不及北仑区。和其他地区比较，镇海区全域城市化的发展依旧拥有较大的优势。

表 2-11　2013 年镇海区与北仑区全域城市化发展基础数据及差距

指　标	北仑区	镇海区	差　距
X11 城市化水平	57.28	73.99	+16.71
X21 人均生产总值增长速度	26.93	6.50	−20.43
X23 非农产业全员劳动生产率	35.00	19.45	−15.55
X24 第三产业增加值占 GDP 比重	62.00	23.97	−38.03
X25 规模以上工业企业利润增长速度	39.70	82.55	+42.85
X27 地方财政收入增长速度	15.90	9.33	−6.57
X33 职工及城乡居民养老保险参保人数增长速度	70.63	1.09	−69.54
X35 每万人拥有医生数	37.08	52.00	+14.92
X36 每万人拥有卫生机构床位数	48.98	117.00	+68.02
X37 公共图书馆万人藏书量	14 088.36	15 277.00	+1 188.64
X63 农村人均文化娱乐支出	987.00	1260.00	+273.00

三、镇海区全域城市化发展动态监测：基于全域城市化发展指数

由于全域城市化发展综合评价指标较多，需要将这些单项指标综合成总评价指标，才能完成最终评价。因此，选择科学合理的合成模型是构建整个评价体系的重点。

(一)全域城市化发展指数的编制方法

关于综合评价方法，目前主要有定性评价法、效用函数综合评价法、多元统计分析法、模糊评价法、灰色系统评价法和神经网络与遗传算法等。各个方法中均有许多可变化的参数，选择不同的方法进行评价可能会得到不同的评价结果。在实际应用中选择评价方法和评价模型时，应首要考虑选择的方法是否具有实际意义，其次看合成模型是否适合于所选取的指标，最后看评价结果是否符合公众的一般认识情况，继而对评价方法和模型做出选择。

对此，我们将采用最基本也最直观的评价模型——效用函数综合评

价法对镇海区全域城市化发展进行动态监测。效用函数综合评价法既能从不同层面全面分析镇海区全域城市化的发展,发现其中的薄弱环节和不足,还能从整体上把握镇海区全域城市化发展总状态。具体操作步骤为:①将每一个指标按一定的形式转化为“评价当量值”;②采用一个统计合成模型计算总评价值。用公式表达为:

假设记第 i 个地区(共 n 个地区)第 j 个评价子系统(共 m 个子系统,本报告中 $m=6$)的第 k 个指标(共 p 项指标)的实际值为 Y_{ijk},即基础指标值用 i,j,k 分别表示不同地区、不同评价子系统和不同指标项数,其中 $i=1,2,\cdots,n;j=1,2,\cdots,m;k=1,2,\cdots,p_j$。

子系统内各指标权重分配为 w_{jk},且 $\sum_{k=1}^{p_j} w_{jk}=1$;各子系统之间的权重分配为 w_{jk},且 $\sum_{j=1}^{m} w_{jk}=1$。$f_{jk}(j=1,2,\cdots,m;\ k=1,2,\cdots,p_j)$ 为单项指标无量纲化函数(效用函数或当量函数);无量纲化值公式为 $Z_{ijk}=f_{jk}(y_{jk})$;各系统内部的合成值为 $Z_{ij}=\varphi_j(z_{ij},w_{ijk})$,总系统合成值公式为 $Z_{ij}=\varphi_0(z_{ij},w_{0j})$,其中 φ_j 为第 j 个子系统内部的合成模型,φ_0 为总目标合成模型,且 $Z_i=\varphi_0[\varphi_j f_{jk}(y_{ijk},\ w_{jk}),\ w_{j0}](i=1,2,\cdots,n;\ j=1,2,\cdots,m;\ k=1,2,\cdots,p_j)$。

以上即基于分层组合评价思想的一种效用函数综合评价法评价模型。有三个关键因素需要确定,其决定了最后的评价结论。它们分别为单项指标无量纲化函数 $f_{jk}(j=1,2,\cdots,m;\ k=1,2,\cdots,p_j)$,每项指标及子系统的权重分配 $w_{jk}(j=1,2,\cdots,m;\ k=1,2,\cdots,p_j)$,加权合成模型 $\varphi_j(j=1,2,\cdots,m)$。

1. 指标数值无量纲化方法

指标数值无量纲化就是将每一个评价指标按照一定的方法量化,消除因为计量单位不同而导致的数值变化,从而形成对评价问题测量的一个量化值,即效用函数值。

从理论上说,指标数值无量纲化的具体方法有综合指数法、均值化法、标准化法、比重法、初值化法、功效系数法和极差变化法等。一般来说,只要单项指标的取值区间与取值点的物理含义明确,则综合评价的结果比较易于解释和理解。在众多方法中,综合指数法不仅操作简单,而且含义更为直观,体现了绝对目标值的相对实现程度。因此,我们将采用综合指数法对指标数值进行无量纲化处理。综合指数法无量纲化处理的计算公式为:

$$z_{ijk}=\begin{cases}100\times y_{ijk}/y_{jkB}\text{（正指标）}\\100\times y_{jkB}/y_{ijk}\text{（逆指标）}\end{cases}\tag{2-2}$$

其中，z_{ijk} 为第 i 单位 j 子系统 k 指标的单项评价分数，y_{ijk}，y_{jkB} 分别为第 j 指标的实际值与标准值。当实际值等于标准值，单项指数等于100；当实际值优于标准值时，单项指数大于100；当实际值劣于标准值时，单项指数小于100。对于适度指标，则先通过单向化处理再用上述公式做无量纲化处理，或采取分段函数进行无量纲化处理。

根据综合指数法的计算公式，发现确定标准值是其方法的关键。实际中常用的标准值有最大值、最小值、算术平均值、变量总值、初值法、环比速率、历史标准值或经验标准值等。镇海区全域城市化发展综合评价是一个动态过程，而在实际评价过程中又需要固定标准值进行比较。因此，我们将标准值设为各变量的最小值。

2. 镇海区全域城市化发展指数的权重问题

在整个评价指标体系中，各个指标的作用和重要性都是不同的，因此需要对各个指标赋予不同的权重来反映各指标的相对重要性和作用。目前，统计领域中存在多种方法确定权数，主要有主观和客观赋权法。其中，主观赋权法主要有专家评价法、层次分析法等；客观赋权法主要有变异系数法、相关系数法等。为了避免主观因素导致赋权结果偏差，我们选择客观赋权中的变异系数法。

变异系数法的基本思想是：如果某项指标的数值能明确区分开各个被评价对象，说明该指标在这项评价上的分辨信息丰富，因而给该指标以较大的权数；反之则给予较小的权数。在统计学中，指标的变异信息量是用方差来衡量的，但由于受各指标量纲和数量级的影响，各指标的方差并不具有可比性。基于此，应选用可比的各指标的变异系数进行赋权。

具体赋权方法的数学表达式如下：

设有 n 个被评价对象，每个被评价对象由 P 个指标 $x_1,x_2,\cdots,x_p$ 来描述。首先，求出各个指标的均值 $\overline{X}_1$ 和方差 S_i^2：

$$\overline{X}_1=\frac{1}{n}\sum_{j=1}^{n}x_{ji},\ i=1,2,\cdots,p\tag{2-3}$$

$$S_i^2=\frac{1}{n-1}\sum_{j=1}^{n}(x_{ji}-\overline{X}_1)^2\tag{2-4}$$

然后，求得变异系数 $V_i=S_i/\overline{X}_1$，对变异系数进行归一化处理，便可得各指标的权数：

$$W_i = \frac{V_i}{\sum_{j=1}^{p} V_j} \tag{2-5}$$

3. 镇海区全域城市化发展指数的合成问题

加权合成模型为 $\varphi_j(j=0,1,2,\cdots,m)$($j=0$,表示综合模型,其余为子系统内部合成模型)。考虑到实际评价工作的现实可操作性与直观理解性,以及所选指标的特点,我们决定采用普通加权算术合成方式,其表达式为:

$$Z_{ij} = \sum_{k=1}^{p}(z_{ijk} \times w_{jk}) / \sum_{k=1}^{p} w_{jk}, i=1,2,\cdots,n;\ j=1,2,\cdots,m \tag{2-6}$$

(二)镇海区全域城市化发展指数动态监测

近几年来,镇海区全域城市化扎实推进。招宝山城区公共服务水平提升和生活设施建设进度加快;蛟川北区新农村建设扎实推进,青龙桥地块加快建设;新城区块新行政中心、市民广场、市民服务中心、文化艺术中心投入使用,商务楼群、城市综合体加快推进,绿轴体育公园一期项目进展顺利,新城核心区基本成型;澥浦、九龙湖双双入选国家级重点镇,澥浦老集镇改造有序推进,十七房开元主题酒店一期投入运营,九龙湖旅游型城镇建设加快;"三改一拆""四边三化""双清"专项行动全面开展,完成"三改"面积 222.1 万平方米,拆违面积 90.3 万平方米,征地 2 725 亩,拆迁 63.6 万平方米。

镇海区全域城市化发展使该区经济运行平稳有序,生态建设成效明显,转型升级不断加快,文化实力稳步提升,民生保障持续改善,在各个方面都取得了较好的成果:分散式的产业布局逐步被淘汰,取而代之的是集中度高、关联性强、集约化水平高的产业集群;在保证城市基础设施建设的同时,镇海区不断加大农村基础设施的投入,改善和提高农村的公共交通及公共设施配置水平,加大对道路、供水、供电、通信、信息、环保等基础设施的均衡化投入,逐步实现城乡对接联网;重点对教育、医疗卫生、公共文化、社会保障等方面进行投入与改善,通过制定和完善具有针对性的政策体系,公共服务正逐步实现城乡一体化,就学、就医条件得到大幅改善,城乡文化建设呈现蓬勃之势,社会保障则日趋城乡均等化。

1996—2013 年,镇海区的生产总值总体呈不断上升趋势,年均增长速度为 15.66%,增长速度在全市范围内名列前茅;城镇居民人均可支配收入处于一直上升的态势,从 1996 年的 9 056 元增长至 2013 年的 41 729

元，农村居民人均纯收入也从 1996 年的 4 490 元增长至 2013 年的 22 605 元，城乡居民收入显著提高；城镇居民人均消费支出和农村居民人均消费支出也明显增加，人们物质生活得到极大改善；在医疗卫生、文化娱乐、教育方面也取得了不错的效果。

从发展指数来看，镇海区的全域城市化发展总指数总体上呈现波动上升趋势，从 1996 年的 4.80 上升到 2013 年的 222.29，平均发展指数值为 150.47，年均增长速度为 25.31%，具体的走势见图 2-5。从图中可以看出，1996—2008 年，镇海区全域城市化发展总指数以较快速度上升，波动幅度小。但是由于受金融危机的影响，镇海区全域城市化发展总指数从 2008 年的 352.28 骤降至 2009 年的 65.81。在此之后，随着近几年经济的逐渐回暖，镇海区全域城市化发展指数恢复快速上升的态势，全域城市化得到了较快的发展。

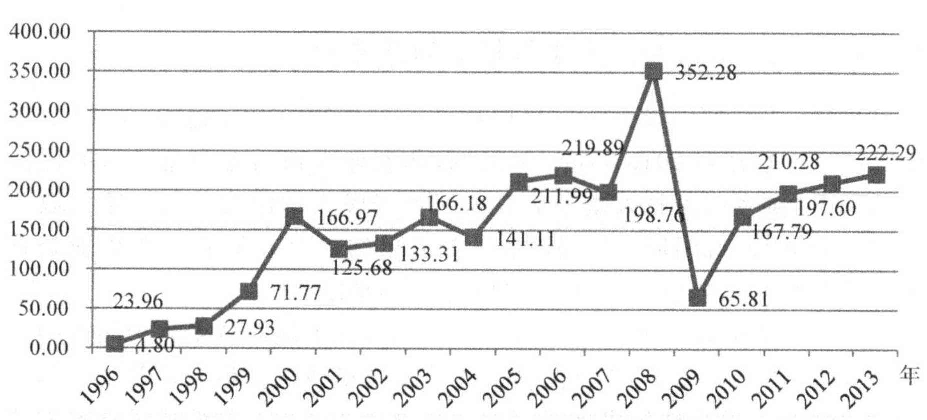

图 2-5 1996—2013 年镇海区全域城市化发展总指数

从子系统的指标贡献率来看，1996—2013 年城乡统筹、经济高效、社会和谐、资源节约、环境友好和农村现代化这六个子系统对全域城市化发展指数的平均贡献率分别为 −12.45%，57.92%，7.80%，28.77%，0.04%，17.92%（图 2-6）。其中，城乡统筹对全域城市化发展指数产生了负向拉动作用，相较于其他子系统，镇海区还需在城乡统筹方面加大对城乡的统筹规划，促进城乡一体化。经济高效、社会和谐、资源节约、环境友好和农村现代化对全域城市化发展指数具有正向拉动作用，其中经济高效对全域城市化发展的正向影响最大，说明镇海区在经济发展质量方面取得了显著的进步；而环境友好对全域城市化发展的正向影响最小，说明镇海区在环境方面还应多做努力，加强环境建设。

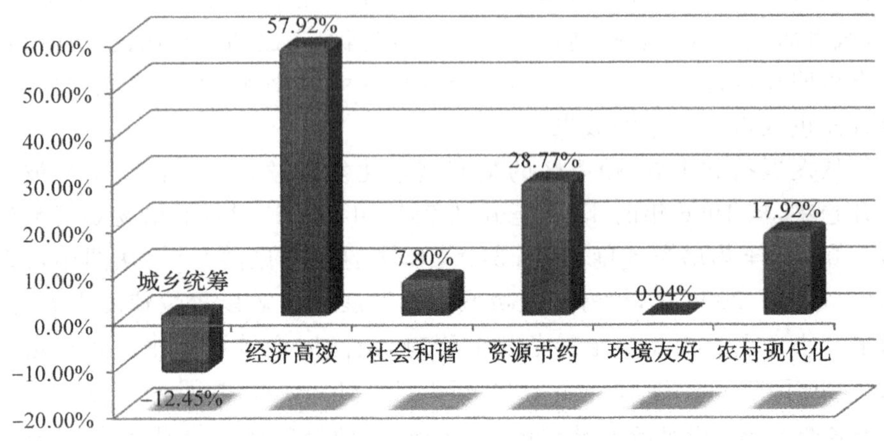

图 2-6 1996—2013 年镇海区子系统对全域城市化发展贡献率

(三)镇海区城乡统筹发展指数动态监测

1996—2013 年,镇海区的城市化水平一直处于上升趋势,从 1996 年的 44.71%上升到 2013 年的 73.99%,非农业人口占总户籍人口的比例一直上升,城乡居民收入差距倍数与城乡居民人均消费支出差距倍数总体呈下降态势,说明城乡居民的收入与支出的差距正在缩小,但农业贷款占金融机构贷款比重在 1996—2013 年波动幅度较大。

从图 2-7 可以看出,1996—2013 年,镇海区的城乡统筹发展指数的波动较大,其中 1998—2005 年的城乡统筹发展指数波动最为显著。究其原因,在此期间,城乡统筹发展受到农业贷款占金融机构贷款比重指数波动较大的影响。2008—2013 年,该发展指数趋于平稳,同时稳中有升。镇海区力推城乡社区统筹发展,建立区市民服务中心、街道(村)社区服务中心、社区服务站三级服务网络,基本实现"十分钟社区服务圈"。推行城乡社区"网格化管理、组团式服务"管理模式,建立"一站式"和代理代办服务机制;深入开展"一社一品"创建活动,和谐社区、品牌社区创建成绩斐然;逐步提高城乡社区建设补助经费金额,并建立了 5%的年增长机制。镇海区 1996—2013 年的城乡统筹发展指数见图 2-7。

(四)镇海区经济高效发展指数动态监测

1996—2013 年,镇海区人均生产总值除了在 2008 年有所下降外,其余年份均有着不同程度的增长。研究与试验发展经费支出占 GDP 比重

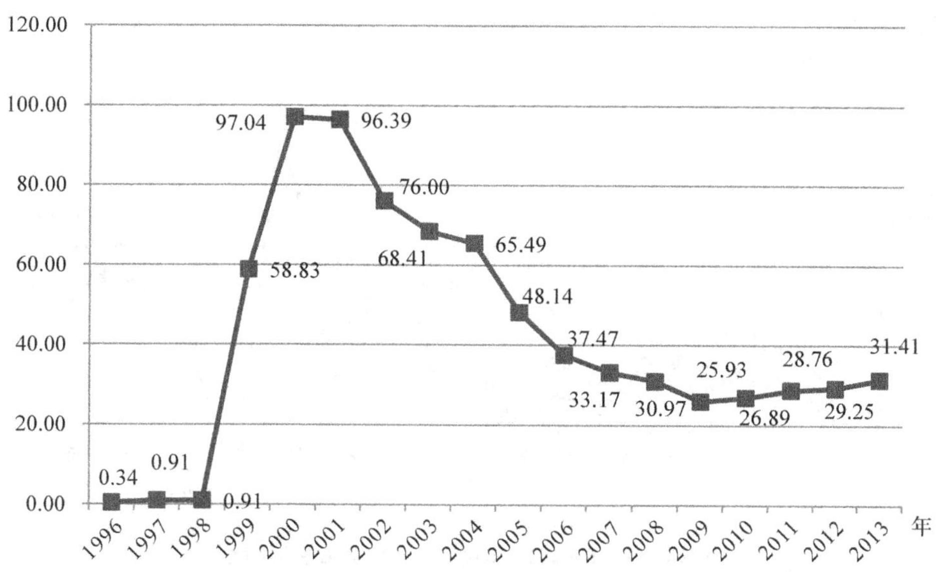

图 2-7 1996—2013 年镇海区城乡统筹发展指数

总体呈上升趋势，说明镇海区的科技创新投入强度在进一步加大，这将有利于镇海区的经济进步，尤其是高科技产业的发展。非农产业全员劳动生产率也呈现上升的趋势，从 1997 年的 170 588.83 元/人，上升到 2013 年的 395 602.46 元/人，说明非农产业全员劳动的生产效率得到了很大程度的提高。工业企业利润占总产值比重、规模以上工业企业利润增长速度在 2008 年都出现了负值，说明工业企业效率与经济环境有着密不可分的联系，特别是规模以上工业企业，其利润增长速度在 2007 年达到 33.36%；2008 年则迅速下降到－194.15%；2009 年经济回暖后，则又上升至 367.80%。外贸出口增长速度、地方财政收入增长速度大体呈现下降趋势。第三产业增加值占 GDP 比重除了 2008 年数值比较大外（达到 43.56%），其余年份基本围绕 20%上下波动，说明镇海区第三产业的发展有待进一步加强。

从发展指数来看，1996—2013 年，镇海区经济高效发展指数波动幅度较大，在 2001 年、2003 年、2004 年和 2009 年都出现了负值；2011—2013 年，经济高效发展指数都为正。虽然镇海区经济高效发展指数整体波动较大，但是 2011 年以来，其波动幅度显著减小，发展指数围绕 50.00 上下波动，在一定程度上反映了镇海区经济发展更为稳定、高效。历年的经济高效发展指数见图 2-8。

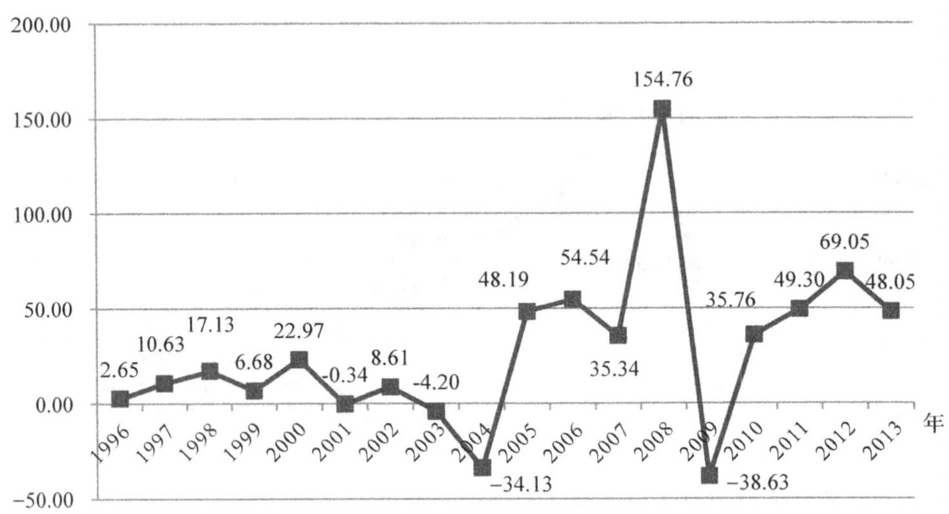

图 2-8　1996—2013 年镇海区经济高效发展指数

(五)镇海区社会和谐发展指数动态监测

1996—2013 年,镇海区的城镇居民人均可支配收入增长速度波动较大。2000 年,其增长速度达到 15.86%,从 2003 年开始,基本上保持在 10%以上,说明近年来镇海区的城镇居民人均可支配收入增长较快,城镇居民物质生活得到较好的改善;农村居民人均纯收入增长速度从 2004 年开始,增长速度保持在 10%以上,农村居民的物质生活得到很好的保障。近几年,城镇居民人均住房面积、每万人拥有医生数、每万人拥有卫生机构床位数、公共图书馆万人藏书量等都得到了较好的发展,人们的生活水平极大地提高,均有利于社会的和谐发展。

从发展指数来看,1996—2013 年,镇海区的社会和谐发展指数大体呈上升的态势,从 1996 年的 1.51 到 2013 年的 66.91,年均增长速度为 24.98%。但 2008 年波动较大,社会和谐发展指数达到 153.54,在 2009 年回落,继续保持平稳上升,这主要是由于 2008 年城镇职工及城镇居民医疗保险参保人数增长速度较快,对发展指数影响显著。1996—2013 年的社会和谐发展指数见图 2-9。

(六)镇海区资源节约发展指数动态监测

由于 1996—2001 年构成资源节约子系统的基础数据无法找到,所以

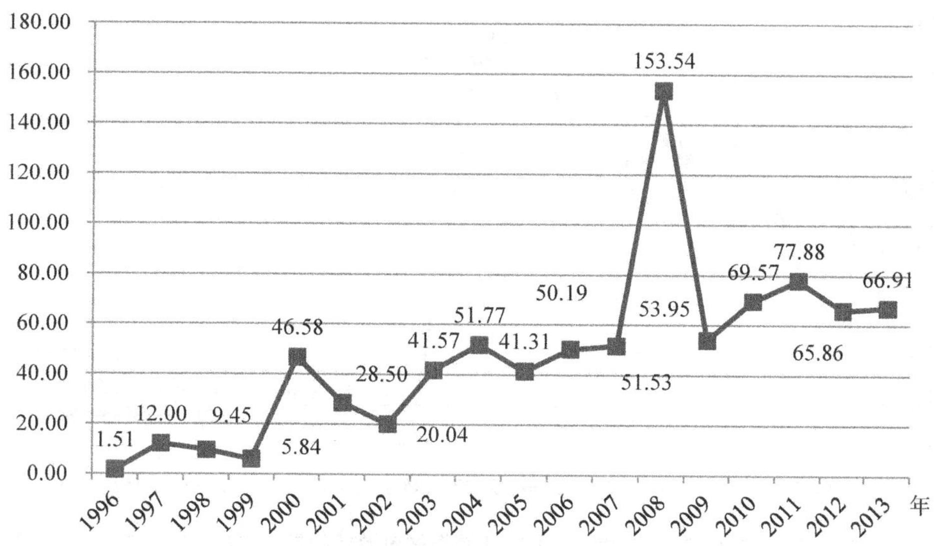

图 2-9　1996—2013 年镇海区社会和谐发展指数

从 2002 年才开始有资源节约发展指数。2002—2007 年，镇海区的单位建设用地二、三产业增加值较大，2007 年更是高达 64.19 亿元/平方千米，而 2008—2013 年单位建设用地二、三产业增加值仅有约 6 亿元/平方千米，这是由于近几年镇海区受到用地制约，建成区面积较以往减少了许多；单位生产总值能耗在 2008—2013 年期间均低于 0.41 吨标准煤/万元，说明近几年镇海区的技术进步较明显、设备更新速度较快；城市人均公园绿地面积基本维持不变。

从发展指数来看，2002—2007 年，镇海区的资源节约发展指数值与 2008—2013 年的指数值差距较明显；2002—2007 年，镇海区的资源节约指数显著高于后几年，说明镇海区在资源节约方面还需努力，有待进一步提高。2002—2013 年的资源节约发展指数见图 2-10。

(七)镇海区环境友好发展指数动态监测

2002—2013 年，镇海区的城市建成区绿化覆盖率变化较小，除了 2002—2004 年小于 40%外，其他年份都超过了 45%，城市建成区绿化覆盖率较高；农村化肥农药施用强度总体呈下降趋势，但其数值较大，2013 年达到了将近 200 千克/公顷。

从发展指数来看，其指数值都非常小，在一定程度上说明镇海区应在环境友好方面投入更大的精力。1997—2013 年的环境友好指数见图 2-11。

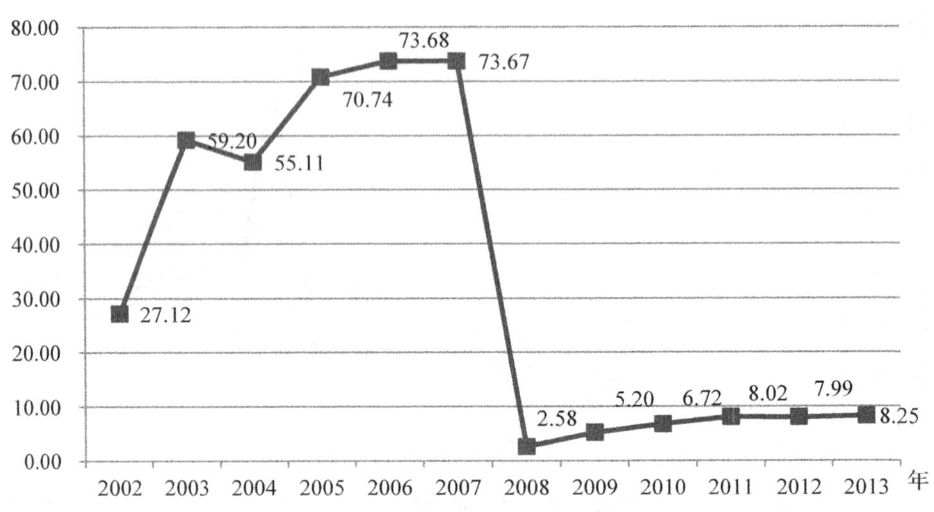

图 2-10　2002—2013 年镇海区资源节约发展指数

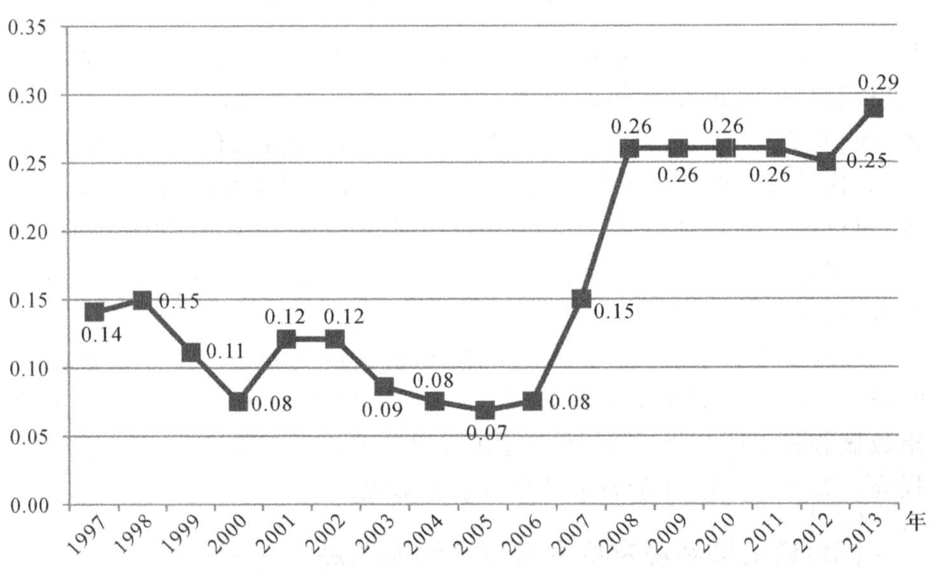

图 2-11　1997—2013 年镇海区环境友好发展指数

(八)镇海区农村现代发展指数动态监测

1996—2013 年,镇海区的人均农业机械总动力总体呈上升的态势,说明镇海区的农业机械化得到较好的发展;农村人均文化娱乐支出在 2005—2009 年的平均值为 934.50 元,在 2010—2013 年的平均值为 1

188.25 元，相比之下，近几年农村居民的文化娱乐水平得到了一定的提升；2001—2013 年，农村居民每百户拥有电脑量从 2001 年的 8 台上升到 2009 年的 42 台，2010—2012 年更是达到了 50 台以上，说明农村现代化建设成效显著。

从发展指数来看，1996—2007 年的指数值均小于 5(其中一部分原因是基础数据的缺失)。2008 年以来，农村现代发展指数一直处于上升的趋势，从 2008 年的 10.17 上升到 2013 年的 67.38，年均增长速度为 45.96%，增长迅速，这也说明农村现代化建设取得了很好的效果。1996—2013 年的农村现代化发展指数见图 2-12。

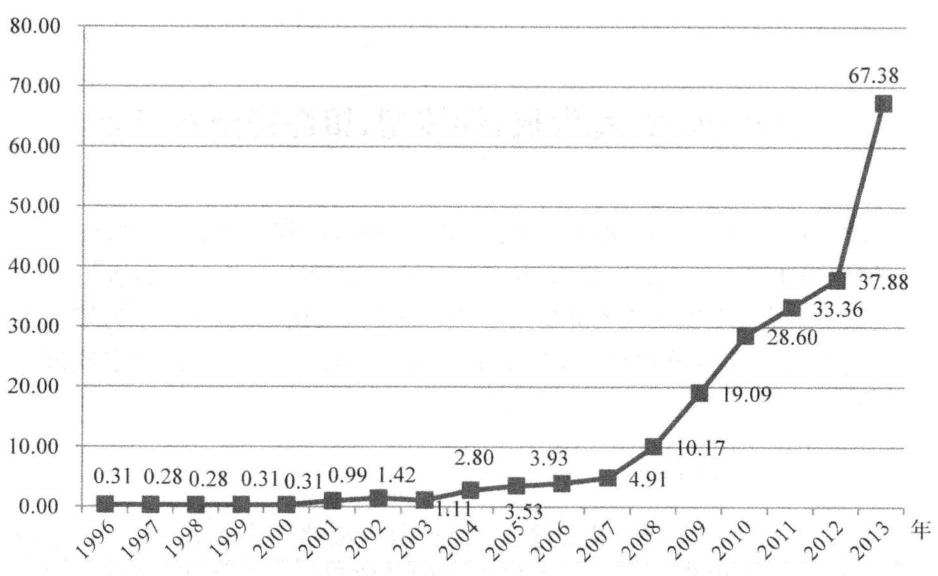

图 2-12　1996—2013 年镇海区农村现代化发展指数

第三章
镇海区“五位一体”城市化发展过程

一、经济发展:稳发展,促转型,镇海经济新局面

镇海区地方工业基础雄厚,经济实力强劲,不仅有镇海炼化、中金石化、镇海发电厂、宁波港务局等部、省、市属大中型企业 40 多家,各工业企业 1 800 多家,且对外经济贸易发展进程迅速,韩国 LG、日本东芝等多家国际著名企业相继落户镇海,多年来镇海区的经济发展一直在宁波市名列前列。

(一)现状分析

2012 年,镇海区政府提出全面实施“六大战略”、全力建设“六个示范区”和加快建设现代化生态型港口强区的战略目标。近年来,全区紧紧围绕这一战略目标和经济发展主线,深入推进科学发展观,按照“五位一体”和“四个全面”总体布局要求,扎实做好稳增长、调结构、促改革、惠民生和促和谐的各项工作,经济水平得到了较大幅度的提高。特别是自镇海开展全域城市化建设以来,城乡差距进一步缩小,产业转型升级不断加快,民生保障持续改善,城市功能与竞争力得到明显提升。

1. 经济总体状况

近 10 年来,镇海区政府通过不懈努力,快速发展经济,目前经济总量、人均可支配支出和地方财政均实现了历史性的跨越。2004 年,全区生产总值仅为 172.09 亿元;2013 年已突破 600 亿元大关;2014 年全区生产总值达 645.55 亿元,同比增长 6.2%。从经济增长速度上看,2008 年,

受国际金融危机的影响，镇海区经济出现负增长，在区委、区政府的领导下，全区按照"重塑新优势、实现新跨越"的战略要求，以"保增长、促转型、强区块、增活力、重民生"为工作主线，扎实开展"保增促调服务年""项目推进落实年"等活动[①]，经济实现较快增长，2009 年全区生产总值达到 340.27 亿元，同比上升 122.52%。"十二五"期间，随着国家关于"稳增长、调结构、促改革"的提出与落实，国家进入了全面深化改革与产业结构的战略调整期，GDP 增速有所放缓。与此同时，镇海区坚持把中央的政策方针与当地的实际情况相结合，从以生产总值为重转向以产业结构调整、加强环境保护、优化社会民生为主的工作目标与政策实施中，经济发展速度呈现一定程度的减慢，2010 年全区生产总值增速为 32.25%，2014 年下降到 5.57%(图 3-1)。

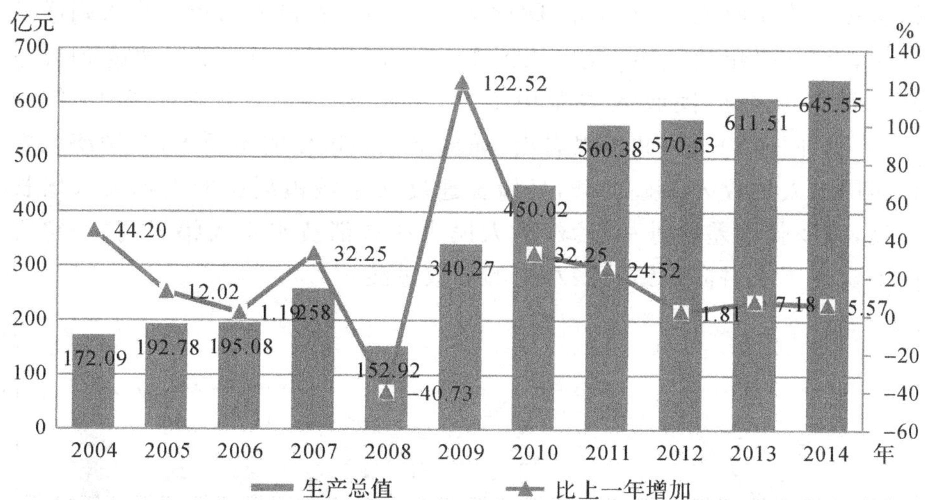

图 3-1 镇海区 2004—2014 年生产总值及增长变化情况

资料来源：2004—2014 年《镇海统计年鉴》。

虽然国内外的经济环境及其自身发展因素对经济发展带来不同程度的影响和制约，但从长远来看，镇海区的经济仍呈现出较大的潜力。一方面，以镇海炼化为主导的国有企业在拉动周围地区经济和相关产业的发展方面起到了较大的推动作用，工业园区的形成与扩散将进一步促进地区城市化、工业化的发展进程。此外，镇海区优越的港口资源条件及国际、国内液化品贸易中心和原油加工基地的地位，也将使其在对外经济贸

① 参考《镇海区 2010 年政府工作报告》。

易及境内工业发展的推动上保持良好竞争优势，为全社会经济发展做出巨大贡献。另一方面，区委、区政府在深入贯彻落实省、市经济发展规划的同时，充分结合本区实践，以大力实施“六大战略”和“六个示范区”为宗旨，不断推进产业优化升级，着力构建集“大宗货物贸易港、海铁联运物流港、网络支撑智慧港”于一体的镇海现代物流基地，港口现代服务能力大幅提升，城市功能和品质得到有效完善，城市竞争实力明显增强。

2010 年，镇海区提出了大力推进全域城市化的发展战略，其工作重心除了加大基础设施的投资建设与变更、完善户籍制度外，更多的还将是解决城乡居民生活差距、人口分布不均、公共资源配置不平衡等问题。从人们关注的城乡居民人均收入水平来看，2004 年城镇居民可支配收入为 15 882 元；2013 年上涨为 41 729 元，年均增速 10%左右。2014 年实现城镇居民人均年收入 47 190 元，同比增长 13%。农村人均年纯收入则增长较快，由 2004 年的 7 190 元上涨到 2014 年的 25 820 元，年均增速 14%左右。此外，城乡居民收入差距由 2004 年的 2.21 ∶ 1 下降至 2014 年的 1.83 ∶ 1(图 3-2)。由此可以看出，随着全域城市化的不断推进，镇海区农村居民的人均收入明显提升，且增长速度快于城镇居民的人均收入增长速度，城乡收入差距进一步减小，人民生活和消费水平大幅提高，一定程度上实现了农村向城镇发展水平的有效过渡。

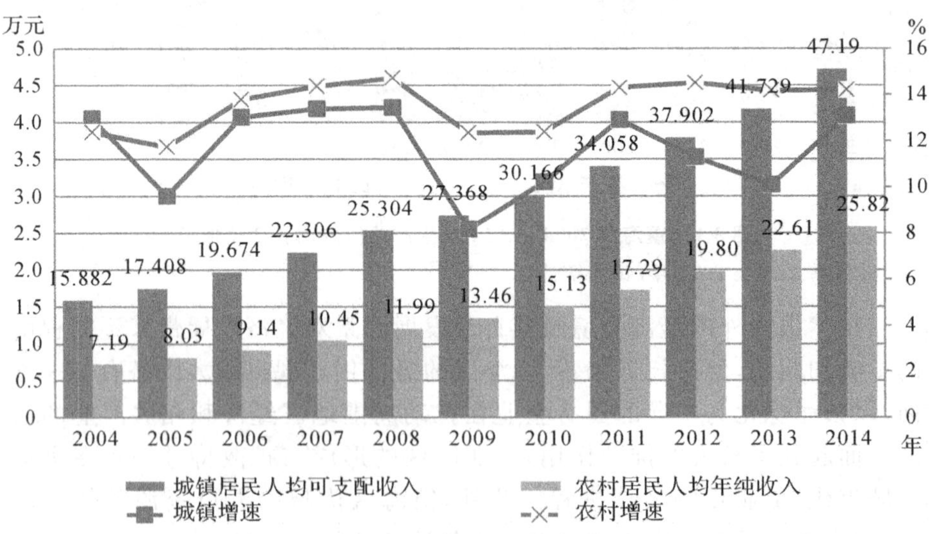

图 3-2 镇海区 2004—2014 年城乡居民人均收入变化情况

资料来源：2004—2014 年《镇海统计年鉴》。

2. 产业结构发展状况

综观近10年镇海区产业发展状况，在政府各部门的领导与积极配合下，工业制造业增长步伐加快，科技创新能力稳步提升，综合实力不断增强，经济的协调性、可持续性也得到明显的提高。从产业结构来看，镇海区三大产业的比重由2004年的2.1∶82.9∶15调整为2014年的1.0∶73.7∶25.3，第三产业的比重加大，城市化成效初显（图3-3）。从产业增加值来看，2014年，全区实现第一产业增加值6.53亿元，同比增长0.1%；实现第二产业增加值475.53亿元，同比增长6.7%；实现第三产业增加值163.49亿元，同比增长5.0%。相比之下，镇海区的产业结构逐渐由第一产业向第二、三产业转移，第一产业所占比重逐渐缩小，工业、服务业产值占全区生产总值比重上升，产品附加值提高，城市化新型产业结构布局逐渐形成，有效促进了地区经济的快速发展。

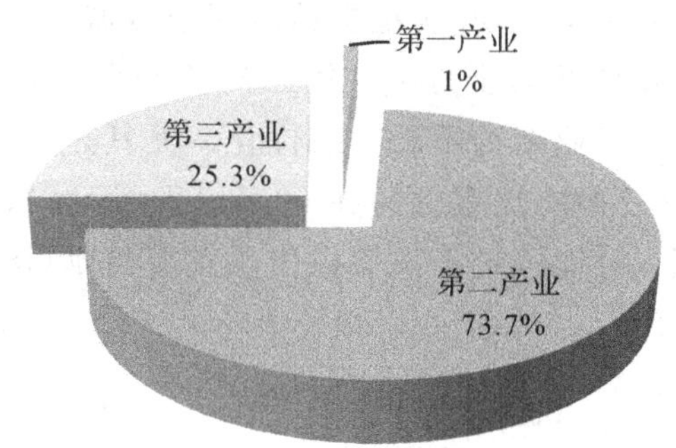

图3-3　2014年镇海区三次产业构成情况

资料来源：2014年宁波市镇海区国民经济和社会发展统计公报。

从产业固定资产投资来看，近年来，镇海区及区属固定资产投资总额稳步上涨，投资结构进一步优化，对第一产业的投资力度逐年减小，对第二、第三产业的投资总额大幅上升，其中第三产业固定资产投资由2007年的55.01亿元上涨到2014年的163.6亿元，增长近两倍（表3-1）。

表3-1　2007—2014年区属固定资产投资总额及产业投向

年份	区属固定资产投资总额（亿元）	第一产业（亿元）	第二产业（亿元）	第三产业（亿元）
2007	93.71	0.22	38.48	55.01
2008	92.84	0.35	35.87	56.62
2009	108.02	0.21	37.06	70.75

续 表

年份	区属固定资产投资总额(亿元)	第一产业(亿元)	第二产业(亿元)	第三产业(亿元)
2010	130.43	0.30	41.68	88.45
2011	150.04	0	47.84	102.20
2012	193.20	0.06	68.53	124.61
2013	235.63	0.08	93.21	142.33
2014	263.22	0	99.62	163.60

资料来源:2007—2014 年镇海区国民经济和社会发展统计公报。

2014 年,全年区属完成固定资产投资总额 263.22 亿元,比上一年同期增长 11.7%。其中,第二产业投资 99.62 亿元,比上一年增长 6.9%;第三产业投资 163.60 亿元,比上一年增长 14.9%。此外,随着镇海区"六大战略"及"六个示范区"战略目标的提出,政府以稳增长、抓改革、促转型、惠民生等为工作重心,扎实推进镇海区全域城市化的建设。在产业发展方面,逐步加大对以工业为主的第二产业和以商业服务贸易为主的第三产业扶持力度,产业结构不断升级优化。尤其是近年来,第三产业占区属固定资产投资总额的比重保持在 60%以上,远远超过了第一产业的固定资产投资水平,对地区经济发展做出了重要贡献(图 3-4)。

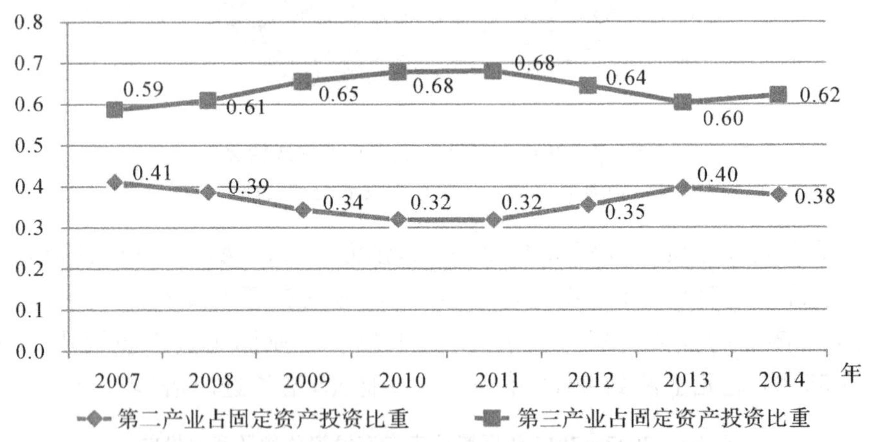

图 3-4 第二、三产业固定资产投资占总投资的比重变化情况

资料来源:2007—2014 年镇海区国民经济和社会发展统计公报。

3. 主要产业发展概况

(1)农业发展

随着镇海区全域城市化进程的不断推进,第一产业的规模及所占比重不断减小。2014 年，镇海区全年实现第一产业总产值 11.16 亿元，比上一年同期增长 0.02%，其中农业产值 8.68 亿元，同比增长 9.6%；林业产值 0.26 亿元，同比增长 16.9%；畜牧业产值 1.74 亿元，同比下降 32.4%；渔业产值 0.18 亿元，同比增长 7.3%。① 从农林牧渔业的产值比例及增长速度来看，受政府建设“现代都市生态农业”和“省级森林城镇”的影响，政府将投资重心向农业和林业倾斜，相比之下，畜牧业的发展大幅度减小，主要原因在于近年来，区政府有关部门加大环境整治力度，部分养殖场关闭，导致家禽养殖数量减少。此外，从历年第一产业的增加值及增长速度来看，增速较为平稳，2004 年第一产业增加值为 3.58 亿元，2014 年增长到 6.53 亿元，年均增长 7%左右，尤其在“十二五”期间，增速有所放缓甚至出现负增长。从整体来看，全区在第一产业中的投资力度有所减少，资金流向主要集中在以工业、建筑业、服务业等为主的第二、第三产业(图 3-5)。

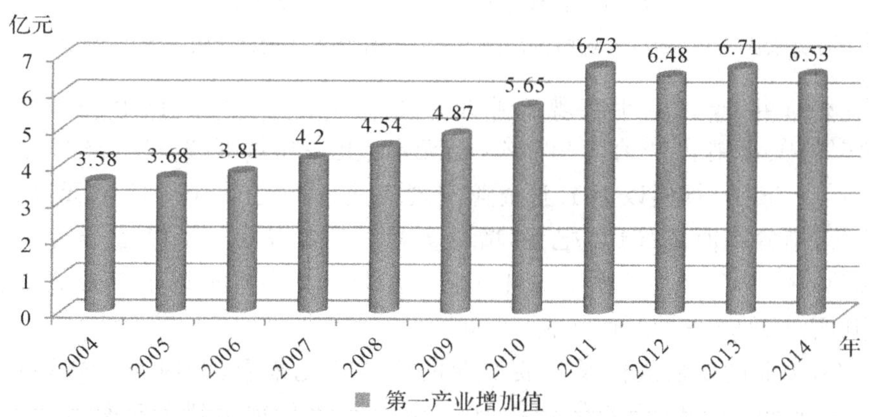

图 3-5 镇海区 2004—2014 年第一产业增加值

资料来源：2004—2014 年镇海区国民经济和社会发展统计公报。

(2)工业及建筑业发展

镇海区是国家重点建设的大型工业基地，区内云集了包括镇海炼化、镇海发电厂等在内的数十家部、省属大中型骨干企业，初步形成了以石油、化工、电力、轻纺、机械和电子等行业全面发展的工业格局。近 10 年来，随着国家及地方政府资金及政策的倾斜，镇海区工业企业得到了长足有效的发展，产业结构不断优化，企业效益明显增加，工业化进程进一步

① 镇海区统计局：《2014 年镇海区国民经济和社会发展统计公报》。

加快,有力地促进了镇海区全域城市化的发展(图 3-6)。

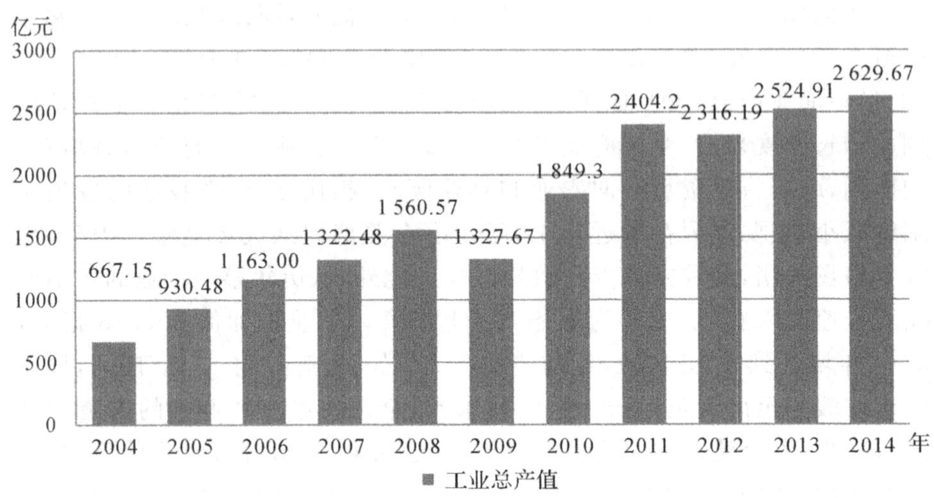

图 3-6 镇海区 2004—2014 年工业总产值

资料来源:2004—2014 年镇海区国民经济和社会发展统计公报。

2014 年,全区全年实现工业总产值 2 629.67 亿元,比上一年增长 4.15%;工业销售产值 2 587.47 亿元,比上一年增长 7.1%,产销率为 98.4%。其中,规模以上工业企业实现工业总产值 2 505.24 亿元,增长 4.1%;销售产值 2 464.2 亿元,增长 7.3%,产销率为 98.4%。全年实现利润总额 66.28 亿元,比上一年下降 31.2%,其中规模以上工业企业实现利润总额 64.97 亿元,下降 33.0%。

从工业的发展规模及主要产业的增速变化来看,2014 年,全区拥有工业总产值超 1 亿元、5 亿元和 10 亿元的企业分别达到 185 家、42 家和 19 家;区属拥有工业总产值超 1 亿元、5 亿元和 10 亿元的企业分别达到 180 家、37 家和 15 家。在区属规模以上工业企业中,战略性新兴产业、高新技术产业和装备制造业分别实现工业增加值 39.55 亿元、68.85 亿元和 59.36 亿元,同比分别增长 15.5%,14.2%和 8.7%,其中装备制造业增加值增速居宁波全市首位。

在建筑业发展方面来看,2014 年全区实现建筑业总产值 315.63 亿元,比上一年增长 18.4%。随着全域城市化和城乡统筹建设的加快,2014 年完成农房改建面积 55.4 万平方米,完成 23 个村集体经济股份制改革,“1519”区域村庄布局规划进一步完善(即建设 15 个集聚点和 19 个集中居住区)。

(3)高新技术产业的发展

在不断加快全域城市化的进程中，镇海区不断增强自身创新能力的建设，科技创新水平相较往年明显提升。2014 年，实现研发经费支出占区属生产总值比重为 2.85%，高新技术产业产值占区属规模以上工业总产值达 46.6%，新产品产值率为 21.4%，授权专利 2 900 件，其中发明专利 260 件，同比增长 30%。作为我国第一批国家智慧城市试点的地区，镇海区积极推进科技领航与培育“236 工程”、高新企业“100 工程”，加快中国电信云计算中心等项目建设和开展智慧制造企业试点。

(二)产业和经济建设实践

1.特色的“块状经济”发展模式

块状经济，是指以制造业为主体，投资主体明确、产品趋同，具有产业集群特征，富有地方特色的一种区域经济组织形式。改革开放以来，宁波经济实现快速增长，很大程度上得益于块状经济的发展。目前，宁波市已逐渐形成“一乡一品”“几乡一品”的块状特色产业发展格局。

不同于“低小散”型经济，块状经济具有一定的产业规模，是拉动区域经济发展的重要增长极。块状经济多以中小型企业为主，立足于当地的特色资源型产业，具有规模化、专业化、社会化的发展特点，且多呈现“小企业，大群体，小商品，大市场”的空间发展格局。特色的块状经济模式为宁波市乃至浙江省的经济发展都做出了重要贡献。

镇海区作为宁波市六大区之一，也具有特色的块状经济产业特征。近年来，镇海依托不同的工业园区，已基本形成了以石油化工、装备制造、临港物流、科技教育等为特色产业的功能区块，并促成了产业的集聚发展效应，不仅大大加强了不同产业彼此间的信息交流和生产协作，降低了运输成本和能源消耗，同时扩大了产业总体的生产能力，提高了利润，获得了规模效益。

工业园区是镇海区块状经济发展的一大特色，也是块状经济向产业集群转型升级的重要载体。目前，镇海区依托区位优势和资源优势，在各种政策及资金的支持下，形成了不同的工业园区，如镇海经济开发区、宁波石化经济技术开发区、宁波城市工业功能区(机电工业园)和澥浦工业集聚区等。在国际产业转移新趋势和国内产业转型升级的大背景下，这些工业园区不断提升经济附加值和技术水平，为镇海的经济发展和地区工业化、城市化的发展做出了巨大贡献，大大促进了产业集约化、高端化的发展。

(1)镇海经济开发区

镇海经济开发区是浙江省政府批准设立的省级经济开发区。多年来,该区坚持以建设现代化、生态化一流精品园区为目标,按照“低门槛引进、高效率服务、好环境发展”的要求,不断加强和完善以“政策优惠、财政补贴、金融支持”三位一体为主的外商投资保障体系,为国内各大型企业积极营造良好的投资环境。

现如今,镇海经济开发区已初步形成以全国特大型化工企业——镇海炼化(图 3-7)为主的产业集聚群,同时吸引了包括韩国 LG 化学社、美国普莱克斯气体公司和荷兰阿克苏·诺贝尔化学有限公司等在内的重要跨国化工企业相继落户,现已逐渐成为国内外大型化工企业最佳的投资场所之一。

图 3-7 镇海炼化

镇海经济开发区按照现代产业配套的要求,将产业园区划分为精密机械工业、高科技电子工业(北欧工业园区)、精细化工工业、仓储物流加工工业四大功能区块。与此同时,镇海经济开发区管委会还鼓励企业延伸产业链,促进上下游产业一体化发展,实现优势互补、互利共赢。作为工业化带动城市化发展的典型,镇海区依托区位优势、产业优势、资源优势和社会优势，实现了较快发展。目前，在装备制造业领域，开发区38家制造类企业成为镇海装备制造业协作联盟的首批会员，走出了一条集约化发展的新道路；在电子元件制造产业方面，园区除拥有世界500强阿尔卑斯电子外，还有包括金慰电子、协畅电子等以生产高精密度电子接收器闻名的高科技企业，产业集聚效应明显提升。

(2)宁波石化经济技术开发区

宁波石化经济技术开发区是浙江省唯一的石化工业专业园区，不仅建有全国最大的镇海液体化工码头，年吞吐能力超500万吨，还有全国最大的炼化企业——镇海炼化，是宁波石化产业集群的重要平台和载体。在工业经济的推动作用方面，以镇海炼化为主导的宁波石化经济技术开发区围绕着精细化工、生物化工、新材料为发展特色，在带动周边金融、商贸、物流等产业的集聚和辐射作用的同时，为当地的工业经济及相关产业的发展做出了巨大贡献。开发区石化产业规模巨大，工业总产值占区属规模以上工业总产值20%以上，据统计数据显示，2010—2015年，宁波石化经济技术开发区规模以上工业总产值平均每季度增长率为7%，累计增速达到148%(图3-8)，增长速度逐年加快，是镇海乃至宁波工业产业的重要增长极。

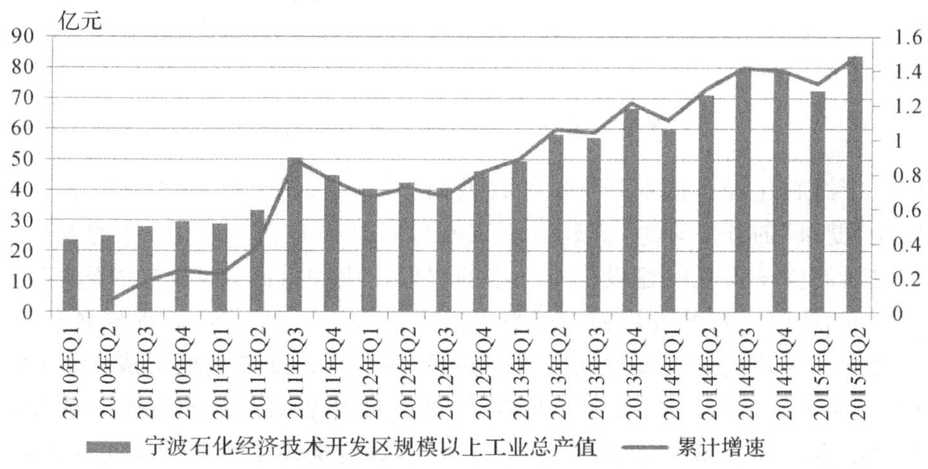

图3-8　2010—2015年宁波石化经济技术开发区规模以上工业总产值及变化情况

目前，该园区结合当前国内外石化产业的总体趋势和自身发展实际，以“炼油乙烯”项目为支撑，以液体化工码头为依托，以烯烃、芳烃为主要原料，在规划区域内共划分五个功能区块，分别是乙烯及下游产业区块、大型合成树脂产业区块、基本有机化工原料产业区块、精细化工及化学新材料产业区块和位于慈溪市龙山的远期发展区块(图 3-9),并旨在通过不同的区块之间相互分工合作,系统有序、科学合理地实现上下游一体化的石化产业链发展,促进产业结构的升级优化和园区经济发展水平的整体提升。

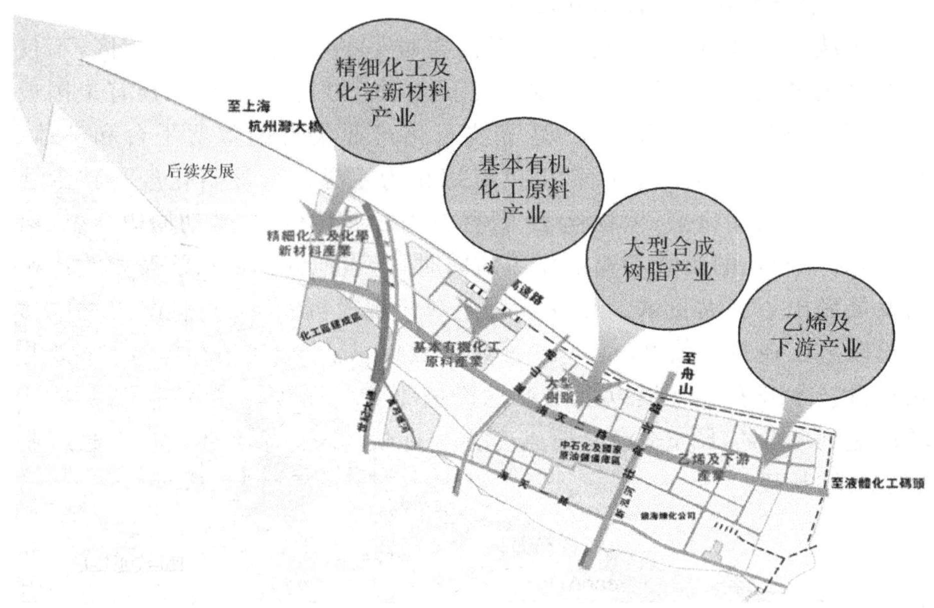

图 3-9　宁波石化经济技术开发区规划

宁波石化经济技术开发区始终遵循“外向型、高起点”和“持续、快速、安全、健康”的开发理念,其建立不仅有效带动了地区产业、经济的发展,同时对周围城市化的建设也有一定的辐射作用和溢出效应,主要表现为:一方面,镇海炼化的发展将吸引更多的产业入驻工业园区,在促成各种生产要素和相关机构集聚的同时,推动镇海多元化产业格局的形成;另一方面,石化园区的不断扩张与发展,将带来大批对基础设施的投资与建设,外来资金不断涌入,土地开发不断增强,有效地推动了相关产业的发展壮大和周边地区城市化建设的发展进程,为镇海区生产总值的增长、扩大就业与城市化竞争力的提升做出了重要贡献。

宁波石化经济技术开发区具有得天独厚的区位优势、资源优势和产业集聚优势,未来,区政府还将大力完善基础配套设施的建设,稳步推进产业链招商,全面提高管理服务水平,为打造成一个资源合理配置、上下游一体化、生产与生态均衡协调的我国最具竞争力的国家级石化产业基地和国家级循环经济示范区而努力。

(3)宁波市大学科技园

宁波市大学科技园是宁波市唯一一家国家大学科技园。目前,园区共入驻企业近370家,实现技工贸总收入近5亿元,主要承担高新技术企业孵化、科技成果转化、创新人才培养和创新资源集聚辐射等目标和任务。自园区建立以来,园区管委会始终抓好招商引资这一核心工作,大力发展信息服务、动漫游戏、影视传媒、设计服务、软件产业和艺术品业六大产业,并加快形成产学研合作新格局。同时,该园区还将加大人才的引进与培养建设工作,组织开展不同类型、不同层次的优秀人员选拔与培训,并提供创业资金扶持、政策优惠和基础设施的配套与完善,以解除创业者后顾之忧。该文化创意产业集群不仅有利于加快城市经济的发展,提高城市竞争力,而且对地区自主创新能力的开发起到良好的促进作用。

在镇海区城市经济发展过程中,宁波市大学科技园还搭建起了包括宁波新材料初创产业园、清华校友创新创业基地等在内的多个协同创新平台,并致力于打造一个高科技、高水准的大学生创新创业基地和“宁波硅谷”。作为宁波市首批4个“众创空间”之一和招才引智、创业创新、转型发展的主要阵地,近年来,宁波市大学科技园不仅主动适应新常态,加快创新驱动发展,抢占科技创新的制高点,并且还致力于聚业模式、平台模式、功能模式和服务模式的创新,旨在构建一个新型创业生态系统。目前,该园区的功能集成度、产业集中度、人才集聚度和知名设计企业数均走在宁波全市前列,逐步成为引领宁波市大众创业、万众创新的新高地。

2. 产业发展建设实践

(1)农业发展呈现新格局、新面貌

近年来,在全域城市化的大背景下,镇海区农业工作紧紧围绕党的十八大和区委、区政府的要求,按照“六大战略”和“六个示范区”建设各项目标任务,坚定不移地走生态都市农业发展道路,以“一带三区五基地”建设为重点,依托创建省级森林城市、建设重点水利工程、建设现代农业园区,积极发挥农业在增加农民收入、保障农产品供给、提升生态功能、促进农业增效中的作用,全区农业农村经济水平得到较大幅度提升。

①“一带三区五基地”的农业发展格局。

镇海区域面积较小,随着城市化进程的快速推进,农业的发展空间更加有限。对此,镇海区农业局结合当地农业发展的实际情况,以全域城市化为总要求，以幸福美丽新家园建设为总抓手，以促进农民增收为中心任务，围绕生态休闲主题，逐步探索出“一带三区五基地”的现代农业生产格局。其中，“一带”即城市生态林带，“三区”即粮食功能区、现代农业产业园区、生态农业休闲区，“五基地”即葡萄、草莓、蔬菜、花卉、淡水养殖基地。

近年来，镇海区以“生态、高效、保障”的现代农业发展为目标，在全域城市化的大背景下，逐步加大产业化投入力度，按照“一带三区五基地”的规划布局，通过加强基础设施建设，培育新型农业经营主体，提倡农业科技创新，加快传统农业向现代高效生态都市农业转型的步伐。作为城市的有机组成部分，“一带三区五基地”的建成与发展，不仅有效满足了全区生态环境保护的需要，加快了传统农业向现代高效生态都市农业转型的步伐，加强农业农村发展活力，同时还为市民提供了很好的体验农业及观光休闲的场所，全面提升了镇海区现代农业发展水平。

②传统农业向现代生态休闲农业转变。

在推进现代化、城市化的进程中，镇海区以生态休闲农业建设为基础，集中发展高效种植业与生态休闲农业，逐步实现了由传统粗放型农业向现代高效型农业的转变，由以“生产目标”为主转向以“立体、生态、都市多功能目标”为主的现代农业发展模式。

在产业结构方面，镇海区政府不断进行调整与优化，沿绕城高速区域建设起九龙湖万亩无公害蔬菜瓜果园、庄市休闲园等农业产业基地，逐步实现主导农产品由传统的粮棉油向粮食蔬果、花木园艺、休闲农业的转变，全区农业产业化格局初步形成；在种植方式上，区农业局通过实施测土配方技术和现代化的种植方式，不仅有效提高了农业生态化的水平及农产品附加值，同时还进一步加强了农产品的质量与安全；此外，政府和相关部门还不断加大支农惠农资金的投入，重点建设生态林和加强水环境整治措施，为生态高效农业提供了有力支撑①(图 3-10)。

多年来，镇海坚持以“三村一线”打造为契机，坚持“一村一品”“一村一韵”“一村一景”，依托良好的自然与生态优势，因地制宜地开展生态休闲旅游产业。目前已建成农家乐休闲旅游点近 30 个，其中九龙湖镇九龙湖村被评为市级“农家乐特色村”，康德助农庄、九龙人家获评“市级农家乐休闲旅游示范点”。此外，镇海区还根据市民不断增长的精神文化需

---

① 《生态高效农业成效初现》，《今日镇海》2012 年 3 月 7 日第 02 版。

图 3-10 镇海区生态农业

求，积极拓宽农业休闲旅游观光的内涵和功能，以特色村为支点，以景观带为轴线，串点成线，连线成片，整体推进“九龙问茶”和“商帮寻根”两大精品线（区块）建设，促进现代生态休闲农业水平的不断提升。

在打造生态休闲农业的同时，镇海区还将以打造品牌特色为重点，不断增强农业、农产品的品牌效应建设，大力推进飞洪蔬菜、繁荣蔬果、九龙凰葡萄等主导农产品和传统产品的品牌化经营，并借助“葡萄品尝周”“草莓采摘节”“迎春花展”等活动平台和多层次、多形式的农产品推介会，促进产品的营销、农业增效和农民收入的增加。与此同时，镇海区还立足农业科技的带动示范效应，开展“专家＋试验示范基地＋农技人员＋科技示范户＋辐射带动户”的农技推广服务模式，优化农业产业结构，着重发展“菜篮子”农产品生产和休闲观光农业，并在现有存量基础上提质增效，推进现代农业的规模化发展。

（2）工业产业主导镇海经济向前发展

过去10年，宁波镇海工业经受住资源瓶颈制约、转型升级阵痛等各种严峻考验，充分利用宏观调控和要素制约的双重“倒逼机制”，加快推进产业转型升级，呈现出规模与效益相统一的又好又快发展态势，实现了工业经济大发展、大提升、大跨越。[①]

①石化工业。

镇海炼化是国家级石化产业的龙头企业之一。在中国石化集约化、现代化的管控下，镇海炼化紧紧抓住沿海炼油企业发展的契机，利用优越的区位优势和华东地区经济发达的市场条件，大胆开拓，变革创新，保持了跨越式发展的好势头。目前，镇海炼化已发展成为我国最大的炼化一体化企业，连续多年被中国石化授予“特别贡献奖”。与此同时，宁波市石化产业集聚以镇海炼化为主导，以精细化工、生物化工、新材料为特色，实现了上下游一体化，形成了双千万吨级炼油、百万吨级乙烯、百万吨级芳烃、百万吨级合成树脂和百万吨级化工原料生产基地，成为具有国际水平的国家级石油化工生产基地、新材料基地和精细化工生产基地。

镇海炼化作为目前国内规模最大的炼化一体化企业，其发展主要经历了五个阶段，如表 3-2 所示。

表 3-2　镇海炼化的五个主要发展阶段

阶段	时期	发展情况
第一阶段	1975—1987 年	先后建成炼油一期工程和大化肥工程，形成原油加工能力 250 万吨/年、尿素生产能力 52 万吨/年，成为粗具规模的石油化工联合企业
第二阶段	1988—1993 年	建成炼油二期工程，原油加工能力达到 550 万吨/年。其间利用得天独厚的地理条件，开始进口原油加工业务，从此走上了利用国内外两种资源、开拓国内外两个市场的经营之路
第三阶段	1994—2000 年	在完成股份制改制后，利用上市筹集的资金完成炼油 700 万吨/年改造工程。随后用发行的可转换债券及自我积累资金建成国家“九五”重点工程——扩建 800 万吨/年炼油工程第一步的主体装置，原油综合加工能力达到 1 200 万吨/年，跨入千万吨级炼油厂的行列。2000 年，公司原油加工量率先超越千万吨级大关，实现了中国炼油工业历史性的突破

① 《镇海“3+5”引领工业经济转型升级》，中国宁波网，2012 年 11 月 6 日，http://news.cnnb.com.cn/system/2012/11/06/007517821.shtml。

续 表

阶段	时期	发展情况
第四阶段	2001—2006 年	先后完成扩建 800 万吨/年炼油工程(第二步)暨“十五”项目、完善 2 000 万吨/年炼油综合加工能力等项目,原油综合加工能力实现了由 1 200 万吨/年—1 600 万吨/年—1 850 万吨/年—2 000 万吨/年的跨越,并逐渐向下游化工方向延伸,加工手段更为齐全,技术、质量、环保水平更高
第五阶段	2006 年至今	建成 100 万吨/年乙烯并同步进行 2 300 万吨/年炼油改造,退出没有竞争力的化肥领域。国际著名的所罗门咨询公司绩效评估报告显示,镇海炼化竞争能力居亚太地区炼油厂第一组群

作为国有大企业,镇海炼化充分发挥了集团在管理、技术、市场等各方面的优势,同时始终坚持融入地方的经济社会中求发展,在地方石化产业发展中起到了主导引领作用。

多年来,镇海炼化始终保持了较强的市场竞争力,特别是 100 万吨/年的乙烯项目,公司不仅采用了避开同质化竞争的产品方案,而且在乙烯裂解工艺上除了使用石脑油外,还可以选择碳五、液化气等多种原料,低成本优势十分明显。

镇海炼化在 100 万吨/年乙烯项目建成投产后,直接带动了区域经济发展模式由直接上缴税收、直接提供产品向延伸产业链、提升价值链转变。据测算,镇海炼化乙烯项目可直接拉动超过 1 000 亿元的下游产业,间接拉动 1∶30 的下游产业,包括裂解燃料油产业链、苯乙烯产业链、环氧乙烷产业链、聚氨酯产业链、碳四产业链、碳五产业链、芳烃产业链和聚烯烃产业链等(图 3-11)。

在发展“绿色经济”方面,镇海炼化始终坚持节能减排理念,建立以“高利用型内部产业链”和“废弃物零排放”为基本构架的内部循环经济模式(图 3-12)。镇海炼化原油加工量不断增长,而炼油能耗、加工损失率为国内千万吨炼油企业中最低。此外,镇海炼化还与宁波石化经济技术开发区的企业积极开展跨区域、跨厂际的能源合理优化利用,共同提升节能减排水平。目前,该化工区已实现了污水集中处理率、工业“三废”排放达标率、强制清洁生产审核实施率 100%,固体废物综合利用达标率 80%和

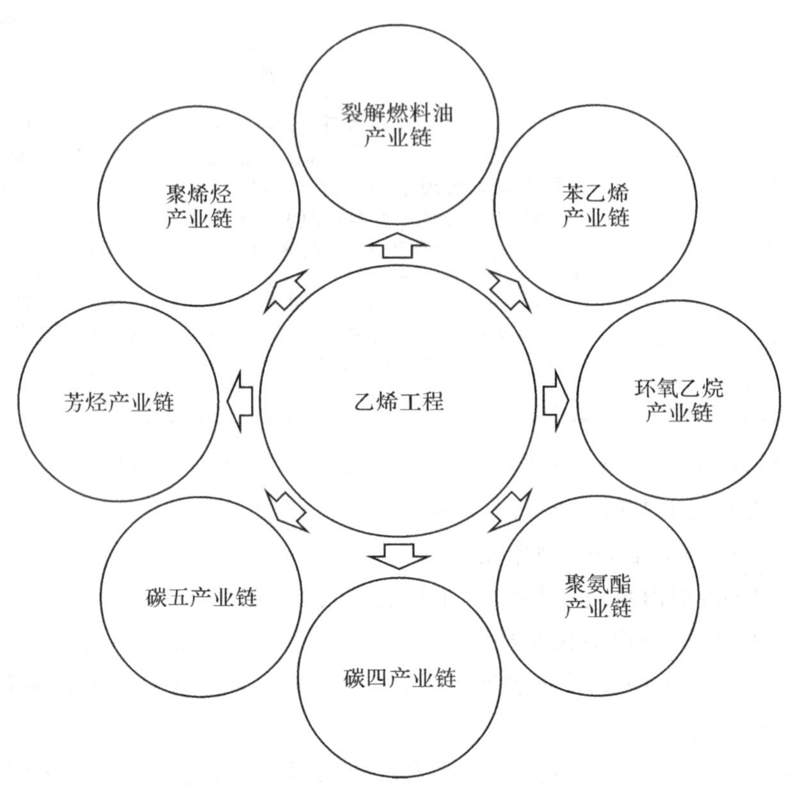

图 3-11　镇海炼化 100 万吨/年乙烯产业链

规模以上企业全部达到清洁生产企业水平的目标①。

综观几十年来镇海石化工业产业的发展，从小到大，从弱到强，离不开镇海优越的区域及资源环境、政府的优惠政策的大力扶持、投资资金的不断流入、先进的技术装备、石化企业敢为人先的工作作风和与时俱进的指导理念。以镇海炼化为中心的石化产业发展不仅成为宁波石化产业实现化工、纺织、医药、塑料和橡胶等下游产业整体转型升级的新“引擎”，还大力促进了围绕石化产业服务的金融、保险、物流、通信和咨询中介等第三产业的扩张与发展，形成良好的辐射与促进作用。此外，石化产业的发展还将形成强大的规模集聚效应，以吸引更多的国内外大型企业入驻石化工业园区，在降低成本、拉动就业、扩大市场份额、形成品牌效应的同时，推动周围地区工业化、城市化的建设，不仅有效促进产业的转型升级，

① 《呼之欲出的“石化巨星”——宁波化工区打造国家绿色石化产业基地纪实》，《中国经济导报》2010 年 7 月 22 日第 B04 版。

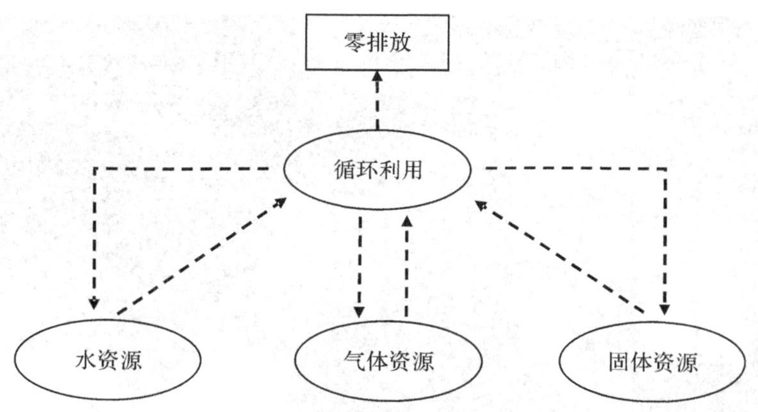

图 3-12 镇海炼化内部循环经济

还有利于镇海全域城市化进程的推进与发展。

②装备制造业。

镇海区装备制造业发达，发展潜力大，不仅是该区工业支柱产业之一，同时还是“十二五”时期镇海区重点发展产业。在积极响应国家“中国制造 2025”的号召及宁波市加快发展装备制造业的需求下，镇海区政府通过资金投入及出台一系列优惠政策，大力扶持包括轴承、液压马达、汽车零部件和石化设备等在内的装备制造产业发展，在促进产业的升级优化的同时逐步实现了装备制造业发展的新跨越。

2012 年，镇海区成立了装备制造产业协作联盟，旨在通过组织各类对接会、建立联盟网上平台、组团参展博览会等多种途径，提升会员企业间合作水平与整体市场竞争力，如组织开展镇海装备制造业大会(图 3-13)等。此外，围绕打造“镇海智造”目标，区装备制造产业协作联盟还成立联盟 IE 学院和工业工程技术中心，力争在轴承、液压马达等企业建立企业研究院，加强装备产业技术储备，在加快两化融合培育智慧企业等方面的同时，促进企业提升软硬实力。①

现如今，镇海区装备制造业正迎来创新发展的“黄金时期”，在全区倡导“六大战略”和“六个示范区”的战略目标下，装备制造业将审时度势，开拓创新，在原有传统优势的基础上不断实现产业的优化升级与发展，大力推进镇海工业化、城市化的进程。

① 《宁波镇海装备制造业转型升级正当时》，中国行业研究网，2013 年 1 月 6 日，http://www.chinairn.com/news/20130106/372478.html。

图 3-13　2013 中国镇海装备制造业大会

在今后工作中，区装备制造业还将通过不断强化政府引导、联盟向导、企业主导，围绕质量强区建设，推行质量标准体系，逐步探索装备制造业发展“镇海模式”，以更加开阔的战略视野、更加科学的发展理念，加快推进装备制造业跨越式发展，以实现传统装备制造向现代装备制造的转变。

③紧固件产业。

作为中国最重要的紧固件生产和出口基地，宁波市享有“中国紧固件之都”称号，而该市的紧固件生产企业主要集中在镇海区。镇海区现有紧固件企业 130 多家，目前紧固件总产量已占全国行业总量的 15%，2014 年实现工业产值近 42 亿元，出口额 20 亿元，同比增长 42.9%。[①]

多年来，镇海区政府不断关注紧固件产业的发展建设，目前已逐步形成了以九龙湖镇为核心，辐射澥浦、骆驼等地的紧固件区域化发展格局。镇海区紧固件产业近年来的迅速发展、区域品牌效应形成及发展环境日益优化，使得其紧固件产业在知名度、产品种类及标准化的建设方面，形成了一定的优势。

---

① 《浙江镇海紧固件出口高速增长的背后是什么》，人民网，2015 年 5 月 25 日，http://nb.people.com.cn/n/2015/0525/c365604－24995410.html。

镇海紧固件历史发展沿革[①]包含两个方面内容：

第一，转型升级谋发展。

过去，镇海区的紧固件产业以中低端为主，存在产品技术含量低、结构不合理、高能耗、高污染、价格战等问题。如今，在市场倒逼下，镇海紧固件行业开始实施“科技引领产业升级，清洁生产环境和谐”的品牌联动战略，设备逐步向高端化、全自动化迈进，不仅实现了节能减排，提高了生产效率及产品质量，还促进了其由低端加工制造中心向产业技术创新中心、商务服务中心和高端产品研发中心的转型发展。

在加强环保方面，镇海于2015年建立紧固件集中酸洗中心。该中心引进国内最先进的全自动全封闭酸洗生产线，年加工处理量达36万吨。在提升质量方面，积极推进产品检测中心建设，成立专门的公司，提供技术服务和第三方检测，并得到了国家认可委员会和浙江省质量技术监督局的认可。

此外，镇海紧固件行业还在不断提升“软实力”的水平，出台一系列相关政策，鼓励企业通过与国内大专院校、科研机构合作，致力于大跨度钢结构厂房、高层建筑、桥梁、地铁、高速列车和磁悬浮列车等紧固件高端产品的研发，提升行业竞争力和产品附加值。

镇海地区生产的紧固件是浙江名牌战略推进委员会认定的该行业全省唯一的区域名牌。自实施品牌联动战略以来，该区紧固件行业内已拥有中国驰名商标1个、浙江著名商标4个、浙江名牌产品2个、宁波知名商标9个、宁波名牌产品4个，位居全国行业前列。

第二，抓市场走向世界。

近年来，镇海紧固件行业“以市场需求为导向、以抢占市场为目标”，提前布局，实现与世界的接轨。一方面，不断扩大产品种类。为满足不同国家和地区、不同行业的差别化需求，镇海区紧固件行业不断丰富产品种类，品种包括GB国际、DIN德标、ASN(IFI)美标等。另一方面，积极坚持多元化发展战略，充分发挥镇海紧固件行业协会的组织引领作用。近3年来，共组织企业参加美国拉斯维加斯展、德国科隆展、中东展和金蜘蛛展等国内外展会50余个、250余家次，不断开拓和占领各方市场。

紧固件是镇海区的一大支柱产业。根据《宁波市镇海区紧固件产业

---

① 《宁波镇海“中国紧固件之都”炼成记》，中国质量新闻网，2015年5月18日，http://www.cqn.com.cn/news/zggmsb/diqi/1037599.html。

转型升级发展规划》的要求，在未来的时间里，镇海区将以技术创新和品牌建设为抓手，培育和发展若干具有国际竞争力的紧固件品牌和大型企业，促进产业转型升级，提升镇海区紧固件产业的国内外市场地位。同时把镇海区紧固件“块状经济”打造成为“宁波市紧固件出口基地”“宁波市机械基础件产业基地”“浙江省紧固件产业集聚示范区”和“国际大型制造企业定点采购基地”。

镇海区紧固件产业的良好发展将对地区工业产业带来促进作用。在全区实行全域城市化的发展战略下，紧固件行业还将进一步带动相关装备制造业等其他产业的发展，大大推进了镇海区工业化、城市化的发展进程，提升了城市的竞争实力。

(3)港口物流业推动海洋经济发展

镇海港位于东海之滨、甬江入海口北岸，拥有天然的深水良港，是宁波—舟山港的重要组成部分。镇海港现有泊位 20 个，其中万吨级以上泊位 10 个、5 万吨级泊位 2 个，且拥有全国第一座万吨级液体化工专用泊位和全国最大的 5 万吨级液体化工专用泊位，具备发展港口物流业的自然条件和现实基础。

①建设大宗货物海铁联运物流枢纽港。

近年来，在全面实施“六大战略”“六个示范区”和加快建设现代化生态型港口强区的战略目标下，拥有优越海港资源的镇海区开始着力打造集“大宗货物贸易港、海铁联运物流港、网络支撑智慧港”于一体的现代物流基地(图 3-14)，并通过吸引商流、物流、信息流和资金流，力争建设面向浙江、长江三角洲地区并辐射全国的大宗货物区域性配置中心、大宗生产资料交易中心和物流枢纽。[①]

镇海大宗货物海铁联运物流枢纽港充分发挥港口、区位、交通和产业优势，以建设临港服务业中心和打造国家重要的区域性资源配置中心为目标，大力发展以钢材、木材、液化、再生金属、煤炭和粮食等大宗货物为主的现代交易中心和集散基地，并且其是镇海深入贯彻落实浙江省委、省政府关于“海洋经济”发展战略、加快推进区域产业结构转型升级的重要举措。同时政府通过极力打造“三位一体”现代物流枢纽港，有利于镇海区依托港口、铁路等区位优势，加快港口服务业的建设，提升镇海区第三

---

① 《镇海着力打造“三位一体”现代港航物流枢纽港》，《浙江日报》2011 年 1 月 13 日第 012 版。

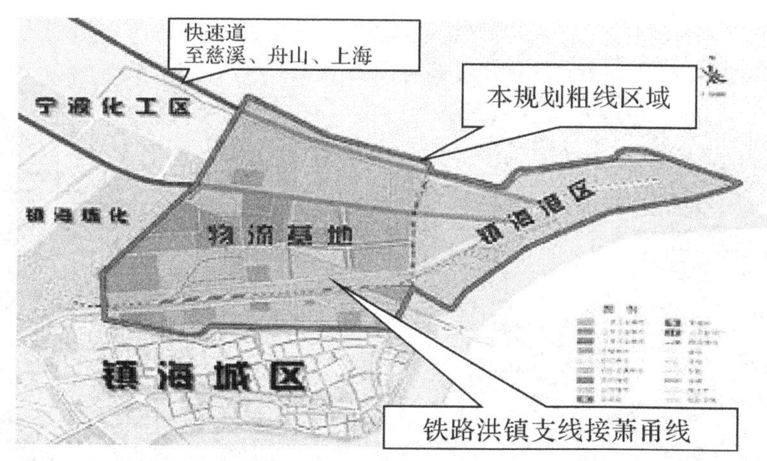

图 3-14 宁波(镇海)大宗货物海铁联运物流枢纽港示意图

产业的比重,且对于促进镇海区海洋经济的发展、加快全域城市化进程均具有重要作用。

②建设宁波镇海大宗生产资料交易中心。

近年来,镇海区政府以贯彻实施浙江省海洋经济发展战略与“三位一体”港航强省目标为重点,深入落实科学发展观,充分结合自身资源条件与生产建设情况,于 2009 年建立起宁波镇海大宗生产资料交易中心(图 3-15)。该交易中心是镇海区构建大宗商品交易平台的重要载体,旨在通过有效整合本地集疏运网络体系,引进现代化的交易方式和提供高效便捷的行政服务管理制度,加快形成集交易服务、口岸服务、信息服务、中介服务和商务办公等多功能于一体的大宗商品交易市场,推动镇海区乃至宁波市的现代物流与生产性服务业的建设,促进镇海区第三产业及全域城市化的平稳较快发展。

此外,政府还将进一步完善基础设施建设与相应的配套措施,把大宗生产资料交易中心打造成为覆盖宁波市、辐射浙江省的大宗货物交易综合管理与服务平台。同时,加快推进产业管理与集聚、服务优化、政策引领、信息化等方面的建设,大力发展港口物流与金融服务高度集中、经营管理与社会服务便捷高效的产业集聚区,推动镇海区经济与现代港口物流服务产业的快速发展。

(4)高新技术产业推动创新升级

科学技术是第一生产力。镇海区始终把发展高新技术产业作为工作的重点,制定并实施一系列政策措施,激励、扶持、引导企业加强科技创新

图 3-15　宁波镇海大宗生产资料交易中心

与自主创新，提升地区的整体竞争实力。

随着镇海区全域城市化的发展，区域自主创新能力和品牌竞争力不断增强，转型升级步伐加快，高新技术产业近年来取得了较快发展。2014年，在区属规模以上工业中，战略性新兴产业、高新技术产业和装备制造业工业增加值分别为39.55亿元、68.85亿元和59.36亿元，同比分别增长15.5%，14.2%和8.7%。镇海区政府的持续高度关注和高新技术产业的良好发展态势为全区科技创新实力的提升提供了有力保障，有效推动了镇海工业化、城市化的发展进程，使城市竞争力不断走高。综观镇海区高新技术产业的发展建设实践，主要体现在以下几个方面[①]：

①有所侧重，重点发展。近年来，镇海区立足区域实际，不断加大财政科技投入，重点发展电子信息（软件）、新材料、光机电一体化和节能环保等高新技术产业。目前，光机电一体化、化工及新材料产业已成为全区两大重点支柱产业，它们2014年的收入及利润占全区高新技术企业主营业务收入比重及利润总额比重达到一半以上（表3-3）。

① 参考镇海区科技局相关文件。

表 3-3　2014 年高新技术产业所属技术领域分布及主营业务收入、利润情况

技术领域	高新技术企业数（家）	全年主营业务收入（亿元）	占全区高新技术企业主营业务收入比重（%）	全年利润总额（亿元）	占全区高新技术企业利润总额比重（%）
光机电一体化	29	53.6	25.3%	4.8	31.4%
新材料	27	96.5	45.5%	4.3	28.1%
电子与信息	7	6.0	2.8%	0.4	2.8%
其他高新技术	7	40.3	19.0%	4.8	31.4%
新能源、高效节能	4	4.4	2.1%	0.2	1.0%
生物、医药技术	4	10.3	4.9%	0.8	5.2%
环境保护	1	1.0	0.5%	0.005	0.03%

资料来源：2014 年镇海区高新技术企业运行情况分析。

②全面启动科技创新体系。镇海区不断推进“410”工程、科技创新“10＋1”工程，鼓励企业争创国家、省市级高新技术企业，鼓励高层次人才入驻区创业中心创办高技术企业，鼓励国内外投资公司和企业参与投资区域内的科技创业项目。同时，镇海区还通过对重大项目实施地方财政的奖励优惠政策，积极吸引创新企业入驻。2009—2012 年，镇海区高新技术产品产值从 2009 年的 90.4 亿元，增长到 2012 年的 321.1 亿元，增长了 1.55 倍。2013 年专利申请数、专利授权数分别达到 4 083 件和 2 807 件，比 2011 年分别增长 154% 和 158%。表 3-4 所示为镇海区 2014 年专利申请和授权量排名前十位的高新技术企业。

表 3-4　2014 年专利申请和授权量排名前十位的高新技术企业

企业名称	专利申请量（件）	其中发明专利	企业名称	专利授权量（件）	其中发明专利
宁波升亚电子有限公司	81	7	宁波埃美柯铜阀门有限公司	64	2
宁波埃美柯铜阀门有限公司	63	3	宁波世通汽车零部件有限公司	42	2
宁波世通汽车零部件有限公司	55	15	宁波市镇海阳光交通器材有限公司	40	0
宁波天韵通信设备有限公司	50	15	宁波杜亚机电技术有限公司	39	7

续 表

企业名称	专利申请量(件)	其中发明专利	企业名称	专利授权量(件)	其中发明专利
金丰(中国)机械工业有限公司	43	15	宁波明泰流量设备有限公司	38	1
宁波科曼电子科技有限公司	36	0	宁波意美捷影视设备有限公司	37	0
宁波红杉高新板业有限公司	35	0	宁波鑫海爱多汽车雨刷制造有限公司	36	1
宁波鑫海爱多汽车雨刷制造有限公司	35	0	宁波红杉高新板业有限公司	35	0
宁波意美捷影视设备有限公司	35	0	宁波天韵通信设备有限公司	35	0
宁波镇明转轴有限公司	35	4	宁波镇明转轴有限公司	34	0

资料来源:2014 年镇海区高新技术企业运行情况分析。

③扶持企业开展科技创新。镇海在做好吸引创新企业的同时,还大力扶持企业开展科技创新。安排多项政策资金,鼓励企业完成各类科技项目计划及新产品研发等,有力地推动了新材料产业、装备制造业等战略性新兴产业和传统优势产业的发展。2009—2013 年,镇海区高新技术企业从 24 家增加到 72 家,增速平稳,总量不断增加,其中 2013 年新增企业 29 家,增长幅度为历年之最。表 3-5 所示为镇海区 2014 年科技活动经费投入排名前十位的高新技术企业。

表 3-5 2014 年科技活动经费投入排名前十位的高新技术企业名单

企业名称	企业用于科技活动的经费支出(百万元)
百隆东方股份有限公司	81.1
宁波金海晨光化学股份有限公司	46.7
宁波新福钛白粉有限公司	43.2
浙江恒河石油化工股份有限公司	39.6
宁波杜亚机电技术有限公司	39.2
宁波巨化化工科技有限公司	38.7

续　表

企业名称	企业用于科技活动的经费支出(百万元)
宁波埃美柯铜阀门有限公司	33.0
镇海石化建安工程有限公司	29.7
金丰(中国)机械工业有限公司	28.9
浙江野马电池有限公司	21.9

资料来源:2014 年镇海区高新技术企业运行情况分析。

④建立高新技术创新平台。镇海积极响应国务院"大众创业、万众创新"的战略思想,全面启动宁波市大学科技园建设,大力推进集技术创新、高新技术企业孵化、创业人才培育、科技成果产业化四大功能于一体的新型园区发展,以实现产学研的充分结合。

总体来看,镇海区近年来通过不断出台一系列政策和措施,大力促进高新技术产业的发展,投资及优惠力度加大,企业研发成果明显,地区发展创新实力和城市竞争力大幅提高,高新技术产业经济运行保持较好的发展势头,这些都有力地推进了镇海区全域城市化的快速发展。

3.城市化下镇海产城融合的发展与建设

产城融合是相对于产城分离的概念而提出来的。在我国当前经济转型的背景下,镇海区通过以产促城、以城兴产,实现了产业与城市的功能融合、空间融合,其是推进地区产业转型升级与全域城市化发展的重要思路与途径。

当前镇海区正处于加快建设"六个示范区"和现代化生态型港口强区的关键时期,新城建设速度加快,产业结构不断优化,生态环境不断改善,城市和产业的结构、布局、功能都在进行深刻调整,人民对于提升生活质量与产城融合整体发展水平的要求日益提高。产城融合是科学发展观的内在要求,是提升城市综合实力的关键所在,在新形势和全域城市化发展建设的推动下,镇海区近年来产城融合发展水平有了较大幅度的提高。

(1)镇海区产城融合发展现状①

现阶段,镇海区按照国家和省、市的总体战略部署,加快推进产业转型升级,深入开展新城开发、老城改造等建设工作,努力促进产业的发展

① 《现实基础与意义——加快提升镇海区产城融合发展水平对策研究》,宁波决策咨询网,2014 年 4 月 2 日,http://fz.ningbo.gov.cn/detail_27353_48.html。

和城市建设的互动协调，产城融合的效益和水平均取得了明显成效。

根据产城融合的目标内涵和工作要求，遵循科学性、系统性和直观性的原则，镇海区有关部门设计了一个产城融合度评价三级指标体系（表 3-6）。最高级的目标层主要包括产城规划融合、产城设施融合、产城空间融合、产城效益融合及产城工作融合 5 个方面。产城规划融合主要从宏观层面出发，验证产业规划、国土规划与城市总体规划及相关规划的衔接程度，以及是不是已经制定并出台产城融合专项规划。产城设施融合主要是评估区域内交通、信息、生活等基础设施的融合完善程度。产城空间融合主要考量区域内城乡统筹状况及产业、人口的积聚度。产城效益融合主要评价区域内产城融合的成果，包括自主创新、产业结构及生态环境等。产城工作融合主要是考察推进产城融合的组织领导体系是否建立、政策体制是否完善等。

表 3-6　产城融合发展体系

<table>
<tr><th>目标层</th><th>指标层</th><th>二级指标</th><th>镇海区</th><th>黄岛区</th><th>萧山区</th><th>海曙区</th></tr>
<tr><td rowspan="4">产城规划融合</td><td rowspan="3">规划相符</td><td>产业功能定位与上位规划是否相符（十分制）</td><td>8</td><td>8</td><td>8</td><td>8</td></tr>
<tr><td>用地性质与上位规划是否相符（十分制）</td><td>7</td><td>8</td><td>7</td><td>8</td></tr>
<tr><td>产业规划与国土规划是否相符（十分制）</td><td>6</td><td>7</td><td>7</td><td>8</td></tr>
<tr><td>专项规划</td><td>是否有专门产城融合规划</td><td>部分</td><td>初步</td><td>大部分</td><td>基本形成</td></tr>
<tr><td rowspan="6">产城设施融合</td><td rowspan="2">交通设施</td><td>路网面积密度（千米/百平方千米）</td><td>135（2009）</td><td>138</td><td>95</td><td>—</td></tr>
<tr><td>居民上班平均用时（分钟）</td><td>20（约）</td><td>18</td><td>33</td><td>24</td></tr>
<tr><td>信息化设施</td><td>光纤到户率（%）</td><td>98</td><td>90</td><td>94</td><td>99.1</td></tr>
<tr><td rowspan="2">居民生活设施</td><td>图书馆数量（个）</td><td>7</td><td>8</td><td>19</td><td>18</td></tr>
<tr><td>人均年自来水供应量（吨）</td><td>28.8</td><td>96.9</td><td>45</td><td>56</td></tr>
<tr><td>生产生活一站式场所</td><td>城市综合体（个）</td><td>4</td><td>3</td><td>8</td><td>1</td></tr>
</table>

续　表

目标层	指标层	二级指标	镇海区	黄岛区	萧山区	海曙区
产城空间融合	城乡统筹	城市化率(%)	75	80	70	100
		城乡居民收入比	1.97	2.25	1.97	(无农村)
	产业集约集聚	每平方千米生产总值(亿元)	2.28	4.36	1.02	15.74
		省级以上产业园区数量(个)	4	6	2	0
	人口集中	从业人员占常住人口比例(%)	55	29	44	38
		集聚区居住人口密度与区域人口密度比例	2.5(约)	2.4	1.3	1.1
产城效益融合	自主创新	授权专利数(件)	3 169	2 112	4 068	922
		科学技术财政支出占 GDP 比重(%)	2.3	1.7	1.8	2.0
	经济质量	第三产业增加值占 GDP 比重(%)	20.6	35.8	35.0	84.2
		总部企业数(个)	30(约)	33	150	194 (2008)
	生态环境	单位生产总值能耗(吨标准煤/万元)	7.3	0.62	0.93 (2010)	0.20 (2010)
		空气优良率(%)	92.5	91.5	85.2	88.5
	民生改善	城镇居民人均可支配收入(元)	34 058	27 420	36 278	34 058
		农村居民人均纯收入(元)	17 293	12 976	18 398	无农村
		城镇登记失业率(%)	3.34	1.63	3.51	3.75
产城工作融合	组织推进	产城融合领导重视程度、部门协调性(十分制)	8	7	7	7
	融合政策	产城融合政策体系是否完善(十分制)	5	7	7	7
	融合体制	是否有专门的产城融合考核制度	初步	部分	部分	部分

从产城规划融合来看，镇海区十分重视产城融合的推进工作，在贯彻落实国家“五位一体”和“四个全面”总体战略布局下，区政府有关部门加快完善城区建设规划体系和产业发展规划体系，有序推进区域内产城融合的理论构想和实践工作，并进一步制定、出台全区域的产城融合专项规划，统筹镇海区产城融合的建设与发展。

从产城设施融合来看，镇海区紧紧围绕城市建设和产业发展需要，不断完善交通、信息、生活和生产等基础设施，路网面积已经达到较高水平。

其中，以“八横七纵”路网、绕城高速公路为主干的大交通网络基本建成，实现了从交通末端到长三角南翼交通枢纽节点的转变；城乡供水一体化改造加快推进，覆盖全区的城市供水大网基本形成，群众生产生活便利性大大提高。

从产城空间融合来看，镇海区产城空间融合水平较高，以“2016”工程为载体的农村集中居住区建设全面铺开，老城提升成效显著，全域城市化水平进一步提高。此外，镇海依托区域内发达的临港大工业、现代农业和高教科研创意产业，城市综合功能有效提升，先进制造业、港口物流业、高新技术产业及现代大宗商品交易贸易发展水平较之前有了较大幅度的完善与发展，区域集聚辐射能力大大增强。

从产城效益融合来看，镇海区现代服务业发展步伐加快，产业结构日趋合理；国家级大学科技园加快建设，授权专利数及 R&D 占 GDP 比重都排前列，成功成为全国科普示范县(区)；生态文明建设持续推进，目前已通过国家级生态区创建技术核查评估，正努力建设成为省级生态区和国家级生态示范区；居民生活品质不断提升，初步建立起覆盖城乡的社会保障体系，连续 5 年动态消除“零就业家庭”，成为宁波市首批充分就业区；同时，镇海区仍面临着较大的生态环境压力，尽管空气优良率较高，但单位 GDP 能耗较多，这方面需引起政府有关部门的高度重视及有效改进。

从产城工作融合来看，镇海区高度重视产城融合工作的开展，现已开展专题研究并进行总体安排部署，但从近几年的发展来看，有利于推进产城融合的政策体系和体制机制还有待出台和完善。

(2)提升镇海区产城融合水平的意义

①有利于加快推进镇海区全域城市化。

未来几年是镇海区全面推进全域城市化的重要时期，城市的发展离不开产业的支撑，所以促进产城融合是提升镇海城市化水平的重要途径。一方面，城市综合功能的培育离不开产业结构的优化和产业发展水平的提高；另一方面，镇海区全域城市化是一个伴随经济增长、人口迁移、产业升级、生态环境改善和管理服务水平提高的过程，作为地区经济发展的重要支撑，产业的发展可以多方面促进城市的工业化、现代化进程，实现城市竞争力和功能的整体提升。

②有利于加快推进产业转型升级。

随着国家经济进入新常态，镇海区面临着加快产业转型升级的严峻任务和巨大压力，要想实现产业的转型发展，必须紧紧依托地区城市化的发展，把建设镇海新城、改造老城区等城市化进程，作为镇海发展技术知识密集型的都市工业和推进产业转型升级的主导力量和主要路径。

镇海区在推动产业整体发展的同时，通过服务业的快速发展加快产业结构优化，一方面满足城市服务需求，为镇海区产业经济发展提供强大动力；另一方面为产业经济转型升级提供好的功能平台和空间载体，强化了发展的支撑。

③有利于加快拓展镇海区科学发展新空间。

推进产城融合有利于对城区空间布局进行战略性优化调整，提升经济社会发展的综合效益，拓展城市科学发展新空间。一方面能够优化调整区域空间布局，提升区域土地空间利用效率，实现城市土地空间资源的优化再生；另一方面能够提升区域空间发展的使用效能和综合效益，进一步提升区域经济社会发展的综合效益，从而逐步解决当前面临的要素资源短缺、发展质量效益有待提升等问题，推动发展模式向集约型、循环型发展模式转变。

④有利于提升镇海区生态环境。

加快镇海区产城融合发展，有利于促进产业结构的优化提升，减少资源消耗和污染排放，进一步提升空间发展的使用效能和综合效益；有利于促进产业与人口协调集聚，保持人口与资源环境相均衡；有利于加快农村综合环境的整治，推进新农村和现代农业的发展建设，打造幸福美丽新家园；有利于加快生态建设和城区环境面貌改善进度，营造富有特色的生态景观等，从而有效提升镇海区生态环境水平。

(三)典型案例

案例一：农家乐走出"镇海模式"

近年来，镇海区着重完善基础设施建设和提升服务质量，整合现有资源和区域优势，积极开展"阿拉过大年，镇海农家乐"活动，推动单家独户农家乐向多功能休闲农业发展。目前，农家乐产业已基本形成集休闲采摘、农业观光、古村风情、休闲渔业、乡土饮食和体验认知于一体的发展模式。

①休闲采摘。镇海区依托九龙湖葡萄、建国白枇杷等一批市场畅销、知名度高的水果品牌，在原有农业园区推出休闲采摘项目，初步建立起飞洪蔬果基地、康德助农庄、阿亮草莓种植基地等休闲采摘基地，极大地丰

富了乡村旅游内涵。

②农业观光。镇海区充分利用万亩粮食基地、四大林带、沿山大河景观、新农村建设成果，全面涵盖观光林业、观光渔业、观光新农村旅游，使万亩粮食基地呈现出“绿色过冬”“金色田野”的景象，瑞雪花卉、永明盆景等生态农业园构建起名花异草盆景观赏佳所。

③古村风情。不同的村落具有不同的特色和文化，如澥浦镇十七房村通过结合自身的优势，发展古村落观光、宁波商帮世居生活体验、艺术文化交流等项目，打造出一个独具古老“中国节”魅力和独特历史文化底蕴的古村休闲胜地。

④休闲渔业。以永旺垂钓休闲园和宏德淡水渔家乐等为代表的“绿色渔业农家乐”是镇海区休闲农业发展的一个新亮点，目前该地已发展成为包括垂钓、休闲、旅游、餐饮、观光等在内的多功能现代渔家休闲旅游基地。

⑤乡土饮食。九龙湖镇横溪村作为宁波市农家乐特色村，以竹笋、杨梅、山间野菜等各种蔬果特产为主要特色，以品尝各式各样的农家菜肴和体验农村圣湖为亮点，充分满足市民回归自然、体验淳朴的心理需求。

⑥体验认知。实践出真知的理念在镇海现代农业发展中也得到了体现，如繁荣瓜果蔬菜试验示范场、永明和中华盆景园等休闲观光基地。再通过充分发掘自身科技内涵，为游客提供蔬菜、瓜果、花卉、林木及水产品等的种植、养殖体验，让游客在休闲活动中收获农业科普知识。

“阿拉过大年，镇海农家乐”的活动突出休闲理念，集旅游、游玩于一体，不仅极大地满足了游客的休闲与观光体验，提升了农家乐的竞争力，增加了农民收入，同时也为镇海区发展生态休闲农业积累了丰富和宝贵的经验。

案例二：镇海装备制造业的“华丽转身”①

装备制造业是镇海三大工业产业之一，经过多年来的发展，镇海区已建立起众多装备制造业生产企业，如紧固件、轴承、液压马达、电工电器、汽车零部件和石化设备等，实力雄厚，经济总量大。近年来，随着社会经济的不断发展，装备制造业面临更加激烈的市场竞争，为此，镇海区政府审时度势，紧跟时代脉搏，抓住国家发展“互联网+”和电子商务的历史机

---

① 《阿里巴巴·镇海装备制造产业带建设启动》，镇海新闻网，2013 年 11 月 14 日，http://www.zh.gov.cn/jjzh/jrzh/201311/t20131114_71670.shtml。

遇，敢为人先，于2013年建立了宁波首个特色产业带电商平台——阿里巴巴·镇海装备制造产业带平台，镇海装备制造业迎来了新的春天，实现了从传统的销售向电子商务销售的“华丽转身”。

根据要求，该特色产业带平台将按照四方合作的方式——“企业＋政府＋服务运营商＋阿里巴巴”，在阿里巴巴网站首页建立“镇海装备制造产业带”，为该区的装备制造业企业提供“运营策划、宣传推介、交易结算、在线物流、客服支援、电商培训”一站式服务，实现线上平台与线下产业带的无缝对接。目前，镇海装备制造产业协作联盟已率先引入这一全新的电子商务模式，为企业建立起方便快捷、高效专业的商务通道。该平台的建设不仅有利于弥补装备制造业企业传统贸易的缺陷，同时对于扩大该产业的市场份额、提升镇海区装备制造业在全国乃至全世界的知名度都具有重要意义。

今后，镇海区装备制造企业还可以通过阿里巴巴·镇海装备制造产业带平台，进行网上销售，实现网上支付和结算，此外，还可通过多种方式进行推广和销售，多渠道扩展利润来源。据了解，该平台的启动，将直接吸引100家以上的企业入驻，线上产业带规模超30亿元。

案例三：“三带三组团”——建设生态美丽新城镇

镇海区现代工业发达，产业结构丰富，以镇海炼化为主导的化工产业成为推动地区经济发展的重要力量。此外，镇海区自然资源丰富，特别是拥有得天独厚的深水良港，海洋经济也实现了较快的发展。然而，随着近年来镇海区全域城市化、工业化的快速推进，其发展还将面临诸如生态环境、城市拥堵、资源要素制约等问题。因此，为了解决镇海城市化发展过程中遇到的困难与障碍，进一步提升居民的生活质量，合理规划土地资源和空间布局，建设生态和谐美丽的新型城镇，镇海区政府审时度势，充分结合国家、省市的战略要求和自身发展实际，提出了未来发展规划“三带三组团”的总体布局，其中三带是指滨海产业带，城市生态带，庄市—骆驼、招宝山—蛟川城区组团发展形成的城市发展带，三组团是指骆驼—庄市组团、招宝山—蛟川组团和九龙湖—澥浦组团。

通过调整空间布局，镇海区的居住和商业功能将主要集中在庄市、骆驼、招宝山等城镇集聚区；工业产业则以工业园区为主，集中布局在石化工业园区、经济技术开发区、机电工业功能区等区块。同时，镇海区还将着力建设“森林镇海”，通过在沿路沿河建设绿色廊道，形成一条“城市生态带”。具体的，其发展思路主要包含以下三个方面：

①调整提升"滨海产业带"布局。

滨海产业带以石化、装备制造业为主要产业，该产业带计划在三大方面做好改善和提升。一是调整提升石化区产业布局，促进临港工业做优做强。二是建设产业缓冲区，促进先进制造业做大做强；三是改造后海塘片区，促进现代物流业加快发展。通过努力，使全区产业布局更加科学、产业结构更加合理，力争通过10年的改造，使空气质量(新标准)优良率达到85%以上。

②推动"城市发展带"组团发展。

如上所述，城市发展带实际包含三大"组团"：一是骆驼—庄市组团发展，推进新城南北区的联动发展，努力建设宁波中心城北部商业中心；二是招宝山—蛟川组团发展，推进临江片区与北仑区甬江南岸的协调开发，重点开展镇海老城区的改造与提升；三是九龙湖—澥浦组团发展，建设具有现代风貌、充满活力的宁波中心城北部重要的都市组团，重点打造宁波度假旅游新城。三大组团定位不同，发展方向不同，但定位清晰，特色明显。

③创新开展"城市生态带"建设。

建设城市生态带，与党的十八大提出的生态文明建设和区第十三次党代会提出的建设生态文明示范区相一致。滨海产业带是镇海区经济发展的重要支柱产业；城市发展带承载着居住、商住功能，同时也是发展城市经济的重要区块，而将城市生态带规划在滨海产业带和城市发展带之间，是对镇海区发展的一种与时俱进的创新。立足产业发展的实际，镇海区将推动工业重镇实现科学发展、创新发展、绿色发展，实现经济建设与生态文明建设相得益彰，把镇海区打造成为生态文明示范区。

案例四：从炼油"小弟"到"中国第一"[①]

曾经，镇海炼化炼油生产区还是一片荒芜，为解决浙江省燃料供应严重不足的矛盾，1974年7月，国家计委批准在浙江镇海建设一个年加工原油能力为250万吨的炼油厂，这就是镇海炼化的前身——浙江炼油厂。

镇海炼化紧紧抓住了国家发展沿海炼油企业的大好机遇，利用宁波优越的地理优势和华东地区经济发达的市场条件，大胆开拓，改革创新，保持了跨越式发展的好势头。在发展实践上，镇海炼化坚持"消除瓶颈、兼顾内涵、外延统筹发展，适时投入、快速产出"的发展道路，实现加工能

① 《镇海炼化：一个世界级炼化企业的崛起》，《宁波日报》2008年11月11日第A4版。

力和加工量、市场需求之间的和谐发展。在投资上，镇海炼化形成了“预测估算—动态调整—滚动优化—评估检验”的投资决策模式，不盲目扩张、不搞小而全，而是看准时机，坚持稳步发展，坚持装置规模化，坚持缩短建设周期。坚持装置高开工率，以最小的投资获得了最有效的发展。

40 多年来，镇海炼化努力开拓进取，抓抢机遇，扩大规模，调整结构，深化改革，转换机制，外拓市场，内强管理，现已崛起了一条高科技、世界级的炼化一体化石化集群。2000 年，公司原油加工量率先超越千万吨级大关，实现了中国炼油工业历史性的突破。2006 年 11 月，镇海炼化 100 万吨/年大乙烯工程奠基，填补了浙江乙烯工业的空白，实现炼油与乙烯的深度联合。现如今，镇海炼化已从一个年加工原油能力 250 万吨的炼油“小弟”，发展成为目前国内规模领先、成本领先、效益领先、竞争力领先的炼油标志性企业，并由此辐射带动宁波、浙江乃至长三角地区的经济发展。

案例五：镇海产业转型“三字经”[①]

面对镇海产业的转型，主要依靠的是“转、升、并”这个“三字经”。

首先是“转”。镇海的发展空间有限，为了把有限空间的产出率和对环境的友好度达到最佳，一些传统企业采用“转”的方法。比如，一家生产出口自行车的企业，效益不错，但自行车出口价值不是很高，企业利用在自行车生产过程中积累的资源，转型生产健身设备，这些产品价格就比自行车高很多，产出的效益也就增加。

其次是“升”。如镇海区的一个重要的转型升级工作就是紧固件产业转型升级。九龙湖紧固件产品中有高档的也有低档的，且低档的占大部分，如果全部“转”出去，让镇里、村里的老百姓富起来就比较困难。另一种方式就是不让企业淘汰，帮助企业得到提升便可，如成立协会、建展销大楼、引进先进技术等，通过多种途径帮助企业提升紧固件产业水平。

最后是“并”。“并”就是延长产业链。比如，当地有家生产转子的企业，在国内出口行业中非常有名，但经济效益并不好，后来企业利用自身优势，在生产转子的同时生产电动机。如此一来，传统产业实际上也得到了转型升级。

---

① 《镇海：从“绿色经济”向“蓝色经济”迈进》，《中国经济导报》2011 年 10 月 20 日第 C03 版。

(四)政府具体政策及措施

镇海区政府长期以来支持区域经济发展建设,通过出台一系列政策、措施促进产业结构的调整与升级,经济发展水平得到稳步提升,全域城市化发展初见成效。

1.农业政策

第一,依据《2010年农业发展建设重点》,镇海区农业主要做好以下几方面工作:①持续抓好老项目的提升,加快新项目的引进建设。②抓住机遇,解决发展用地问题;确立"5555"产业发展目标,布局重点发展区域。③启动镇海东排南线工程,实施清水河道建设。④实现林带贯通,对林带树种结构进行调整,使不同林带之间体现出一林一特色。⑤建立区镇村三级流转平台,土地流转资金由街道先垫付,待土地流转后向业主收取。

第二,根据农业局2013年及2014年工作总结,镇海区在农业发展建设方面主要做出以下工作举措:

①在现代农业的发展方面。2013年建设完成37个农业产业化项目,确定全区32家农场的发展规模及发展方向,建设完成24个农家乐休闲旅游点;2014年投资5 440万元完成农业产业化项目28个;出台土地流转政策,完成沙河村1 100亩整村委托流转试点工作。

②在水利建设方面。2013年主要推进骨干流域工程建设,深入开展河道综合整治工作;2014年稳步推进"五水共治"工作,实施河道属地化保洁,推进骆驼街道市场化试点工作;开展涉河"三改一拆",完成41处涉河违建拆除。

③在森林建设及生态环境发展方面。2013年推进平原造林工程,开展海天林带提升工程;推进重点河道绿化工程,深化森林村庄建设;推进植物园723亩土地绿化工程,完成93千米的登山健身步道的建设任务;2014年,切实提升"森林镇海"建设,指导九龙湖镇顺利通过"省级森林城镇"验收,成功举办2014浙江迎春花展。

④在农村集体"三资"管理方面。2013年进一步推进"阳光村务"工作,财务透明度有所提高;2014年,完成省级农村集体"三资"管理规范化区创建;九龙湖镇创建市级标准化农村集体"三资"代理服务中心,全年完成对26个村的农村审计工作。

总之,近年来镇海区的农业工作紧紧围绕"六大战略"和"六个示范区"建设的各项目标任务,继续坚定生态都市农业发展方向,以"一带三区五基地”建设为重点，以创建省级森林城市、建设现代农业园区为依托，努力提高农业发展在农民增收、农产品供应、生态环境改善和农业生产效益增加中的重要作用，全区农业农村的经济保持平稳发展，全域城市化水平不断推进。

第三，根据“2014 年农办工作总结”，农业的发展与改革主要体现在以下几方面：

①围绕改革赋权，全面深化农村综合改革。

其一，稳妥推进村级集体经济改革。出台了《2014 年镇海区村级集体经济改革工作方案》，明确了改革村的改革工作各阶段的时间、任务。

其二，加快推进农房两改工作。一是完成村庄布局规划修编。贯彻实施“三带三组团”空间布局和重大项目的建设，认真抓好镇海区村庄布局规划工作，在“三带三组团”空间布局和重大项目落户镇海的大背景下，抓好镇海区域将原来“2016”村庄布局规划调整为“1519”格局，即建设 15 个集居点和 19 个集中居住区。二是抓好项目建设和管理。三是抓好农房制度改革项目申报工作。

其三，积极推进城乡一体化改革试点工作。一是加快推进全域城市化综合配套改革试点工作。二是合力共建“城乡一体化改革发展试点乡镇”。按照全域城市化发展要求，坚持“规划先行、重点突破”，在“多规合一”基础上，加快工业化、城市化、信息化和农业现代化“四化同步”，实现产城融合。着力构建“两元中心”，即以征地拆迁为重心的城市建设中心和以“文明创建”为重心的城市管理中心，全面提升全域城市化内涵。

②围绕全域景区化，优化提升“三村一线”工作。

其一，明确创建目标。根据行政村的区位条件、经济基础、自然风貌和文化特色等不同情况，进一步明确幸福美丽新家园创建目标责任，提出“三村一线”五年创建目标，计划从 2013—2017 年，重点培育市级幸福美丽新家园建设先进镇(街道)2—3 个、全面小康村 6 个以上、市级中心村 5 个、市级特色村 4 个、区级特色村 7 个和市级精品线(区块)2 条。

其二，强化政策保障，加强资金绩效管理。制定《镇海区幸福美丽新家园建设资金使用管理办法》，使项目建设与资金拨付制度化、规范化。整合部门力量，将“三村一线”创建与各部门开展的建设项目有机结合起来。同时，积极鼓励和引导社会力量，通过投资、捐助、认建等形式参与幸福美丽新家园的建设中来。

其三，立足惠民利民，着力项目建设。一是干净有形。深入开展“四边三化”和“双清”行动，继续实施“美丽庭院”和“秀美村庄”创建。二是惠民利民。在创建项目选择时，主动倾听群众呼声，将群众要求最迫切的民生项目排在第一位。三是一村一韵。如朝阳村，将刘氏祠堂改建成农村文化礼堂，构建“江南水乡、诗意朝阳”的文化长廊。四是串点成线。依据“一年成形、两年成品、三年成景”的要求，加快实施精品线（区块）建设，庄市街道以宁波植物园建设为契机，依托农业旅游观光园建设和商帮文化故里的特色优势，着手打造“商帮寻根”精品线。

其四，全面推进村庄环境改善提升工作。继续抓好“四边三化”“双清”“三改一拆”专项行动，全面开展“美丽庭院”及“温馨家园·秀美村庄”创建工作。

2. 工业政策

第一，依据2009年颁布的《宁波市装备制造业调整和振兴行动计划》，政府在加大支持力度促进镇海区装备制造业的转型升级方面，主要做了以下几项工作：

①审视人才引进政策，搭建共享公共咨询服务平台。听取人才实际诉求，在人才引进、评估、激励等方面，为企业提供政策扶持、搭建公用平台；借助民间团体搭建信息共享服务平台，整合区内外人力资源；利用镇海区已成立的装备制造业协作联盟，在资源交流平台、人才培养机制、质量检测体系等方面共建共享，提升整体竞争力。

②改进传统税务稽征方式，以贴合现代投融资方式及经营理念。对特定高新技术企业，可采取加速折旧法；对因经济形势所迫而严重开工不足企业，可采取减缓折旧法和减税措施。但这些变革并不有违目前税法，而是改变僵化的稽征体系，使税收成为重要的经济发展调节杠杆。

③加快推进要素资源市场化，并引导各类要素资源向装备制造业领域倾斜。发挥市场和政策的导向作用，为民营经济创新发展提供要素资源保障。如适度放宽现有工业企业建筑容积率，通过市场与政府的双重力量实现“零增地扩容、零增地技改、零增地招商、零增地重组”，以破解要素制约。

第二，依据2013年出台的《关于强化创新驱动建设创新创业示范区的决定》，镇海区政府在强化创新驱动发展、实现经济转型升级、增强区域综合竞争实力方面，主要做了以下几项工作：

①在加快完善创新引领的现代产业体系方面。重点发展创意经济、楼宇（总部）经济、网络经济、休闲经济、会展经济、商贸商务经济和现代物

流经济等业态。加快发展战略性新兴产业，加快推进高端装备、新材料、节能环保、新一代信息技术和生物医药等产业发展，着力打造战略性新兴产业发展基地。加快改造提升传统优势产业。做大做强先进装备制造业，加快“机器换人”推进步伐。加快推进“两化融合”步伐，提高技术装备的自动化和信息化水平。深入实施品牌、专利、标准化“三大工程”，引导并鼓励企业抢占制高点，打造产业核心竞争力。

②在加快完善企业为主体的技术创新体系方面。增强企业技术研发能力。完善并全面落实激励企业自主创新的政策措施，引导企业进一步加大研发投入力度，通过技术转让、合作入股、共同开发等形式，加强对产业重大关键技术的引进和合作。支持企业引进高层次技术人才和创新管理人才，提升企业研发能力和管理水平。加快发展担保、风险投资等金融服务业，加快引进股权投资企业和股权投资管理企业的步伐，吸引知识产权交易、技术产权交易、科技金融、融资担保等金融服务中介机构落户。

③在加快完善适应创新驱动需求的人才支撑体系方面。加快建设“人才金港”，深入实施“316 计划”，完善吸引高层次人才的特殊机制和政策，引进并聚集一批高端化、国际化、团队化的创新创业人才，构筑区域性创新人才高地。充分发挥职业院校人才培养优势，大力发展职业教育，培育一批复合型、应用型高技能人才，健全高技能人才表彰激励政策。健全“妈妈式”服务机制，完善人才项目“绿色通道”和“全程代理”服务。

第三，根据镇海区经信局颁布的“2014 年工作总结”，主要工作如下：

①努力扩大有效投资。全面推进重点工业项目建设，着力优环境、重督查、强服务，全力抓好项目备案、核准和管理。完成投资额 1 000 万元以上工业项目 82 个、500 万元以上技改项目 108 个，大项目支撑带动效应明显。

②全面实施“四换工程”。一是推进“腾笼换鸟”。推进 16 个市级淘汰落后产能计划项目，完成化工、铸造、印染等十大行业发展情况调研报告，制定出台《镇海区金属表面处理（紧固件）行业整治提升三年行动计划》。二是推进“机器换人”。实施“机器换人”项目 107 个，重点支持 30 个区级重点产业技术改造（机器换人专项）计划项目。三是推进“空间换地”。出台实施《镇海区工业企业绩效评价办法（试行）》，对企业实行分类差异化管理，提高土地使用效率。四是推进“电商换市”。出台《镇海区促进电子商务发展政策实施细则》，启动阿里巴巴·镇海装备制造产业带建设，重点宣传紧固件、轴承、液压马达等特色产业，提高企业影响力和竞

争力。

③加快建设“智慧镇海”。宁波市率先组建“智慧城市”运营商，智慧环保等8个列入“国家智慧城市”试点创建任务的项目已基本完成建设。“智慧水务”项目创新引入社会资本，总体设计及建设方案通过专家评审，工作走在全省前列。城区住宅小区实现光纤改造全覆盖，公共WiFi网络建设统一接入市级平台，新增AP点380个。开展全区规上工业企业“两化深度融合”情况普查，拟定《镇海区推进信息化和工业化深度融合专项行动实施方案(2014—2018)》(讨论稿)，推进15家智慧制造企业试点。

④全力扶持企业转型发展。培育42家小微企业“上规升级”。推进九龙湖镇和澥浦镇小微企业集聚区的建设工作。民爆行业监管考核得分宁波市第一。

⑤全面推进节能降耗。对580多家企业(单位)实行节能考核，落实节能专项资金1 300万元。完成节能改造项目94个，对37家企业开展清洁生产审核，对25家企业实施能源监察，淘汰落后产能项目16个，关闭企业21家，腾出用能空间10.1万吨标煤。整治并提升铸造行业，对其中13家低效企业征收差别电价。

二、社会民生：统全域，惠民生，聚民心

党的十八届三中全会提出，“坚持走中国特色新型城镇化道路，推进以人为本的城镇化”，解决好人的问题是重中之重。近年来，镇海区政府积极探索实践全域城市化模式，始终把社会民生问题放在突出位置，以实现全域基础设施网络化、全域基本公共服务均等化和全域农民化为市民为目标，大力发展社会保障、公共卫生、医疗等事业，居民生活品质与发展水平较之前有了较大幅度的改善与提升。

(一)现状分析

为了切实提高居民的生活质量、使城乡居民共享城市般的生活品质，镇海区政府在提高农民收入、缩小城乡收入差距的同时，十分重视当地居民对社会民生保障方面的诉求，积极推动重大基础设施建设、完善社会福利体系，使当地居民在社保、养老、住房、教育和医疗等多方面感受到翻天覆地的变化，社会民生建设得到全面加强和改善。

1. 社会保障

镇海区位于宁波市东北部，南接北仑港，工业发达；辖区内耕地稀少，大多数居民在企业内工作。因此，统计分析企业职工的参保情况可以大体反映出镇海全区在居民社会保障方面的推进效果。表 3-7 显示出 2009—2013 年间镇海企业职工的参保情况，总体来看，参加基本养老保险和基本医疗保险的人数呈逐年递增的趋势，增长速度则呈趋于放缓的态势，这表明大多数企业职工已参保。至 2013 年，参加养老保险的人数为 32 200 人，而参加医疗保险的人数超过 19 万人。在养老保险支出方面，人均年支出水平也不断增加，2013 年达到了 2 万元以上，这已是相对较高的水平。社保支出的增加一方面反映出居民经济收入的提高，另一方面也为镇海居民的老有所养奠定物质基础。

表 3-7 镇海 2009—2013 年企业职工参加基本养老保险、基本医疗保险情况

	2009 年	2010 年	2011 年	2012 年	2013 年
企业职工参加基本养老保险人数(人)	18 031	20 138	27 538	30 402	32 200
增长速度(%)	27.87	11.69	36.75	10.4	5.91
企业职工基本养老保险人均支出(元)	13 562.36	14 404.53	13 677.38	17 348.17	20 026.19
企业职工参加基本医疗保险人数(人)	150 042	167 581	179 211	188 335	197 841
增长速度(%)	8.86	11.69	6.94	5.09	5.05

数据来源：2009—2013 年《镇海区统计年鉴》。

2. 养老问题

养老问题是全国各地区推进新型城镇化发展过程中所面临的一大难题。如何对待不断增加的老年人口，使其老有所养、老有所依是检验一个地区城镇化质量的重要维度。2011 年，镇海区开始实施养老服务“9055 工程”以应对日益严峻的人口老龄化问题，加大对养老机构建设的投入力度，增加床位数量从而满足当地居民养老服务需求是其中的关键举措。图 3-16 显示了 2008 年至 2013 年镇海全区养老机构床位的基本情况，可以看出，2012 年以前床位的数量相对较少，且每年变化不大，这与老年人口数量的快速增长不匹配；而随着当地政府意识到这个问题并加快推动养老服务业发展后，效果十分明显，仅一年时间床位数就由 53 个/万人上升到 77 个/万人，这在一定程度上缓解了当地养老机构“一床难求”的局面。①

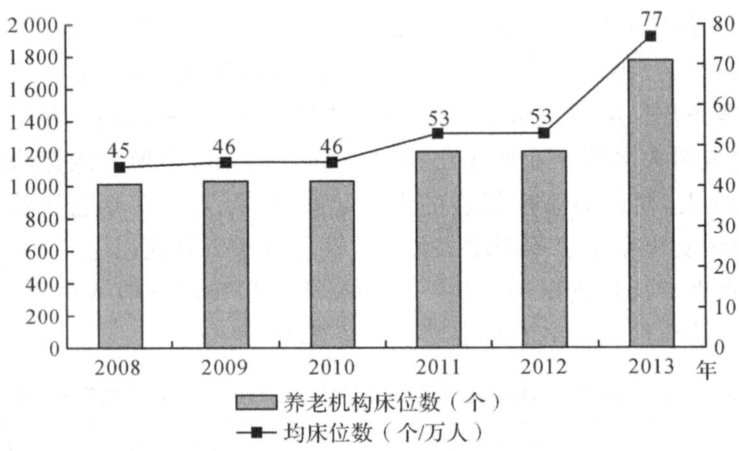

图 3-16　镇海区 2008—2013 年养老机构床位情况

3. 住房体系

住房问题一直以来都是政府、公众、媒体等各界人士关注的焦点，在房价居高不下的背景下，如何完善住房保障体系、提升市民居住条件和居住环境是地区推进新型城镇化过程中的重要议题。镇海区以大项目建设为契机，鼓励农村村民集中居住，这不仅节省了大片土地来进一步实现城市扩容与发展，而且增加了住房的供应量。如图 3-17 所示，2009 年至 2010 年间，城市实有住宅居住面积和城镇居民人均居住面积增长了近一倍；而在 2010 年以后，两项指标呈平稳递增的趋势，这反映出镇海区在住房问题上的一系列政策措施是卓有成效的，23.61 平方米的人均居住面积相比宁波其他地区也处于较高水平。② 值得注意的是，在城镇居民数量保持稳定的情况下，住宅总面积的相对平稳增加，说明目前镇海区的住房需求已基本饱和。此时更重要的是改善居住环境，逐步实现“绿色、智慧、宜居”的全域城市化根本目标。

---

① 图 3-16 中数据来源于 2008—2013 年《镇海区统计年鉴》。

② 同上。

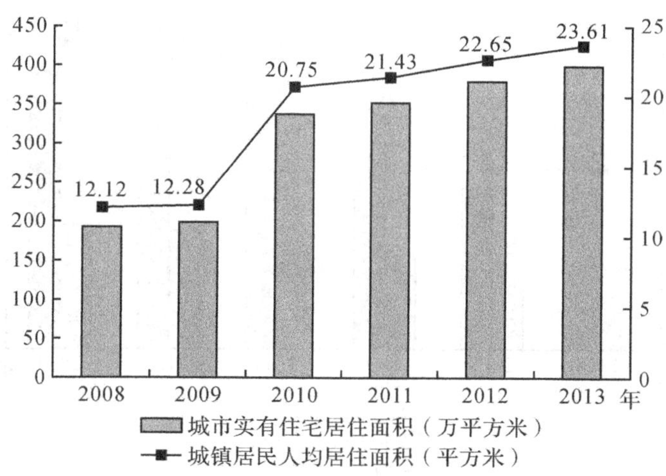

图 3-17　镇海区 2008—2013 年城市住房情况

4. 医疗卫生

我国人口基数大，高水平医院和医生数量相对较少，"看病难"现象在各个城市普遍存在。作为社会民生工程的重要组成部分，医疗条件的优劣及医疗服务的水平能够体现出一个地区整体的城镇化质量。自 2010 年提出全域城市化以来，镇海区加大了对医疗硬件设施的投入力度，逐步改善了当地医疗卫生的条件，并致力于促进和改善居民身体健康状况。由图 3-18 可以看到，无论是卫生机构床位数还是医生数都呈现递增的趋势，至 2013 年底，镇海区医院床位数已达到 117 个/万人，医生总人数增加到 1 182 人。

（二）社会民生建设实践

"十二五"时期，镇海区利用"一硬一软"两种实力为抓手，全面提高了城乡一体化水平，提升了居民生活品质。其中，硬实力是指基础设施的建设，包括公路、铁路、机场、通信、水电和煤气等公共设施，为社会生产和居民生活提供基本保障；软实力主要指教育、住房、医疗卫生、养老和社保等社会事业，也可称为"社会性基础设施"。无论是硬实力的壮大还是软实力的提升，都为城市不断发展、人民安居乐业提供了有力支撑，其既是城市物质文明和精神文明建设的基础，又是全域城市化建设顺利推进的后盾。因此，镇海区政府以推动新型城镇化为战略方针，坚持以人为本，结合本地区自身特点积极规划布局，硬实力与软实力兼顾发展，形成了具有

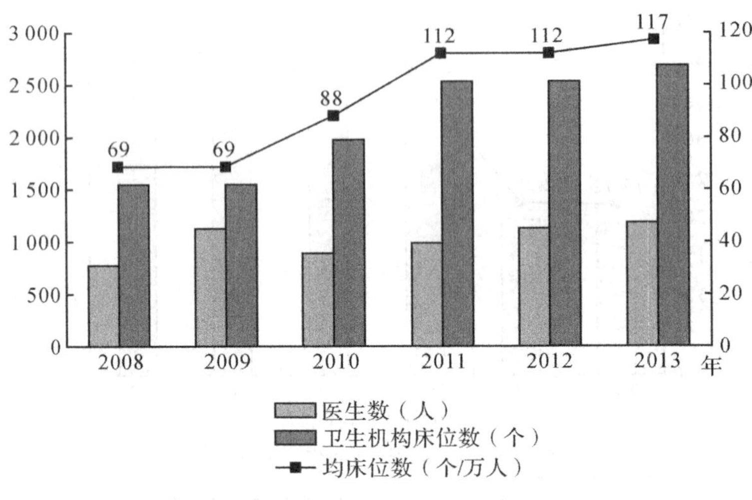

图 3-18　镇海区 2008—2013 年医疗卫生总体情况

数据来源:2008—2013 年《镇海区统计年鉴》。

镇海区特色的社会民生建设模式。

1. 以基础设施建设促进城乡协调发展

基础设施是社会赖以生存发展的物质基础,是城市开展经济社会文化活动的基本保证,也是统筹城乡发展的先决条件。镇海区紧紧抓住“全域城市化”这条主线,将基础设施建设作为城市向前迈进的基石,构建起以城带乡、城乡互补、协调发展的完美蓝图。首先,架构起连接区内区外的交通网,充分发挥出镇海的区位优势,并使之转化为经济优势;其次,建立起完善的城乡交通服务体系,用公路将城镇与农村联系在一起;再次,将生态工程建设放在突出位置,逐步破解区内环境污染问题,打造“绿色、宜居”城市;最后,重视民生工程建设,将改善城乡居民生活、满足城乡居民需求作为推进基础设施建设的主要目标。

(1)建设区内通外的交通联络网

镇海区位于宁波市的东北部,与北仑港、杭州湾相邻,与上海相望,地理位置得天独厚。2007 年以来,镇海区大力推进对外交通网络的建设,随着镇海大道二期、三期竣工通车,甬舟高速通车,轨道 2 号线等道路的临近完工及“八路一线”项目的全力建设,以“八横七纵”路网、绕城高速公路为主干的大交通网络逐步形成。与此同时,镇海大力实施区内道路改造,以“新建与改造并举”的方式完成了多条城区内、城乡间、农村间道路的建设,基本实现了高速公路—城市快速路—城市主干路—城乡道路互通互联。[1] 通过这张由内向外层级延伸的联络网，大幅提升了城区交通通达性；正是对高速公路、港口、铁路的合理规划及建设使镇海区真正融入长三角区域交通网络之中，从大陆交通末梢一跃成为北接上海，东连舟山、长三角南翼“一环六射”的交通枢纽节点，区位条件得到极大提升。[2]

(2)建设城乡公共交通服务一体化

公共交通体系的建设既关系到居民的日常生活水平与质量，也关系到城乡的统筹协调发展。镇海区从服务群众、便捷城乡居民出行的角度出发，确立了基础设施建设促民生的整体发展思路，不断推进城乡公共交通服务一体化建设。全区按照城市道路建设标准，实施新农村联网公路建设，打通城乡间的间隔，为进一步向农民提供公共交通服务奠定基础。[3] 完善城乡公交服务体系，根据群众的真实需求优化调整公交线路，在改善城乡居民出行条件的同时，使公交资源得到最有效的利用。至2014年，镇海区域范围内共有公交线路33条、营运车辆264部，公交线路覆盖区内全部行政村。不仅如此，公交服务中的配套项目也在同步推进，针对公交车多而公交车站少、公交候车亭少的现象，在全区内加大投入力度，增加了多个小型公交车站且基本实现城乡公交候车亭全覆盖，从而形成了较为完整的城乡公交服务体系。

(3)建设绿色环保的生态服务体系

作为以石油炼化为支柱产业的地区，打造“绿色、宜居”城市是镇海区推进全域城市化进程中一个长期而又艰巨的任务，其间必须把生态工程建设放在突出位置。镇海区首先从完善相关设施建设入手，相继建成了垃圾焚烧发电厂、生活垃圾压缩中转站等一批生活垃圾处理设施，使全区生活垃圾处理能力有了根本性改变，从而保证区内城镇和农村的生活垃圾都能够得到及时有效的处理。目前，已建成的镇海污水处理厂实施了城镇和村庄截污排污系统管网统一建设，使全区城镇生活污水集中处理率达到91.7%、农村生活污水处理率超过50%，这种城乡间的差距更多是源于居民的生活习惯及房屋的构造难度；[4]“五水共治”工程的实施则进一步提升了污水处理能力，将治水、供水、节水同步治理。这些在有效

① 参考《镇海区“十三五”时期全域城市化及重大基础设施建设发展研究》。

② 参考《2007年以来镇海区住房和建设交通局工作总结》。

③ 同上。

④ 同②。

改善区域生态环境的同时，逐步形成了镇海区城乡一体化的绿色生态服务体系。

(4)建设水电气大城区供应模式

镇海将区内供水环网建设与宁波市城市供网结合起来，改变了原有的屋顶水箱，通过新建成的城区供水网络系统及城乡一体化、同标准式的供水管网改造，使覆盖全区的城市供水大网基本建成。在供电供气方面，随着镇海电厂供热改造工程和镇海动力中心等项目的建设完成，城区供电设施及供电能力已能够满足城乡发展的需要；而镇海区天然气工程的稳步推进使得供气范围进一步延伸，基本覆盖全域居民。

2.“制度先行”推动社保城乡一体化

镇海区在提高居民社会保障水平、推动社保城乡一体化发展的过程中，坚持先制度后执行的原则，逐步建立和完善社会保障体系，实现了社保制度的从无到有、从局部试点到全面覆盖。对于构建社保体系中出现的问题，当地政府同样用制度的创新与调整加以规范和解决。“制度先行”是镇海区统筹引导社保城乡一体化发展的关键。

(1)深化改革，构建社会保障体系

镇海区政府坚决贯彻落实中央和浙江省、宁波市的各项方针战略，深化社保领域的制度改革，将城镇居民与农村居民原本分离的医疗保险制度和养老保险制度重新进行有序整合，构建起一套覆盖全区城乡家庭的多层次社会保障体系。目前，镇海区已经将城镇居民养老保障制度和农村农民养老保障制度合并为城乡居民基本养老保险制度，城乡统筹发展，不再区分城镇户籍与农村户籍。随着下一步对城镇职工基本医疗保险与城镇居民医疗保险的整合，镇海区将真正实现区内城乡居民在完全相同的制度下参保和享受社会福利。

作为在全国率先推行新型农村合作医疗制度的试点区，镇海区于2003年就开始建立这一惠及广大农民的保障制度，并不断探索架构多层次的农村医疗保障体系。例如，在浙江全省范围内创新推行新农合附加意外伤害险及新农合附加重大疾病险，为农民撑起了健康“保护伞”。2014年，镇海区新农合参合率达到98.47%，无论是筹资标准还是综合保障水平都在全国处于领先地位。[①] 与此同时，通过开展全民参保登记，扩大社会保障覆盖面，确保每个符合条件的区内居民在现有社会保障体系

---

① 参考《镇海区人力社保局2014年度工作总结》。

下享受到应有的社会福利。

(2)立足现实,完善社会保障制度

制度的建立是完善社会保障制度的基础,而要保证制度的合理性和长效性则必须立足现实,不断进行改进和完善。“十二五”以来,中央、省、市政府相继出台关于提高城乡居民社会保障水平的各项政策及关于完善城乡养老保险的有关规定。镇海区在深入贯彻的同时结合自身现实情况,增加企业退休职工基本养老金、城乡居保基础养老金、被征地人员养老保障月增资额;在城乡养老保险方面,新农合参保人员到达待遇享受年龄时,缴费年限须满 15 年。① 对于看病过程中出现的医疗费用不合理增长的现象,通过完善基本医疗保险付费管理办法,进一步形成了有效控制医疗费用的长效机制,做到及时查漏补缺,从而确保居民的正常利益不受损失。镇海区十分重视农村居民的社保问题,把统筹城乡医疗保障水平作为实现全域城市化的重要一环,因此自 2012 年起,镇海区新农合人均筹资标准四年四级跳,农民的住院医疗保障水平已经接近城镇职工医保水平。

(3)与时俱进,创新社保服务模式

镇海区坚持以便民利民为本,充分利用互联网及各类新媒体与时代接轨,不断创新服务模式、提升服务质量,使城乡居民享受到更高质便捷的社保服务。镇海依托覆盖全区的基层人力社保机构服务网,力图打造“15 分钟人力社保服务圈”,即保证居民在 15 分钟内就可到达社会保障服务机构,让社保服务贴近群众。医保窗口“一站式”服务模式也是镇海区为提高服务效率的一种尝试,这种从“专管员式”向“柜员式”转变使“一门受理、一站服务、一柜办结”服务成为现实。② 阳光政务网上服务大厅的建设及镇海人力社保 Web App 的顺利运行,展现了镇海区社会保障服务工作的与时俱进,大大方便了群众,尤其是年轻居民的社保业务查询和办理。这一系列的服务新模式成为社会保障体系中的重要组成部分,体现出镇海区社保工作积极创新的特色。

3.“1+1”养老服务模式保障城乡居民“老有所依”

“1+1”养老服务模式中的第一个“1”是指构建起以家庭为核心、以社

---

① 宁波市人民政府:《宁波市人民政府关于进一步完善城乡居民基本养老保险制度的实施意见》,《宁波市人民政府公报》2015 第 1 期,第 4—6 页。

② 参考《镇海区人力社保局 2014 年度工作总结》。

区(村)为依托、全社会参与的居家养老服务体系,这是镇海区养老服务模式的主体,可基本覆盖全区所有老年人;第二个"1"是指发展机构养老服务,在满足老年人基本服务需求的基础上提供更加多样化的服务方式,这是镇海区养老服务模式中的补充,为5%左右的居民提供服务。近年来,镇海区老年人口比例持续快速增长,老龄化程度居宁波市各县市区之首,高龄化、空巢化趋势明显。通过这种一主一附的"1+1"模式,镇海区政府已基本能够保证区内老年人享受到各类养老服务,实现城镇居民"老有所依"。

(1)"五步走"实现居家养老服务全覆盖

居家养老是目前国内逐渐兴起的一种新型养老模式,其将传统家庭养老和机构养老的优点相结合,体现了家庭、政府和社会三者对于养老责任的共同承担。2011年,镇海区根据宁波市整体的养老服务工作布局,出台了《关于加快推进养老服务体系建设的实施意见》,大力实施养老服务"9055工程":使90%的居家老年人得到城乡社区为主的全社会为老服务,使5%的老年人得到城乡社区居家养老服务点的日间照料服务,使5%的老年人得到机构养老服务。[①] 实质上,镇海区所构建的居家养老服务体系包含两方面内容:一方面是辐射到全区老年人的"星光老年之家"和"居家养老服务中心",为老年人提供日常休闲娱乐场所并为有需要的老年人提供有偿居家养老服务;另一方面是为高龄、空巢等符合条件的特殊居家老年人提供生活照料、健康护理、精神慰藉等无偿或有偿的养老服务,这部分由政府出资。通过这种多样化体系,不同需求的老年人都能够居家选择且享受到适合自己的养老服务,同时有效解决了特殊老年人的居家养老难题。

镇海区实现居家养老服务全覆盖可总结为"五步走":第一步,以社区或村为单位,政府出资在全区内建设居家养老服务中心(站);第二步,建立养老服务等级评价体系,提升居家养老服务中心服务能力;第三步,充分发挥社会力量,将政府式养老向政府、社会相结合式养老转变;第四步,不断创新养老服务模式,注重服务细节,为老年人提供多样化的服务内容;第五步,建立和完善居家养老服务补贴机制,进一步保障区内老年人"老有所养""老有所依"。

在"五步走"构建居家养老服务体系的过程中,每一步都不是一蹴而

① 参考《关于加快推进养老服务体系建设的实施意见》(镇政发〔2011〕16号)。

就的，每一步都是要以政府的一系列政策规划做基础再有序展开，是凝结着诸多智慧的结晶，很多措施对其他地区具有借鉴价值和推广意义。

①因地制宜，巧用自身优势。2004年，镇海区作为宁波推行居家养老服务试点区开始了居家养老服务模式的探索之路；2006年，宁波市出台相关文件，正式在全市范围内推广居家养老服务模式，镇海区也进一步将居家养老服务工程向农村地区拓展和延伸。经过近10年的大力实施，镇海区目前已有91家社区(村)居家养老服务中心(站)建成并投入使用，基本保证每个社区和行政村至少有一家养老服务中心(站)，远高于宁波市70%左右的整体水平。

镇海区能够在相对较短的时间内完成全区内居家养老服务中心(站)的建设主要源于以下几点：首先，充分利用先发优势，积极进行政策引导，对社区或行政村兴办的居家养老服务机构给予一次性补贴及运行补助，并每年向各有关单位下达考核目标。其次，以全域城市化战略为契机，借力农村集中居住工程，这种更少的村落和更集中的村民居住模式为加快建设居家养老服务机构及后期良好运行提供了条件。最后，因地制宜，合理布局，根据实际情况建设适合各自社区(村)规模的服务机构。如在人口集中的庄市街道建成区内首家区域性居家养老服务机构，日服务量可达千人以上，能够覆盖整个街道的所有老年人。在完成了居家养老机构建设工作的基础上，引入等级评价机制，并积极组织开展机构等级评定，深入推进站点“创星升级”，为达到标准的居家养老服务机构给予奖励，充分发挥竞争的作用。这不仅使居家养老中心的各方面信息公开透明化，而且高标准的站点会在全区范围内起到示范效果，从而激励更多的机构改善基础服务和硬件设施，提升服务能力和服务态度等。2014年，在80家参评机构中高达90%的服务中心达到A级以上标准。

②创新模式，发挥社会力量。居家养老的关键在于充分利用社会各方资源，将家庭或政府独立完成的工作分摊到家庭、政府、社会，各司其职。镇海区在搭建好覆盖全区的居家养老中心(站)这一核心平台后，利用政府的号召力，不断创新服务模式，吸引更多的社会爱心人士参与到养老服务中来。

“银龄互助”模式是镇海区创新志愿者服务平台、推行养老服务社会化的一大亮点，其以低龄健康老人“一对一”或“多对一”帮扶高龄空巢老人的方式，实现自助互助。自2008年起，镇海区开始在全区推广“银龄互助”式志愿者服务模式，通过“走进去”和“请出来”两种方式，鼓励老年志愿者实施上门看望问候、帮扶生活，积极引导老年人走出家门参与社会性活动。这种老年人之间的互助服务方式取得了良好的效果，不仅使高龄、独居老人得到日常照料和精神关怀，而且充分展现了那些 60 岁左右、身体硬朗且热心公益的低龄老年人的社会价值。至 2014 年，已有 1 534 名低龄老人志愿者结对 1 202 名高龄空巢或独居老人，2 800 多名老年志愿者常年活跃在需要帮扶的老年人身边。①

除了创新志愿者参与模式、发挥社会力量外，镇海区在提升服务质量方面也不断推陈出新，重视服务细节，始终将为老年人提供便利放在首位。为解决老年人居家养老中的一日三餐问题，各社区依托居家养老服务中心开办老年食堂。"81890"老年人"一键通"求助服务热线是镇海区创新居家养老服务模式的又一举措，当老年人独自在家发生紧急状况时，只要按下电话机上的红色按钮，"81890"服务中心就可以看到该名老年人的有关资料，第一时间帮助老年人联系家人或提供老人需要的服务，这种与"虚拟养老"优点相结合的方式大大提高了高龄老年人和有生命危险隐患老年人的居家安全系数与生活便利程度。②

③完善制度，保障特殊群体。居家养老政府购买服务机制和老年人补助机制是镇海解决区内高龄、残疾、贫困等特殊老年人养老问题的有力抓手，政府通过不断完善已有机制，进一步保障区内绝大多数老年人能够得到基本的养老服务，实现老有所依。一方面，建立完善居家养老服务补贴标准自然增长机制，将补贴标准与宁波市职工最低月工资标准联系起来，根据工资标准联动调整补贴标准，这使得居家养老服务补贴的增长有根可寻、有据可依。2014 年，镇海区将居家养老政府购买和优惠补贴标准提高至 368 元/人/月和 294 元/人/月。③ 另一方面，上调高龄老人津贴，凡是 80 岁以上的镇海户籍老年人都可以领取 100—1 500 元不等的高龄津贴，进一步提升高龄老年人的生活质量。在建立和完善居家养老服务体系的过程中，镇海区始终坚持城乡统一标准、同步推行，实现了养老服务上的一体化发展。

---

① 《宁波镇海"银龄互助"志愿者 6 年尽心服务老人》，中国文明网，2014 年 10 月 24 日，http://nb.wenming.cn/wmjj/201410/t20141024_2250694.shtml。

② 《老年人"一键通"——居家老人的电子保姆》，中国宁波网，2010 年 10 月 22 日，http://news.cnnb.com.cn/system/2010/10/11/006702514.shtml。

③ 参考《镇海区民政局 2014 年工作总结》。

(2)"两大抓手"助力养老机构量质齐飞

加大对养老机构建设发展的扶持力度是镇海区"1+1"养老服务模式中的重要组成部分，是适应时代变化潮流、满足日趋多样化养老需求的基础。一直以来，镇海区养老机构都存在"一床难求"的局面。2011 年，镇海区 60 周岁以上老年人为 4.4 万人，而全区养老机构床位总数不足 1 200张，这显然无法满足区内需求。因此，在提出的养老服务"9055 工程"中，将机构养老目标人数比例定为 5%，全区养老机构床位总数达到 3 000张。"十二五"期间，镇海区通过优化、改造、升级公办养老机构和引导、扶持民营企业进入养老服务领域这两大抓手，使区内养老机构无论在数量上还是在质量上都发生显著变化，有效缓解了镇海区逐年增加的养老服务压力。

首先，"改、扩、提"激发公办养老机构新活力。镇海区的养老机构主要以公办为主，大多数都存在规模小、设施旧、服务水平低的问题。对现有公办养老机构进行"改、扩、提"是镇海区针对自身情况力图在较短时间内盘活存量、取得成效所开出的第一个药方。"改、扩"主要是在已有的养老机构框架基础上，根据前期规划和布局进行硬件设施上的改造和扩建，增加床位及各类老年人活动室等；"提"则是指养老机构软件方面的全方位提升，包括服务能力、服务态度、职业操守等，保证老年人在得到基本养老服务的同时，获得更多的人文关怀。为此，镇海区加大对养老服务人才队伍的建设，健全人员培训制度，并对养老护理员发放特殊岗位津贴。在"改、扩、提"工程实施后，原本如一潭死水的公办养老机构重新焕发出活力。

其次，扶持政策吸引民营企业入驻养老产业。作为当前中国最具前景的产业之一，养老产业巨大的发展空间对民营企业具有很强的吸引力。如何保证民办养老机构有序发展、在盈利的同时承担一定的社会责任是镇海区着重解决的问题。对于非营利性民办养老机构，实行"民办公助"，通过阶梯式财政补助、土地优先使用、税收减免等扶持政策大力发展，在降低政府投入的基础上保证更多的老年人享受到机构养老服务。2014 年 6 月，镇海区首家民办养老机构——镇海四季永逸颐养院破土动工。对于营利性民办养老机构，则根据其目标定位选择性推进，重点发展能够满足老年人多方位需求、与公办养老机构形成优势互补的民营机构，如集养护养老、医疗保健、公共活动、管理服务和配套商业于一体的"九龙湖老年家园"，开创公办养老机构与民办养老机构协调发展的新局面。

最后，以市场化为着眼点创新养老机构经营模式。目前，镇海区的养老机构以公办为主，存在投入大、经营管理不善、效率低、服务质量不高等诸多弊端。随着公办养老机构的体量增大，政府感到身上背的包袱越来越重，引入市场机制、创新经营模式是镇海区开出的又一个药方。采取"公建民营"的方式，积极引进资深的社会组织和服务团队参与养老机构的日常运营与管理，使公办养老机构的服务质量和效率有了明显提升。2013年，全区首家以"公建民营"模式经营的养老机构——金生怡养院投入运营，"公建民营"已逐渐成为镇海区主要的养老机构运营模式。

4. 以改革统筹城乡卫生事业

医疗改革是推进卫生事业向前发展的关键，镇海区的改革不是单一性的改革，而是涉及城乡卫生事业各个方面的综合性改革，包括医药价格机制改革、医疗机构运营机制改革、医疗卫生服务模式改革及社区医疗服务职能改革等。2010年，镇海区出台了《关于深化医药卫生体制改革的实施意见》，坚持以改革为核心、着眼于提升城乡居民健康水平，通过借力全域城市化发展战略，逐步向城乡医疗卫生一体化迈进。

(1)改革医药价格机制

"看病贵、买药贵"是群众普遍反映的问题，也是医疗改革的重点。一直以来，镇海区的医疗机构都存在收入结构失衡、药品占比高、"以药补医"的不合理机制，规范医药价格管理和加强价格监管是镇海区改革医药价格机制的两个方向。首先，对非营利性医疗机构提供的基本医疗服务实行政府指导价，其余由医疗机构自主定价，在保证居民的普通疾病能够得到低价优质的医疗服务的同时给予医院一定的盈利空间；其次，探索并实行按病种付费、总额预付，开展收取药事服务费试点，改变过去医药费用一刀切的方式，拓展医疗机构合理盈利渠道，而不是仅靠多开药、开贵药；最后，健全城乡医药价格监督网，建立起激励与惩戒并重的有效约束机制，使监管体系发挥出应有的作用，保障城乡居民的基本权益不受侵犯。①

(2)改革医疗机构运营机制

针对看病难、效率低、医疗资源过于集中、城乡医疗水平差距大等一系列难题，镇海区政府坚持立足实际，大力推进医疗机构运营机制改革。首先，改革基层医疗机构运作机制，这是与群众联系最密切的部分，通过

---

① 参考《关于深化医药卫生体制改革的实施意见》。

对基层机构的整合与延伸，提升服务能力并扩大覆盖范围，使其发挥出更大的作用；其次，建立医务人员双向流动机制，这不仅有利于机构间的交流与合作，更是对优质医疗卫生资源的一种统筹配置，缩小城乡间医疗水平的差距，实现城乡技术集约共享；最后，改革政府对医疗机构的投入机制，鼓励和引导社会资本办医，尤其是基层卫生机构的建设，采取定项补助和绩效奖励相结合的方式给予补助，积极为镇海区城乡卫生事业注入新鲜血液。

(3)改革医疗卫生服务模式

智慧健康保障工程是镇海区改革医疗服务模式、打造智慧城区的重要组成部分，体现了镇海以创新促改革、以改革谋发展的与时俱进精神与特色。“智慧健康”强调医疗服务模式的网络化与信息化，将科技、网络与医疗卫生相结合，为居民提供更加高效、便捷、细致的服务。目前，镇海区内综合性医院已普遍建立 PACS 系统，提供网上预约挂号、自助挂号、自助取单等便民服务功能。在社区卫生服务中心数字化建设、创新基层医疗服务模式方面，镇海区也走在全国前列，全区各社区卫生服务中心已建成 HIS 系统(医院信息系统)、LIS 系统(实验室信息系统)、EHR 系统(居民电子健康档案)，这对提高城乡居民健康水平意义重大。[①]

(4)改革社区医疗服务职能

社区(村)作为最小的行政单元，具有贴近群众、了解群众、与群众相融合的优势，镇海区充分发挥社区(村)在提升医疗服务水平、实现城乡公共卫生服务均等化过程中的重要作用，不断改革社区医疗服务职能。镇海在全区范围内已完成社区卫生服务中心全覆盖，以此为基础探索社区责任医生制度，推行家庭医生签约式服务，使越来越多的社区居民拥有自己的“私人医生”，足不出户就可以享受到家庭出诊、家庭病房、家庭保健等各类医疗卫生服务。[②] 与此同时，在浙江省内率先推出社区卫生服务中心“一站一品”特色服务，根据各自的社区居民实际需求及医务人员专业优势，选择一个有特色的服务项目开展精品化社区医疗服务，体现了综合性医院与社区卫生服务机构间的资源共享。

5.农房“两改”加速全域城市化

农房“两改”指农村住房制度改革和住房集中改建，是按照新型城镇

---

① 参考《关于深化医药卫生体制改革的实施意见》。

② 参考《镇海区卫生局 2014 年工作总结》。

规划体系、农民集中居住区布点规划要求,组织农村村民对村庄及农村住房进行集中改建的行为。[①] 其不仅能够优化城市整体布局、打破原有的城乡分割体系,而且是拉动城市经济持续发展、改善农村居住环境、提高农民生活质量的有效途径,是加快推进新型城镇化的重要抓手。镇海区全力实施"2016 工程"建设,坚持以农民利益为本,政策先行,不断创新工作模式,合理规划布局,很好地解决了农房"两改"过程中"地、房、钱、人"的问题,推动全域城市化加速发展。

(1)科学规划、政策引导破解土地难题

"地从哪里来"是农房"两改"中的关键问题,涉及哪些村应该改、哪些村适合改、具体如何改,这需要科学的规划与统筹及合理的政策做方向性引导。镇海区全面推进的"2016 工程"是将原有的 62 个行政村建设成 20 个中心村和 16 个新型农民集中居住区,鼓励跨村域集中建设,尤其是小型村及自然村的改造,做到居住区一次规划、分期实施。为了提高土地的利用效率、加快建设进程,镇海实行全区整体考量,充分利用原有建设留用地,盘活土地存量,以旧换新,从而实现拆迁与新建同步化。与此同时,建立宅基地置换退出机制,并相应出台了新的复垦指标奖励政策,在保障农民利益的同时确保土地的占补平衡,有效突破土地制约。

(2)整体布局、分块推进破解住房难题

"房在哪里建"是农房"两改"中的又一难题,对于它既要考虑到符合城市规划的总体要求,又要顾及农民对原居住地的感情,如何兼而有之、做到群众满意是解决住房问题的重心。镇海将居住区布局与土地利用总体规划合理衔接,将 20 个中心村保留在规划生态带内,而将 16 个新型农民集中居住区建设于城市规划建设用地及备用地上,这种立足自身实际情况、整体谋划布局、分块推进的方式保证了镇海区农房"两改"的有序进行。在住房改造模式方面,同样坚持整体与分块相结合,不断创新:对于城中村及城郊村等规划为集中居住区的,采用整体拆迁、拆旧建新的模式,建设社区式多、高层住宅;对于具有开发潜力的规划保留村,按照农村社区标准进行集中改建,因地制宜建设多户联排,严禁单家独院;对于具有历史底蕴、文化内涵、人文特色、田园风光的村落进行保留、挖掘与塑造,把保护历史文化与集中居住区建设紧密联系起来。

---

① 《农房两改》,白沙路街道社区教育学院网,2012 年 6 月 30 日,http://bslsjxy.cixiedu.net/html/xwxs.asp? id=458。

(3)财政支持、社会融资破解资金难题

"资金从哪里筹"是农房"两改"中的第三个难题,这也是制约性最强的问题,无论是农村改造、拆迁新建还是相关的基础设施和公共配套设施建设,都离不开前期大量的资金投入。镇海区在推进"2016 工程"项目过程中,积极引入社会资本,首创了"BT"模式改建农房,即选择资本雄厚的企业作为建设的投融资单位,建成后由政府分批回购房屋,目前镇海区采用"BT"模式筹融到的资金总额为 40 亿元。[①] 除此之外,充分利用市场经济的开放性,通过成立农房"两改"投资公司开展大范围、多渠道融资。这不仅确保了充足的建设资金、加快了农房改建进度,而且为其他地区的农房"两改"提供了新的资金筹集模式。在此基础上,镇海区重视财政政策的辅助性作用,不断加大财政支持力度,设立专项补助资金用于项目的贷款贴息、宅基地回收补偿、配套设施建设等,确保农村居民顺利入住。

(4)增加供给、扩大范围完善住房保障体系

解决城镇中低收入家庭和外来务工人员的住房问题是全域城市化的基本要求,也是提高居民城市幸福感的有效途径。镇海区围绕"住有所居"目标,从增加保障性住房供给量和扩大申请人员范围这两方面入手,不断完善住房保障体系。首先,转变保障性住房的形式,不再提供新的经济适用房;积极开展公租房和廉租房的并轨运行,实行"以租为主"的保障房政策,这有利于提供更多的房源,使保障房成为一种过渡性住房。其次,制定符合自身实际的申请标准,将更多的中低收入家庭、高素质人才及优秀外来务工人员纳入住房保障体系中;同时,加强对入住人员资格的动态把关,确保让更多切实存在住房困难的群众享受到保障房福利。[②]

6."三大基点"推进城乡教育事业均衡发展

教育是民族振兴和社会进步的基石,优先发展教育是国家长期坚持的战略。同时,教育又是社会民生的一部分,教育问题不仅关系国家的未来,也关系城市化由高速度向高质量的转变,关系每个家庭的核心利益。"十二五"以来,镇海区以"建设现代化国民教育体系"为中心,坚持"夯实教育基础、突出教育公平、拓宽教育范围"三大基点,不断深化教育体制、模式改革,推进城乡教育事业均衡发展。

---

① 《镇海:社会资本改建农房 农村住房跟城市小区一样美》,浙江在线,2010 年 5 月 7 日,http://zjnews.zjol.com.cn/05zjnews/system/2010/05/07/016582427.shtml。

② 参考《镇海区住房和建设交通局 2013 年工作总结》。

(1)夯实教育基础

为打造从学前教育开始一条龙式的现代化教育体系，镇海区对各阶段教育项目进行了全方位的调整布局，根据区内居民的需求情况进行了不同形式的基础性建设。首先，开展学前教育三年提升计划，逐步构建起“政府主导、社会参与、公办民办并举”的学前教育公共服务体系，实现量、质齐增。[①] 其次，大力促进各中、小学校基础设施的建设和完善，提升硬实力；与此同时，注重软实力的积累，“三个一百万”工程使学校的数字化和现代化水平迈上新台阶。最后，积极夯实职业教育基础，完成了职教从基础型教育向服务型教育的转变；坚持以企业需求为导向，加快专业调整、校企合作，在保障学生就业的同时不断扩大职业教育的影响力。

(2)突出教育公平

教育资源过于集中、教育水平差距过大是我国各地区普遍存在的现象，城乡之间、本地居民与外来人口之间，甚至是城镇内不同区域之间都显现出教育不公平问题。镇海区在教育资源统筹方面将教育公平摆在突出位置，综合考虑全域城市化、外来人口市民化、人口流动等诸多新要求，将教育资源的分布配置逐步从城乡二元化向全域城市化转变。[②] 在保障外来务工人员子女入学方面，不断细化完善入学条件与操作办法，积分制梯度入学政策的确立和实施确保了符合条件的外来务工人员子女公平有序地在区内公办学校就读。镇海区从均衡配置资金投入、师资力量等稀缺教育资源入手，创建起全国义务教育发展基本均衡区，使城乡校际差距进一步缩小；在城镇范围内，探索实施“新学区制”，有效地抑制了“择校热”。

(3)拓宽教育范围

针对不同年龄阶段、不同职业背景的居民对教育机会的诉求，镇海区以社区为基点大力发展社区教育，创建全国社区教育实验区，不断拓宽教育范围，并取得了良好的效果。一方面，根据社区居民的需求进行多元化课程开发，在成立的课程研发教研室中吸纳了多名专业人士参与进来，保证课程的高质量；另一方面，以“三大学习圈”建设为主线，创立学习社团，为社区居民搭建起交流、学习、互动的平台，并以此为基础开展各类学习

---

① 参考《镇海区教育局2014年工作总结》。

② 参考《镇海区教育局2014年工作总结》。

交流活动，满足市民需求。[①] 这种将教育延伸到社区基层的模式，使得更多的外来务工人员、老年人获得了学习的机会，感受到了教育机会就在每个人的身边。

(三)典型案例

案例一：居家养老

居家养老是老年人最主要的养老方式，镇海区不断创新居家养老服务模式，如银龄互助、社区老年食堂、“81890”老年人“一键通”求助服务热线等，力图全方位打造居家养老服务体系，这为全区老年人尤其是高龄、空巢、独居的特殊群体提供了极大的便利。

银龄互助是镇海区发展居家养老服务的一大亮点和特色。63 岁的张美琴是庄市街道的一名老年志愿者，2012 年，她和 81 岁的邻居方琴娟在村老年协会的“牵线”下志愿结对，由低龄老人张美琴照顾高龄老人方琴娟。于是，张美琴就经常去方琴娟家“串门”，有时帮老人买点菜、做点家务，有时帮忙洗衣服、晒被子，更多的时候则是陪她聊聊家常。这种“一对一”式帮扶只是“银龄互助”的一部分，许多社区推陈出新，不断赋予其新的内容。胜利路社区的“何阿姨聊天室”总是热热闹闹的，住在附近的老人总会聚在这里聊天、做操。何阿姨是这个聊天室的发起人，“聊天室”是她家的车棚。何秋芬说：“来这里的都是些独居老人，有一个地方让他们聊天，他们很开心。”目前，社区还安排了“银龄互助”志愿者每周为他们读报、教快板书等，每周三都有宁波大学志愿者加入“茶话会”给老人们带来新的快乐。[②] 这些志愿服务不仅仅是提供生活上的照料，更重要的是让孤单的高龄老人有一个聊天倾诉的对象或场所，得到精神上的关怀和慰藉。

推广社区老年食堂是镇海区构建居家养老服务体系的重要环节，凡是 60 岁以上的社区老人只需花 6—7 元就可以吃一餐，目前社区老年食堂约为 380 名老人提供就餐服务。76 岁的叶大伯居住在总浦桥社区，从 2006 年至今，他每天的生活几乎都是两点一线，一头连着自己的家，另一头则是总浦桥社区服务站。上午在服务站聊天、打牌，参加丰富多样的活

---

① 参考《镇海区教育局 2007 年以来工作总结》。

② 见《宁波镇海“银龄互助”志愿者 6 年尽心服务老人》，中国文明网，2014 年 10 月 24 日，http://nb.wenming.cn/wmjj/201410/t20141024_2250694.shtml。

动后，中午就在社区老年食堂吃饭，老人们各自围坐在桌边，聊天吃饭，很是热闹。叶大伯说，他每天的中餐、晚餐都在社区食堂吃，不仅卫生有保障，而且想吃什么、什么不合胃口，都可以直接向工作人员反映，而食堂每餐的菜是如何搭配及菜价的确定都是与老人们讨论的结果。总浦桥社区食堂的工作人员吴某说，他们会在每周三上午9点准时召开定餐会，其形式几乎和“听证会”差不多了，所有来社区食堂吃饭的老年人都能参加。可口的饭菜、惠民的价格、贴心的服务使得社区老年食堂广受好评，成为镇海区推进居家养老的又一大特色。①

“81890”老年人“一键通”求助服务热线是镇海区专门为居家老年人推出的一项举措，已为3 300多名高龄独居或患病老人免费安装了“一键通”电话。家住招宝山街道的黄大妈已经84岁了，身有残疾且高龄独居的她日常生活多有不便。几年前她突然生病了，家里却没有其他人在身边，她通过“一键通”电话向81890服务中心进行了求助，很快就有专车将她接送到医院，放心又快捷。②

镇海区居家养老模式取得良好效果的主要原因在于，充分发挥社区(村)的基础性作用，吸引更多的社会力量参与进来。无论是银龄互助还是老年食堂都是依托于社区，把范围缩小，化整为零，从而能够确保每一个需要援助的老年人享受到养老服务。一直以来，居家养老服务都存在老年人覆盖面较窄及老年人由于社区居家养老服务不熟悉而导致的意识薄弱问题。为此，镇海区采取不同的方式解决了这一问题，“一键通”的免费安装实际上就是一种推广；同时，所有的养老服务都没有限定群体，只是相对的政策倾斜。如银龄互助，80岁以上的高龄及残疾老年人可以受到其他志愿者的援助，而其他能够自理且身体健康的老年人则可以参与社区组织的各项活动，这同样也是居家养老的重要组成部分。

案例二：智慧民生

2013年，镇海区入围首批国家智慧城市(区、镇)试点，创建智慧城市的重点之一就是智慧管理与服务。镇海区针对区内众多老房子逐渐显现安全隐患，可能危害到居民人身安全这一情况，率先开发建立房屋智慧监

---

① 《社区食堂老年人爱吃的“大锅饭”经营艰难》，人民网，2012年6月3日，http://nb.people.com.cn/n/2012/0603/c200892—17104288.html。

② 《81890爱心服务随叫随到》，镇海新闻网，2014年6月23日，http://zh.cnnb.com.cn/zhnews4071/xwzx/bdyw/20140623072716.htm。

管平台——城镇住房手机巡检系统，这也是宁波市首个将手机App应用到房屋使用安全监管的区域。

区住房和建设交通局对通过房屋信息建档，建立了三级管理网络，划分大网格44个、小网格144个。同时，区属2 838幢城镇住宅全部安装二维码，这些二维码不仅对房屋进行GPS定位，还直接运用于房屋安全巡查。依托这一个小小的二维码，不仅有效提升了房屋日常巡查的效率，还真正做到以信息化手段实现便民服务。与常规的巡检方式相比，手机巡检系统实现了痕迹化管理，房屋安全风险的发现、处置，巡查工作的落实、考核，变得更直接有效。在信息中心系统后台，鼠标轻轻一点，房屋建档信息、巡检记录、问题处置结果、考核统计数据等信息一应俱全。房屋安全管理员发现的疑似违章装修问题，直接由执法中队进行处理。其他安全隐患通过运用手机App完成片区监管员、街道房安办人员的逐级联动。对于疑难问题，住建部门将组织专业机构监测、专家会诊，对问题进行定性和处理，这给全区房屋使用安全撑起了可靠的“保护伞”。①

与此同时，智慧社区也正在悄悄地从愿景走向现实。围绕社区服务“最后一公里”，智慧社区里参与社区活动、寻求社工帮助、在线咨询服务等在指尖用手机就可以搞定。招宝山街道西门社区正在试点印有二维码标识的老年人“归巢卡”，只要拿手机扫扫卡片上的二维码就知道“归巢卡”持有人的姓名、所住社区、病史情况及联系人方式等信息。白龙社区则借助互联网技术，发挥微信点对点即时服务的优点，开启社区迅捷服务模式，开通“镇海白龙社区”微信公众号，并以此为契机对社工名片进行“转型升级”，在每名社工名片的右下方醒目地印上二维码，居民可通过扫一扫关注社区微信公众号，了解社区服务、政策导读、办事指南、最新活动等涵盖居民生活的各类咨询。随着二维码、微信等互联网技术的运用，社区也打破了“八小时”工作界限，实现居民办事线下动态走访、线上常态解决的模式。社工可以第一时间为居民答疑解惑，帮助处理各项事务，使原有社区公共服务“一站式”办公转变为“N站式”流动办公。同时，将面向老年人、残障人士、青少年等推出的“老牌”服务项目植入“智能模块”，扩大服务受益面，优化服务品质，精细服务管理，构建社区服务专业化、智能化、即时化的“三维”服务体系。②

---

① 《居民楼有了“云端病历卡”》，《今日镇海》2015年6月4日。

② 《二维码扫出“三维”服务》，《今日镇海》2015年5月19日。

"智慧城区"是镇海区的一块招牌,强调用通信科技手段将全区的各类信息整合处理,实现系统化运营和管理,为居民提供优质、便捷、舒心的服务体验。镇海区着力打造的智慧城区是全方位的、多层次的,从智慧基础设施建设到智慧产业,再到智慧公共服务、智慧健康保障等,真正让"智慧"成为推进全域城市化建设的助推器。更重要的是,这种"智慧"就在居民的身边,是能切身感受到的,无论是智慧住房监测还是智慧社区都是关乎区内群众的利益,以"便民利民"为目标实施的。正因为这样,"智慧镇海"不仅是政府的工作目标,也是区内居民所盼望能早日实现的民生工程。

案例三:新农合

医疗保障问题是推进全域城市化过程中的一大阻碍,镇海区自2003年7月就在全国率先推行以住院医疗保险为主、大病困难救助为辅的新型农村合作医疗制度。2012年起,镇海区新农合人均筹资标准更是完成四年四级跳,从420元提高到1 500元,住院补偿比例最高达到85%,21种重大疾病的最高补偿比例达到90%,农民的住院医疗保障水平已经接近城镇职工医保水平。骆驼街道60多岁村民朱金娣2012年因心脏病等病症多次住院,总花费6万多元,给家人带来不小负担。庆幸的是,她参加了新农合,自己只花了2万多元,补偿了近4万元。"如果不是有新农合的支持,很可能会选择中断治疗。"朱金娣的家人坦言。参加新农合每年只要交250元,财政再补助950元,就可以按比例报销,参合农民可享受到基本医疗卫生服务。区内社区卫生服务机构、综合性医疗机构、区外定点医疗机构和非定点医疗机构补偿比例分别达到了85%,75%,60%,50%。

在提高筹资标准的同时,镇海区不断创新完善新农合医疗保障制度。2008年在全省创新开展新农合附加意外伤害险,由政府全额出资投保,参合农民免费享受。5年来,政府累计投入保费近300万元,共有885名农民因意外伤害获赔,人均赔付2 915元。2013年,镇海区创新推行新农合附加重大疾病险,通过利用基本医疗保险基金购买商业大病保险方式,全面开展肺癌、脑梗死、儿童孤独症等13类重大疾病保障工作,除按新农合正常补偿外,还可获保险公司15%—20%比例、年最高5万元限额的补偿。2013年,心脏病还未痊愈的朱金娣又得了脑梗,半年时间里,前后3次住院花费79 891.8元。按照最新的赔付政策,朱金娣获得50 368.72元的补偿,另外还从商业保险公司获赔10 073.75元。这样算下来,她最后自负仅19 449.33元。[1]

为深入实施农民健康工程，镇海区于2008年就在浙江省率先建立农民健康体检中心，专项配置体检专用大客车进村入户，让参合农民在家门口享受到优质免费体检；2011年起，镇海区在遍布城乡的各社区卫生服务站建立“健康小屋”，配备身高体重仪、自动血压机、血糖仪和骨密度检测仪、心电图等设备，为参合农民提供全方位的自助健康服务。与此同时，镇海区积极改建新型农村合作医疗信息管理平台，先后实现新农合民政救助“一站式”结算和区外定点医疗机构直接刷卡结算等服务，使参合农民享受“一卡通”便利服务，提高群众满意度。镇海区的新农合已呈现“三高一低一便利”的特点，即财政补助高、参保率高、报销比例高，个人负担比例低，就医便利。

作为深化医药卫生体制改革的重要战略，国家一直在大力推进新农合的建立和完善，并将2015年新农合人均补助标准提高到380元。镇海区推行新农合的时间比较早，且拥有良好的基础和丰富的经验，因此，无论是筹资标准、补助标准，还是覆盖范围、服务模式都走在全国的前列。对农村居民而言，能够像城镇居民一样享受到社会福利是多年来的诉求，而镇海区政府在国家政策基本一致的背景下通过结合本区优势，不断创新完善服务模式，使新农合成为解决农村家庭看病难题、缩小城乡差距、促进全域城市化发展的重要力量。例如，充分利用已全区覆盖的社区卫生服务站资源，让农民在家门口就可以享受到更多的医疗服务，从而降低对医院的依赖度；同时，以“智慧城区”为契机，推动新农合服务向数字化、信息化方向发展，为农民提供更加全面、快捷、周到的服务。

案例四：城市交通

城市交通拥挤问题一直困扰着镇海区，是政府和居民都很头痛的一个难题。自2012年镇海区提出以“畅通、有序、安全、文明”总体目标开展深化推进5年交通治堵工作以来，经过近3年的努力，已在完善路网结构、提升公共交通、建设慢行交通和完善停车设施等方面成效初显，更是被宁波市政府评为“2014年度交通拥堵治理工作综合先进单位”。镇海区主要做了5件事[2]：

---

① 《新农合撑起农民健康“保护伞”》，镇海新闻网，2013年9月18日，http://zh.cnnb.com.cn/zhnews4071/xwzx/bdyw/20130917225753.htm。

② 《综合施策治理治理城市交通拥堵》，《今日镇海》2015年1月22日。

第一，健全机制，明确交通治堵年度目标、主要任务和职责分工。镇海区根据《宁波市城市交通治堵和公交都市创建2014年实施方案》和2014年工作任务书有关要求，结合本区实际，制定了《镇海区城市交通拥堵治理工作2014年实施方案》《2014年镇海区交通治堵有关项目实施方案》及2014年度目标责任考核办法。

第二，加大对重点交通道路工程的建设力度，改造城区交通拥堵节点。2014年，镇海大道三期、镇骆路拓宽改造、广源路延伸段等均已完工，完成新建道路4.1千米；同时，骆兴西路、古塘路（俞范东路—隧道北路）两条“断头路”的建设任务顺利完成，汶骆路（汶溪公交场站段）、招宝山大桥连接线也已开工建设。这些道路的修建有效改善了区内交通状况，方便了居民的出行。同时，为提高区内主干道路通行效率，镇海区投资440余万元对道路条件较好的九龙大道、海天路、望海南路、镇骆路、雄镇路和镇海大道6条主干道路实施“绿波控制”，形成交通“快速通道”。单行改造也是镇海治理拥堵的有效措施，单行线可以提升行车速度，减少路口冲突，避免拥堵；如今区内共有单行线14条，单行线路的增多使出行时遇到的堵车情况相对少了。

第三，镇海区努力提升公共交通服务水平，2014年区内已完成镇海大道公交专用道建设，同时新建了聪园路、沿江路等公交候车亭25个，改建并维修候车亭20个，更新了25辆公交车，新建公交场站6 680平方米。为满足市民公交出行的需求，庄市中心区还新增了818路环线公交，对387路、378路、807路、372路公交线路进行了优化升级，新增25辆公交车，并完成100辆出租车投放，方便居民出行。此外，还完成了25个公共自行车网点建设工作，投放公共自行车600辆。

第四，改善慢行交通环境也是镇海区交通治堵的主要工作之一，目前已完成聪园路、茗南路等背街小巷提升改造工程，新增车挡299个，如今全区共设立人行道车挡2 254个；同时，“九龙问茶”“商帮寻根”“四湖连珠”等项目顺利推进，建成慢行道路约76千米。

第五，停车难已成为交通拥堵的主要原因，为解决这一问题，镇海区加大地下空间开发和停车设施建设力度。2014年完成地下空间开发面积达33万余平方米，新增专用停车位5 679个；同时完成滨江小区西侧地块、港务新村、勤勇小区等停车位改造工程，新增停车位300余个。

实际上，可以将镇海区治理道路拥堵现象总结为“政策先行、加大投入、完善体系、便民为本”。政策是开展任何工作的“指路者”，为相关举措的实施提供整体方向和依据，对问题的解决起到积极的引导作用和激励作用。加大投入力度是基本保障，无论是新建或是改造道路、增加公交车数量，还是建设地下停车场，都需要政府投入大量的人力、财力、物力作基础。完善体系是对现有规定制度的一种健全和补充，通过设立交通“快速通道”、改造单行线和优化调整公交线路等方式改变了原有体系中可能造成交通拥堵的部分，使之更加合理。便民为本突出了政府的职责，就是为群众服务，公共自行车的投放使用、停车位的增加，包括道路的改造拓宽，其根本都是方便居民的生活出行。镇海区正是从这四方面入手，使城市交通拥堵状况得到明显改善。

（四）政府具体政策与措施

镇海区政府始终坚持以人为本，积极促进社会民生的全面发展，通过出台一系列政策、措施，保障居民生活水平的有效提升。

1. 社会保障

镇海区的社会保障政策基本和宁波市保持一致，在《关于调整城镇基本医疗保险政策的通知》（甬人社发〔2013〕166 号）中提出：提高部分人员的筹资标准，将老年居民的筹资标准由每人每年 1 800 元调整为 2 400 元，非从业人员的筹资标准由每人每年 750 元调整为 1 000 元；调整部分人员住院医疗待遇，将老年居民、非从业人员住院的基金支付比例分别上调 3 个百分点，其中在社区卫生服务机构发生的，基金支付比例在上述基础上分别再上调 5 个百分点；市区取消门诊起付标准等。在《宁波市外来务工人员社会保险实施细则》（甬劳社办〔2011〕54 号）中，确定了外来务工者的社会保险项目和缴费标准，包括养老保险、大病医疗保险、工伤保险、失业保险和生育保险及享受的待遇和标准。如养老保险，凡参保人员在本市办理退休手续且养老保险缴费年限累计满 15 年，可按基本（低标准）养老保险相关规定享受养老保险待遇。针对低收入群体及其他特殊群体，镇海区也都出台了相应的政策措施，如《宁波市镇海区城乡困难家庭医疗救助实施意见》《宁波市镇海区城乡居民临时救助办法（试行）》《关于调整镇海区城乡居民最低生活保障标准的通知》等。

2. 养老服务

镇海区政府在《关于加快推进养老服务体系建设的意见》（镇政发〔2011〕16 号）中提出，将建立健全社会养老服务管理网络、编制全区养老服务设施布局规划、全面推进居家养老服务网点建设、加快养老服务机构建设作为"十二五"期间的主要任务。为此,确立了多项保障措施:第一,加强三级养老服务网络建设,从区级到各县、街道再到城乡社区,确保养老服务工作的顺利开展。第二,加大对养老服务体系建设的资金投入,落实养老服务指导中心的经费保障,加大养老机构建设和居家养老服务工作的投入力度。第三,加大对社会力量兴办养老机构的扶持力度,包括提高对民办养老机构的资金补助、优先安排民办养老机构建设用地、建立民办养老机构收费管理制度、减免民办养老机构的有关税费、优化对民办养老机构的金融服务、允许非营利性养老机构投资者提取合理收益和鼓励发展医养结合的养老机构等。第四,加强养老分类服务,对城市"三无"老人、失独老人及广大老年人群体提供不同层次的养老服务。第五,完善工作机制,加强队伍建设。此外,镇海区还相继出台了《镇海区养老服务补贴实施办法(试行)》《镇海区养老服务需求评估办法(试行)》《镇海区社会养老服务体系建设专项资金使用管理办法》等相关配套政策,为养老服务体系的建设奠定基础。

3. 医疗卫生

镇海区政府坚决贯彻《宁波市人民政府印发〈宁波市"十二五"期间深化医药卫生体制改革实施方案〉的通知》(甬政发〔2012〕66 号)中提出的政策方针:以基本医疗卫生制度建设为核心,着力巩固全民医保在基本医疗卫生制度中的基础性地位,提高医药卫生体制的运行效率。首先,健全基本医疗保障体系。巩固扩大基本医保覆盖面,提高基本医疗保障水平和基本医保管理服务水平,完善基本医保管理体制和城乡医疗救助制度。其次,完善基本药物制度和基层医疗卫生机构运行机制。包括扩大基本药物制度实施范围,完善基本药物增补和采购,健全基层医疗卫生机构补偿和绩效考核机制及提高基层医疗卫生机构服务能力。再次,积极推进公立医院改革。建立医疗费用增长控制机制,积极推进补偿机制改革,全面推进县级公立医院改革,加快建立现代医院管理制度。最后,进一步提高公共卫生服务均等化水平。继续实施重大公共卫生服务项目,提高公共卫生的服务质量和绩效,健全公共卫生服务体系。此外,文件还对扎实推进多元化办医,促进非公立医疗机构差异化发展;创新卫生人才培养和使用制度,推进人才向基层流动;加快智慧健康保障体系建设,大力推动数字化医院建设、新型数字化社区卫生服务中心建设,加快推进区域卫生信息化建设,积极推进公众健康服务平台建设提出明确要求。

4.保障性住房

镇海区根据中央及宁波市有关保障性住房政策出台了符合实际情况的相关政策措施,重点放在公租房与廉租房并轨运行和扩大保障房覆盖范围上。在《宁波市镇海区人民政府办公室关于印发镇海区公共租赁住房和廉租住房并轨运行实施办法的通知》中,将廉租房和公租房统称为公共租赁住房,资金统一调配安排,对申请租赁补贴对象的收入水平及低收入家庭的补贴标准进行了明确规定。在《关于镇海区公共租赁住房常态化申请的通告》中对申请人的条件做出了相应规定,包括城镇低(中等偏下)收入住房困难家庭、引进人才、优秀外来务工人员。新纳入保障性住房体系中的优秀外来务工人员需满足以下条件:获得区级及以上荣誉称号的外来务工人员,取得镇海区公安分局颁发的《浙江省居住证》、连续在镇海区居住且证件在有效期内的外来务工人员。此外,镇海区还对公共租赁住房的申请流程做出详细说明,确保符合要求的居民能够享受到住房福利,解住房困难家庭燃眉之急;同时,利用住房的基础性作用和吸引力,将专业性人才留在当地定居。

三、生态环境:“绿色蝶变”

镇海区要想全面建设小康社会,就必须加快推进生态环境建设。促进生态环境发展对建设“美丽新镇海”有着不可忽视的作用和重要意义,不仅可以提升镇海城市综合竞争力,实现“全域城市化”,同时还有利于镇海区进一步提升科学发展、和谐发展理念,树立生态文明观念,实现以人为本的全面、协调、可持续发展。

(一)现状分析

镇海区是国家级生态建设示范区、第一批国家智慧城市试点地区、浙江省首批小康县(区)、中国科技进步先进市(县、区)。镇海区规划化工区面积占到了镇海陆地面积的五分之一,为浙江省乃至华东地区重要的化工业产业基地。在推进全域城市化的过程中,尽管工业化和城市化不断发展完善,但发展的重工业本身所附带高产值、重污染等特点使得镇海辖区内产业发展与环境问题容易产生矛盾,以重工业为依托的发展导致其生态环境恶化使镇海城镇生态安全面临多重挑战。镇海区政府意识到生态环境恶化将会阻碍全域城市化的发展，同时也对居民的生活质量造成不可估量的影响。

为了解决“全域城市化”过程中随之而来的环境问题，自2012年起，镇海区政府先后发布了《关于印发镇海区生态文明示范区创建暨生态环境整治五年行动计划的通知》《关于印发宁波市镇海区“五水共治”行动总体方案的通知》和《关于印发镇海区生态环境整治新三年行动计划方案的通知》等，通过对城镇农村环境治理、工业海洋环境严控，解决镇海区“全域城市化”进程中的环境问题，走出了一条重化工区建成为生态区的路子，成功地做到了镇海区生态环境的“绿色蝶变”，成为国内其他类似经济发达地区可以借鉴的样板。

近些年，镇海区为了解决城市化进程中快速发展的重工业带来的环境恶化问题进行了一系列努力，成效相当可观，总体可总结为以下几部分[①]：

1. 节能工作进展顺利，能源利用率提高

重工业是镇海区发展的支柱性产业，而目前大多数发展重化工业地区普遍存在的问题便是能源利用率低下、用能不规范、节能不达标等问题，为提高镇海区各企业能源利用率、建立合理用能环境、规范节能指标，镇海区积极实施双控制指标(能耗强度和能耗总量双指标)，狠抓节能技术改造，淘汰落后产能，取得了可观的成就。尽管镇海区经济发展能耗总量略有上升，但总体而言，单位生产总值能耗持续下降，全区能耗总量从2010年的767.93万吨上升到2014年的955.48万吨，单位生产总值能耗从2009年的0.408吨标准煤/万元下降到2013年的0.3957吨标准煤/万元，效果显著，具体如图3-19所示。

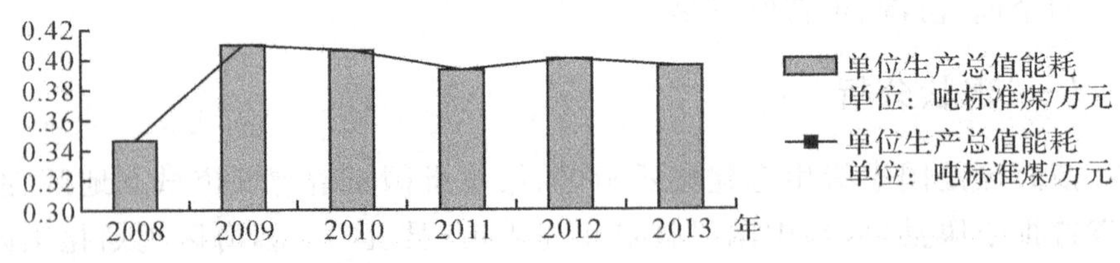

图3-19 镇海区2008—2013年单位生产总值能耗

① 参考《宁波市镇海区2007年以来生态建设环境保护工作总结》。

2. 重污染行业减排工作取得较大进展

以重化工业为主的镇海区也面临着一个严肃的问题，即重污染行业治理问题，重污染行业排放出的污染物对空气、水源等的影响不可小视，对生态环境的合理整治是镇海区“全域城市化”健康快速发展的坚实基础。镇海区对区内重污染行业坚持执行源头控制和专项整治，先后对化工、印染、造纸、制革、电镀、酸洗和废旧金属拆解等重污染行业的整治提升，深入推进主要污染物的减排工作，降低排污量；建立排污权有偿使用及交易制度，逐渐拓展制度的管辖范围。

2010—2013 年镇海区累积减排的情况分别为化学需氧量 3.72%、氨氮 4.5%、二氧化硫 5.6%、氮氧化物 24.9%，具体排放量见表 3-8。

表 3-8 镇海区 2010—2013 年各污染物排放总量[①]

指标(吨)	2010 年	2011 年	2012 年	2013 年
二氧化硫	26 800	26 352	25 709	25 298
氮氧化物	31 544	32 244	30 136	23 690
化学需氧量	4 165	4 192	4 243	4 010
氨氮	755	737	735	721

数据来源：根据《镇海区“十三五”时期加强生态文明建设的总体思路、重点任务及应对策略研究》课题报告整理。

3. 空气质量改善，工业废气及煤尘排放得到有效控制

为了推进全域城市化，改善镇海区空气质量，营造宜居的生态环境，镇海区大力开展清洁空气行动，治理工业废气，整治煤尘粉尘，治理扬尘。2008 年到 2013 年 5 年期间，镇海区有机废气、煤灰粉尘、二氧化硫等主要大气污染物得到了有效控制，若按照 AQI 标准评价，镇海区 2014 年空气质量优良率达 80.2%；按照 API 标准评价，2014 年 API 指数优良率明显改善，达到 97.5%，镇海区改善空气质量工作成绩瞩目。根据图 3-20 相关统计数据显示，2008 年镇海区工业废气排放总量为 602.44 亿立方米，到 2013 年提高到 1 040.88 亿立方米，共增长 72.78%。尽管排放总量增速较大，但工业生产总值也呈增长趋势，从 2008 年的 152.92 亿元增长到 2013 年的 611.51 亿元，增长率高达 300%。总的来说，工业生产总

① 参考《宁波市镇海区 2007 年以来生态建设环境保护工作总结》。

值增加要远远高于工业废气排放量增加。

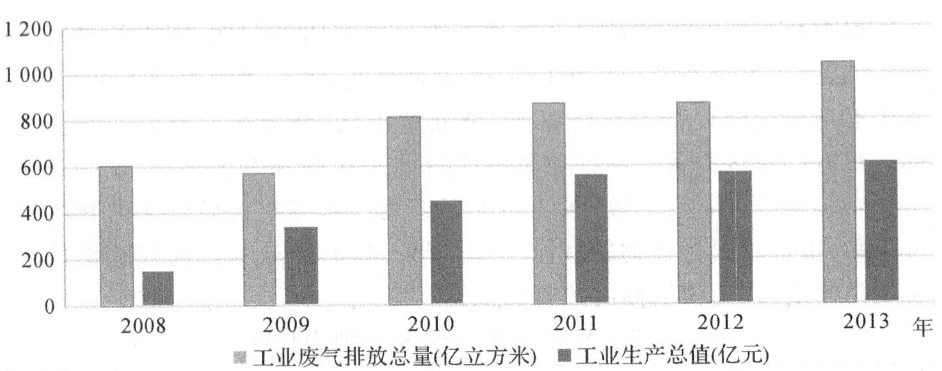

图 3-20　镇海区 2008 年—2013 年工业废气及总产值

数据来源：根据《镇海区“十三五”时期加强生态文明建设的总体思路、重点任务及应对策略研究》课题报告整理。

从单位生产总值工业废气排放量来看，在 2012 年达到最低，后期逐年缓慢增长（图 3-21）。这一成果与镇海区近些年积极整治生态环境的努力分不开。自 2011 年至 2014 年底，镇海区淘汰燃煤（油）锅炉 275 台，减少二氧化硫排放 1 700 吨。同时又全面提升电力行业脱硫水平，完成镇海炼化二、三电站补充脱硫工程，四电站脱硫工程，二套催化烟气脱硫工程和镇海电厂四台机组及镇海炼化二、三电站的脱硫烟气旁路拆除工程。全面完成电力行业脱硝工程，镇海炼化二、三、四电站九台锅炉及二套催化装置脱硝工程和镇海电厂四台机组、久丰热电四台锅炉的脱硝工程并投入运营。

单就镇海区煤尘治理方面来讲，2011 年镇海区开始整治煤尘粉尘，3 年之后的 2014 年煤尘排放量较整治前（2011 年）同期下降 56.1%，扣除本底后较 2011 年降尘削减 80.8%，其中可燃性粉尘同比下降 63.2%。镇海区煤场场界 TSP 站点的年均值下降幅度达到 27.2%。同时，镇海区为了有效控制工业废气排放，注重推进挥发性有机废气（VOC）治理，2014 年全年累计削减有机废气总量 3 067 吨，较整治前下降了 17.3%；全区大气环境中特征有机污染物浓度均值均达到相应标准值，一次监测值总体达标率 99.9%以上，36 个监测指标有 12 个明显下降，其中二甲苯、丁烯、异戊烷、乙苯、环己烷下降 50%以上。

4. 推进水污染防治工作，镇海区全域水质明显提高

为提升人们生活环境质量、推进全域城市化，镇海区全力推进“五水

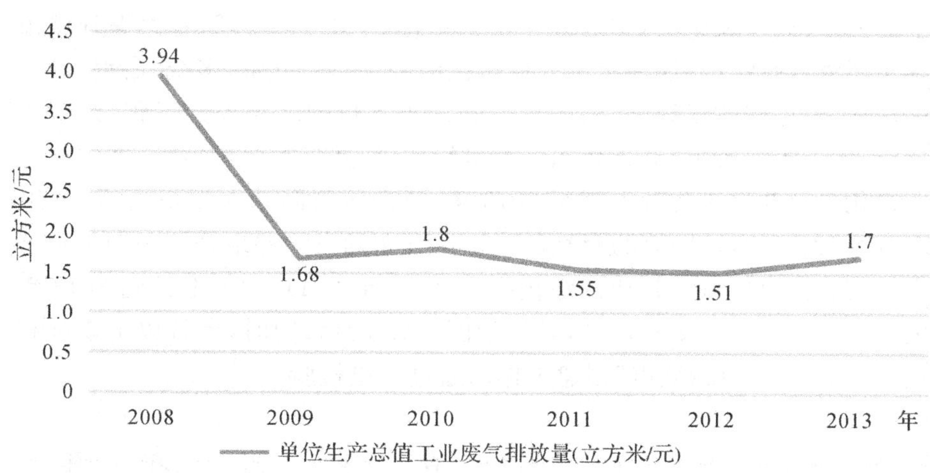

图 3-21　镇海区 2008—2013 年单位生产总值工业废气排放量

数据来源：根据《镇海区“十三五”时期加强生态文明建设的总体思路、重点任务及应对策略研究》课题报告整理。

共治”治污水工作，大力实施城镇截污、农村生活污水治理、畜禽养殖业环境整治、工业园区水环境整治、两大污水处理厂扩建、河塘水质“三清”等重点工程。自 2007 年开始，镇海区实施农村生活污水生态化治理，取得了可喜成效，到 2013 年底日处理污水 5 700 吨，治理率达 62%。镇海区并不满足于现状，秉承不骄不躁的态度继续进行污水治理。2014 年对 28 个村实行生态化处理，开展截污纳管项目，至 2014 年底已累计投入 5 200 余万元用于该项目。同时，对城镇截污系统进行改造升级，从 2008 年起，投资约 2.5 亿元在全区范围内实施了城镇截污排污系统改造及道路配套建设污水管网等工程，污水处理率已达 92%。

5. 扎实开展“清洁土壤”行动，土壤污染大大降低

自 2010 年起，镇海区着力推进清洁土壤运动，完成了对镇海氨基酸厂、宁波永固化工有限公司和镇海第二化工厂退役厂区的土壤及地下水环境的详细调查及风险评估，不断完善固体废物污染防治体系，控制危险废物安全处置率达到 100%，工业固体废物综合利用率达到 95%以上，并且按照城乡垃圾处理一体化的要求，形成了“村收集、镇（街道）转运、区处理”的模式，全区生活垃圾均由垃圾焚烧发电厂进行无害化处理，城镇生活垃圾无害化处理率为 100%，避免了不可降解垃圾对土壤的损害。

6. 全面推进“森林镇海”建设，城市绿化环境大为提升

2012 年，镇海区启动省级森林城市创建工作，大力实施宁波植物园、

湿地公园、通道绿化、林带提升和水系绿化等“十大工程”，着力提升城市绿化环境，营造舒心居住氛围。镇海区围绕“一核、五带、多线、白点”的总体规划，先后完成了镇骆路、蛟川收费站出入口的绿化提升工程，建设了世纪大道、镇海大道、北外环东延两侧绿化，以及进行绕城沙河、九龙湖互通绿化提升改造工程等。截至 2013 年，镇海区公园绿地面积达到 12.83 平方米/人。宁波植物园建设大力推进，九龙湖省级湿地公园一期工程基本建成。镇海区城市建成区绿化率从 2004 年的 44.39%上升到 2013 年的 45.6%，同比增长 2.73%，具体如图 3-22 所示；同时，市级以上森林村庄达到 51%，“森林城市”创建工作已通过省里检验。

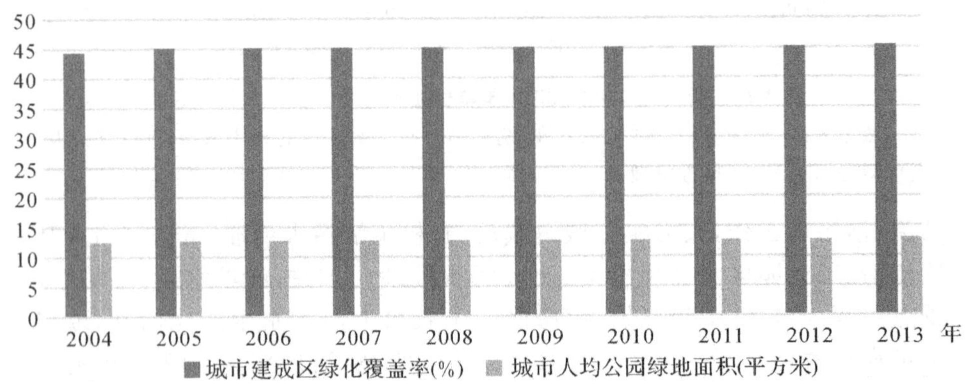

图 3-22　镇海区 2004—2013 年城市建成区绿化覆盖率

镇海区发动整治清理河道、提升河道绿化工作，主要包括，建设河岸生态景观 130 亩，进行西大河东侧绿地工程、镇海大道至箭港河 6.2 万平方米景观绿地项目，完成镇海东排南线等河道绿化 180 多千米，启动姚江东排镇海段整治三期工程景观绿化和清水河道绿化面积 31 公顷。同时，积极构筑生态防护林带，实施了生态林带提升工程，组建了宽度在 200 米以上的 5 条生态防护林带，总长度达到 58.4 千米，在石化区外围建设生态林带。

（二）生态环境建设实践

针对镇海区独特的地理位置和工业分布格局，本节重点从以下部分归纳总结镇海区近些年为推动全域城市化、改善生态环境的举措，主要将此归纳为两大角度、四大模块（城镇和农村、产业和海洋水体）。镇海区强力推进清洁空气、水体、土壤、产业和家园行动，改善区域景观和门户形象，从消除负面影响、扩大正面效应两方面改善环境品质适应现代化生态型港口城区要求，以创建国家级生态区和主要污染物减排为主线，促进区域生态环境质量持续改善，为实现“美丽镇海”提供强有力的环境支撑。

1.城乡生态环境一体化发展

镇海区为了改善城镇居民生活环境，维护好人们的家园，致力于加快生态城镇建设。

(1)城镇方面：完善环保基础市政设施，创建“宜居城市”

在促进城镇生态环境发展方面，镇海区政府近年来主要做到：提高城镇污水处理率，完善城镇截污管网建设；抓好全区垃圾收集点改造，提高城镇生活垃圾处理率；推进城市绿化建设，提高城市绿地率和城市绿化覆盖率。随着政府有关部门的共同努力，镇海区城镇的发展面貌焕然一新。

①贯彻“五水共治”、创新智慧水务特色项目。

镇海区作为国家第一批智慧城市，2013 年正式启动“智慧水务”工程，通过建立智慧水务信息平台，其中包括城市空间地理 GIS 系统和城市水务基础设施信息系统等基础平台及综合应急指挥平台、水体水质监测管理、水质在线监控管理门户、公众水质展示门户等应用平台，对全域的供水排水及中水回用进行资源重新整合，全方位监控水质，从而确保工业用水和居民生活用水的安全性。在智慧水务的前提下，着力使城市排水系统智能化、污水收集科学化、污水处理率大大提高，加强地区抗涝灾害能力，此乃镇海区创建国家智慧城市的特色项目，也是镇海区为监督水质变化制定出的亮点性政策，对镇海区的生态环境维护、全域城市化发展和经济转型升级都起到了很重要的作用，也进一步实现了改善生态环境的目标[①]，推进了镇海地区全域城市化的进程。

为了配合镇海区“智慧水务”特色工程，走在“智慧城市”前列，2013 年底，镇海区迎合宁波市“五水共治”行动对污水、洪水、涝水、供水和节水开展全方位的治理工作。2014 年，镇海区环保局在车站路、总浦桥等社区发放节水器具，落实屋顶节水工程，推进节水供水工程建设；建设清水浦强排泵站，对积水严重地区进行治理，加强排涝设施的维护与管理；对全区道路网完善给水、排水管网；结合镇海区污水处理厂的区位进行扩

① 《宁波镇海区：小城区的大水务》，新华网，2014 年 5 月 26 日，http://news.xinhuanet.com/info/2014-05/26/c_133362083.htm。

建，完善管网，努力提高中水回用率[①]。同时，饮用水又是关系居民切身利益的健康工程，镇海区加快供水基础设施建设，构筑城乡一体的供水体系：从宁海白溪水库引优质水源进供水大网，保障镇海区居民安全用水；对原澥浦水厂进水管通往石化区管网进行改造，弥补镇海区应急供水。

②开展“清洁家园”，推动城市绿化景观建设。

绿色生态环境建设有利于吸附滞留于空气中的有害化学物质和粉尘，增加供氧量，对控制城区环境空气污染、改善城市环境空气质量有着不可估量的作用。镇海区特殊的产业结构(废气煤尘排放多)决定了镇海必须不断加强绿化建设。2014 年，镇海区为提升基础市政设施质量，对木兰春色园、樱花海棠园等进行配套建设，对东部花卉园艺区进行景观工程建设，对绿轴体育进行公园一期室外景观和建筑主体建设，绿化面积约为 3.3 万平方米。城区绿化建设带动村镇绿化建设，村镇绿化建设反过来又促进城市绿化水平的提高。

同时，镇海区致力于推进公共绿地、生态廊道和屋顶花园建设，抓好居住区和单位庭院绿化工作，有计划地对原有住宅小区进行绿化改造创建园林式居住区，增加城市绿化覆盖率，营造宜居城区。大力实施宁波植物园、湿地公园、通道绿化、林带提升、水系绿化等“十大工程”，对镇海大道、北外环东延等主干道路两侧实施高标准绿化工程。开展市民广场及箭港湖两岸景观建设，完善海天、镇骆、雄镇、清风四条防护林带建设，完成沿城区骨干道路、绕城高速镇海段生态林带建设，拓展林带的城市公园、休闲旅游等多样化功能，积极发展生态旅游，为镇海区生态文明建设添砖加瓦。

③减少机动车尾气排放，保持道路清爽。

为了保持道路的清爽，镇海区开展了减少机动车尾气排放活动，淘汰老旧高污染车，发放环保标志，划定了城关、庄市、骆驼三个区域 30 平方千米的高污染车辆限行区。2014 年，针对黄标车淘汰问题制定出台了《镇海区加快黄标车淘汰工作实施方案》和《镇海区鼓励黄标车淘汰政府奖励补贴实施办法》，当年淘汰黄标车 2 986 辆，下发补助资金 2 179 万元。

(2)农村方面：共建美丽乡村，就地改善农村环境

生态环境代表一个城市的直接形象，也是城市经济发展水平、管理水

---

① 参考《镇海区“十三五”时期重大基础设施》。

平的最直观体现，统筹城乡发展、推进新农村建设需要良好的农村环境，同时良好的农村环境也会提升农民的生活品质。镇海区为提升农村生态环境质量，扎实有效开展农村环境建设各项工作，着力加强农村基础设施和公共服务建设，全面整治农村生活污水，重视农村绿化工作，建立特色乡村示范区，建立长效管理机制，严格督察考核，推动形成农村生态环境齐抓共管的良好局面。

①治理农村生活污水，确保村民用水安全。

为了治理农村生活污水，确保村民用水安全，并享受干净卫生水环境，镇海区自 2011 年起着手安排自然村生活污水纳管，2014 年起实施村庄生态化治理。2014 年，镇海区环保局编制农业节水项目方案，对农村生活污水处理进行合理规划，全面改造蛟川街道的农村生活污水治理设施，对小作坊等地产生的生活废水、污水进行生态化处理，安放生态化处理污水设施，督促未实施治理的规划保留村开展截污纳管。另外，对农业生产过程中产生的污水做了减排工作，发展高效生态农业。

②重视农村绿化，清新农村空气，打造绿色村庄。

为维护农村原有的生态环境，维护居民的生活环境，打造绿色村庄，镇海区在居民生活区着重进行绿化建设，把村旁、宅旁、路旁、水旁作为绿化重点，营造自然生态的田园风景，形成点线面相结合的村庄绿化格局。同时，鼓励附近农户种植不同种类、四季都有的林果花卉等，构建城郊乡一体化的绿色生态网络体系，大力推进以适生乔木为主的城市林荫路系统建设。建设两条精品线主打农村绿化建设，清新农村空气，城区绿化带建设带动村镇绿化建设，村镇绿化建设反过来又促进城市绿化水平的提高。2014 年建设两条精品线即“商帮寻根”精品线一期、二期工程；同时组织“九龙问茶”精品线及九龙湖牌坊—九龙湖村门口长胜门前河两侧绿化提升工程和九龙湖村—中心村道路两侧绿化提升工程。

③打造精品区块和区域风景线，建立特色乡村示范区。

镇海区为了建设和谐农村，鼓励村镇开展“幸福美丽新家园”建设，打造两个精品区块和若干条区域风景线，推进中心村、全面小康村、特色村等特色乡村建设。同时，深化“清洁美化家园”行动，开展“温馨家园、秀美村庄”示范村建设，完善动态保洁长效管理机制，推进农村环境网格化动态管理和市场化动态保洁；深化“美丽庭院”工作，创建“美丽庭院”示范点，培育“美丽庭院”示范户；深化“温馨家园 · 秀美村庄”的创建，深化基层创建。

2. 产业与海洋水体和谐发展

镇海区经济发展的支柱型产业是重化工产业，而重化工产业发展随之而来的就是各种不可避免的废水废气等污染，辖区内产业发展与环境容量不协调、环境状况与群众要求不相适应的矛盾较为突出，生态环境保护的形势严峻。针对区内特殊工业情况造成的环境问题，为推进全域城市化，改善区生态环境状况，为居民创造良好的生存环境，镇海区大力开展主要污染物减排工作及时对污染进行检测，施行排污权有偿使用交易制度等控制重化工企业污染物排放，并取得了可喜的成果。同时对农业也开展了生态农业项目，合理利用农业土壤、水源等，注重农业的可持续发展，特别是对畜禽养殖进行专项整治，通过设定畜禽禁养区和限养区等措施共治养殖业。

(1)工业：狠抓废气、废水减排工作，完善排放检测

为了推进全域城市化，改善区生态环境状况，为居民创造良好的生存环境，镇海区大力开展清洁空气行动，如煤尘整治、废气治理、“禁燃区”建设、行业提升、扬尘治理等活动，有效地控制了有机废气、煤灰粉尘、二氧化硫等主要大气污染物的排放，取得了可喜的成果。同时，按照“抓工程、强机制、重监管”的总体思路，深挖工程减排潜力，狠抓违规减排工作，建立排污权交易制度。

①治理并控制工业废气，抑制煤尘排放。

在针对工业废气方面，2011 年，镇海区着手对全区 29 家石油化工、精细化工、喷漆、污水处理等企业的有机废气进行治理，并且制订了针对港区液体化工码头的两年整治方案，对所有液化品储运作业的无组织废气进行收集。2012 年，镇海区对镇海港区液化储运企业的化学品储罐实施氮封、尾气平衡管安装、废气治理设施建设和拱顶罐改内浮顶罐等整治改造措施，同时根据有机废气来源变化的实际情况，将有喷漆作业环节的汽车维修行业列入有机废气整治范围。2013 年，镇海区累计投入 1.6 亿元进行有机废气处理，对爱普环保等 15 家企业的废气和酸雾进行治理。对于重工业生产过程中会出现的二氧化硫等化学物排放量超标问题，2011 年镇海区环保局着手淘汰废旧燃煤(油)锅炉及工业炉窑，组织开展联合发电油改气工程，特别是针对镇海炼化存在的烟气脱硫脱硝，镇海发电厂自 2011 年设立烟气脱硫脱硝机组。

镇海区以综合抑尘目标倒逼煤尘整治，督促以宁波港镇海港埠公司为主等企业建设了港区防尘网，在后海塘集中煤场南侧建设绿化隔离带。

2012年，镇海区政府督促后海塘煤炭经营企业进行了煤堆篷布覆盖，实行了恶劣天气预警管理，对无证无照堆煤点进行清理并取缔，同时对未落实煤尘治理措施的企业进行行政处罚；并加大了对港区煤炭作业集中区域的监测监控力度，安装了高空视频监控系统和TSP悬浮颗粒物自动监测系统；又引入污水处理厂中的水用于煤场喷淋，建立人工降雾系统。

②引入泄漏检测与修复(LDAR)技术监控及排污权收费体系，加强对企业的监控。

因化工业是镇海区的主导产业，而化工企业在生产全过程中普遍存在对原料运行、原料泄漏难以进行控制的问题，镇海区于2013年首次引进LDAR技术监控，采用固定或移动监测设备进行监测，并对超过一定浓度的泄漏处进行修复，从而控制原料泄漏，防止环境污染。镇海区采取先对部分企业进行试点，而后推广至所有企业的路线，初期选取区内27家化工企业开展LDAR技术试点，随后在69家化工、液化仓储企业扩大LDAR体系试点工作。另外，LDAR虽然能够监测到大部分遗漏点，但镇海区深刻地认识到要控制污染不能完全依赖于一种技术，自2013年起又引进了红外成像(OGI)技术，对部分企业开展OGI技术试点，用于发现LDAR无法覆盖的泄漏点，并且建立了由省内专家组成的专业的治理有机废气专家组，列举出区内存在疑难问题的企业，分三批开展了“会诊把脉”。

为了深入推进治污减排，提高环境承载力，镇海区于2013年开展新一轮排污许可证核定和排污权有偿使用工作，对所有新建项目新增总量施行排污权交易，增加氨氮和氮氧化物指标，全面开展企业有偿使用费征收工作；并于2013年起在宁波市率先试行刷卡排污机制，同时推进“关阀限产”等配套制度的实施。

(2)农业：加大农业整治力度，治理污染多要素，发展生态农业

①提升改造养殖业，打造精品养殖业。

镇海区对畜禽养殖场所进行拆除、升级、环境改造等，设立禁养和限养区，关闭沿山养殖场，整治奶牛场等规模化畜禽养殖场，加大对散养的关闭转产力度，进行畜禽粪便资源化利用、病死动物无害化处理，创建精品养殖业。镇海区执行“复耕覆绿”工程，对污染严重且占用耕地数量大的棚舍进行拆除，同时提升、改造规模畜禽养殖场。

②注重生态农林业建设，创建生态城市。

镇海区着力推进循环农业建设，主要工作集中在农牧结合、农业废弃

物综合利用、节约型农业技术推广；落实“五水共治”总体要求下开展节水、节能、节肥、节约等标准化农业生产，减少农业投入品的消耗，进行测土配方施肥，开展绿色防控试验示范点建设，推进农业病虫害生态化防治等方面。为了控制农药和化肥对生态环境的污染，推进农业生态化建设，镇海区实施“肥药双控”工程，加大了对农业面源污染的治理。为更好处理农业废弃包装物，防止其对土壤、水等环境的污染，镇海区启动区再生资源回收协会市场化运作，对规模种养大户的农业废弃包装物进行回收处理；镇(街道)保洁队伍对农业园区开展农业废弃包装物回收工作。为积极推进镇海区“生态城市”建设，促进全域城市化，镇海区建设了多条生态林带。

(3)海洋：加强海洋生态环境保护和修复，推进跨区域海洋污染防治

由于毗邻海洋，镇海区为保护海洋资源，发动对海洋生态现状的调查，并且构建一个由宁波市、镇海区二级海洋环境监测机构组成的集实验室分析检测、现场快速监测、监测船舶、海洋监测浮标和岸基站组成的多种监测技术于一体的重点海域立体化监测网络，方便镇海区实时获取责任区海域的海洋生态环境状况，从而加强了建设镇海区重点海洋自然保护区的力度，提高了海洋资源管理，确保了海洋系统的稳定。同时又针对海洋生态环境建立一套属于自己的评价体系评估镇海辖区内相关海域的生态环境状况；建立了应急体系应对突然事故，提高应对能力。对已受到毁害的海洋实行修复，保护海岸线和滩涂资源。

①完善陆海污染综合防治体系。

镇海区建立了对辖区内海域污染物总量和浓度的控制制度，严格控制路源污染物的排放，确保近岸海域排污总量在规定范围内。同时，建立环境评价制度，对海洋工程、海岸工程等建设项目进行合理评价。因及时公布环境质量公报和定期预报制度，对海上污染实行严格管理，对船舶溢油情况进行严整。

②推进跨区域海洋污染防治。

镇海区为了保护辖区内海洋环境，不仅对辖区内海洋环境进行整治，同时也加强与其他相邻海域的合作，并加大对近海生态环境建设的支持力度，重点工作集中在和其他区联合监控入海污染物情况，协作治理海洋污染实践上。加大对近海生态环境建设支持力度，重点在入海污染源联合监控、对海洋污染协同治理上。镇海区与其他相邻海域在重大海洋污染事件防范应对、海洋生态修复建设、涉海环境联合执法和废弃物海洋倾

倒监管等领域开展广泛合作。

(三)典型案例

案例一:镇海区"绿色和谐电磁环境"[①]

随着城市的发展,电磁的覆盖率越来越大,但电磁辐射污染被公认为城市公害,人们长期暴露在超过安全辐射剂量的环境中会危害健康,而人们的生活又离不开电磁。高压线、变电站、电磁波发射塔、电子仪器、电视台、雷达站、办公自动化设备和家用电器都会产生各种不同波长频率的电磁波。

为加快推进镇海区电磁污染防治工作,解决历史遗留的电磁项目环境问题,为区内居民营造安全的居住环境,使资源达到最优配置,保障镇海区电磁行业健康、快速、有序发展和维护社会和谐稳定,镇海区于2012年全面开展了"绿色和谐电磁环境"创建工作。镇海区电磁环境改善工作主要集中在找准"着力点"、打好"组合拳"和编织"保障网"这三点[②]。由区环保局牵头,联合区新闻中心、区气象局、镇海供电局等各单位联合发力打好"组合拳",齐抓共推镇海区电磁建设,紧扣绿色和谐中心,培育"绿色变电站"和"绿色基站"。对电磁辐射的项目实行环保审批治理、多次信访调查及发动公众参与共同监督,摸清区内电磁项目工程的基本情况,完善电磁项目的监督管理体制,提高群众对电磁项目的认知及对相关单位进行环保教育。截至2013年,镇海区环保局已经审核18个电磁辐射项目,对16起电磁辐射事件进行信访调解,答复6个网络问效涉电磁辐射问题,最大程度消除了潜在隐患和附近居民疑虑[③],全区"绿色变电站"和"绿色基站"比例分别达60%和80%以上。

相关电力部门也很配合镇海区电磁管制工作。2014年宁波市电力总公司总经理吴国诚要求110千伏宝山变电站,海塘变电站施工全停7天,并对海塘变电站的施工进度进行审查,指出设备受镇海区环境影响程度很大,应抓住此次机会对设备附近灰尘及设备的锈蚀情况等进行全面处理,杜绝后患。镇海区为配合110千伏海塘变电站工程进线电源施工,

---

① 《镇海区全面开展"绿色和谐电磁环境"创建》,宁波市镇海区环保局,2012年8月20日,http://hbj.zh.gov.cn/hbxw/gzdt/201208/t20120820_156423.html。

② 同上。

③ 《镇海构建绿色和谐电磁环境,新建50余基站环保手续执行率100%》,《今日镇海》2013年6月3日。

线路"T"接立分支塔,110千伏宝山变需全所停电7天,其中涉及2家35千伏二级重要电力用户、一家专线用户,以及19条10千伏公用线路的负荷转供。

镇海区首个绿色纯天然气无污染发电厂——镇海动力中心自投产后输送容量大,需要采用永久方案利用220千伏架空线路引入殿跟变,创建和谐电磁环境,排除妨碍全域城市化的一切干扰。2014年6月6日,镇海区出动100余名施工人员对电网进行及时大改造,配套的殿跟变改造工程全面进入停电施工的高峰①。2015年,镇海区顺利投产清泉变电站,清泉变电站采用110千伏双电源供电方式,新建2台主变,新增变电容量,提供10千伏出线20回,电缆总长度约45千米。清泉变电站的投运从根本上解决了镇海庄市街道供电能力不足、用电卡口的问题,保证用电高峰时段用电平稳,同时为镇海经济发展提供强有力的电力保障②。

随着城市化的推进,低碳经济的发展,节能减排的要求不断提高,绿色环保变电站在"绿色发电一绿色供电一绿色用电"的绿色产业链中发挥越来越重要的作用,可快速满足社会对绿色城镇化的要求,也对城市化的推进和和谐城市的构建发挥着重要的作用。

案例二:着手推广LDAR技术力控污染源

在普及LDAR之前,镇海区有些企业虽已安装有机废气焚烧装置和检测仪,但缺少系统性的随机检测,很难提升管理水平,并且企业个体的力量有限,保障工作力度不足。对于环保部门来说,之前关注的重点是排污和排放等末端治理,使排放达标等,而一个地区的环保工作不仅仅是"污染后再治理"这么简单的事情,更要从源头遏制,做到从头到尾的精细化管制,构建完善监督体制。对镇海地区的产业布局来说,LDAR技术的推广无疑是适合镇海地区绝大多数企业的可行之路。LDAR技术是针对化工企业而言的,在生产全过程中对原料进行控制,防止源头污染;对各类反应釜、原料输送管道、泵、压缩机、阀门、法兰等易产生挥发性有机物的泄漏处,使用相应的监测设备检测,对超过一定浓度的泄漏处进行修复,控制原料的泄漏,防止环境污染。

---

① 《百人会战攻坚宁波首个"绿色电源"》,中国电力新闻网,2014年6月11日,http://www.cpnn.com.cn/tpzs/201406/t20140610_683445.html。

② 《镇海110千伏清泉变电站投产》,镇海新闻网,2015年7月3日,http://zh.cnnb.com.cn/zhnews4074/news3/zhjj/20150703075918.htm。

基于此,2013年,镇海区环保局和石化区管委会为了提升污染管理水平,摸排调查了区内重点企业的有机物排放情况,综合考虑后联合出台了《宁波石化经济技术开发区重点化工企业开展LDAR试点工作实施方案》,决定先在镇海炼化、乐金甬兴等7家企业试行LDAR技术,收到成效后再推广。镇海区试点企业必须按照要求对企业内设备组件的密封点进行巡查,监测组件密封点位,对检测出的数据进行记录、汇总、分析、传递和归档,原则上要求企业对本企业设备的所有密封点位一年检测2次[①]。

镇海区主要通过深入调查定试点、严格要求定标准、积极扶持定补助三步稳步推进工作[②],镇海区环保局对宁波石化经济技术开发区内重点化工企业开展地毯式的调查排摸,全面了解、掌握各重点企业挥发性有机物排放情况,并在综合考虑企业规模、污染防治水平、经济实力等情况后,讨论确定对镇海炼化、LG公司、四明化工等7家企业开展LDAR技术试点工作,以高标准、高要求为原则,根据各企业废气排放的不同污染介质、有机气体的危害程度,结合企业实际情况,确定不同的泄漏点标准,对超过标准值的泄漏点进行修复。因LDAR的成本随着检测点数量增加而急剧增长,这笔资金给试点企业带来了巨大的压力,为此镇海区环保局对试点企业给予30%的资金补助,从而为加快推进LDAR试点工作提供了有力的资金保障。对LDAR的建档方式有两种:挂牌建档和图像建档。图像建档方式是对企业覆盖LDAR技术的密封点位进行拍照存档。从2013年首次对镇海区7家企业试点LDAR以来,由于挂牌建档的方式比较简单、可行性较大及成本相对较低,镇海区检测操作的建档方式一直采取挂牌建档的方式,但随着LDAR的推广及企业设备的增多,挂牌建档方式可能会出现标识牌被损毁或缺失等现象,并且相比较于图像建档来说不够直观[③]。

在初次试点企业中,镇海区"巨无霸"化工企业——镇海炼化因经营业务的特殊性、生产原料为易燃易爆物且管道压力高而受到了广泛的关

① 《7家石化区企业试行泄漏检测与修复技术》,宁波市镇海区环境保护局,2013年1月23日,http://hbj.zh.gov.cn/hbxw/gzdt/201301/t20130123_156088.html。

② 《"三定"举措推进LDAR技术试点》,宁波市镇海区环境保护局,2013年4月3日,http://hbj.zh.gov.cn/hbxw/gzdt/201304/t20130403_156106.html。

③ 《区环保尝试LDAR图像建档》,镇海区环境保护局,2015年5月20日,http://hbj.zh.gov.cn/hbxw/gzdt/201505/t20150520_385032.html。

注，成为初次试点首先被采纳的企业。而之前镇海炼化内部也关注过LDAR技术，但彼时政府方面还没有下达具体的政策支持，企业仅靠自己的微弱力量；在镇海炼化加入LDAR试点之后，镇海炼化厂区内的管道、阀门等都被纳入监控范围，厂区的整个防治就形成立体体系，员工工作更加放心。在镇海炼化被纳入初次试点企业之后，镇海区先期检测的数万个检测点位中，原料泄漏率达到了0.87%，最高泄漏量达20‰。LDAR技术在一定程度上也减少了废气的排放，单就镇海炼化而言，LDAR技术能使企业一年减少近50吨的VOCs排放，像原来芳烃装置等有异味产生的装置，异味也明显减轻。

2013年，镇海区对7家试点LDAR技术的企业全年共检测74.5万个点位，发现759个泄漏点，完成346次修复，修复率达到77.6%，取得了较好的环境效益。在此基础上，2014年镇海区进一步拓展LDAR技术的覆盖率，对石化区企业安装监测点，同时又把港区的相关化学品储运企业也列入LDAR技术试点行列，共将69家企业纳入LDAR工作行列[①]，LDAR技术的队伍不断壮大。截至2014底，累计在156家化工及相关企业推行LDAR技术，有机废气削减量超17%；节能减排扎实推进，提早完成了"十二五"期间的大气减排任务[②]。

镇海区对参与LDAR技术工作的企业都做了标记，镇海石化园区内不少化工企业厂区的化学反应釜、管道、阀门及接口处等地若无泄漏都会挂绿色醒目牌子进行标记，方便查验。这一行动有利于消除厂区工人们的工作疑心，保障工人的安全，全民监督泄漏。不仅如此，环保局还牵头聘请专业的三方（例如，上海昊顺化工检测工程有限公司）对镇海区内部分企业进行驻厂检测，例如乐金涌兴在经环保部门、首家试点的7家企业和第三方检测公司检测后，在乐金涌兴原本47 977个需检测的点位中，挑选155个超标点位。随后将此举动在镇海区内拓展，在把LDAR技术拓展至镇海区内的化工企业之后，又对每个企业的点位进行检测，邀请第三方检测每个公司，并签订战略合作协议。

但是不能单靠LDAR技术，OGI将在有机废气检测与修复方面发挥

---

① 《区环保局部署今年LDAR工作》，镇海区环境保护局，2014年2月28日，http://hbj.zh.gov.cn/hbxw/gzdt/201402/t20140228_155932.html。

② 《守住绿水青山，建设绿色家园》，镇海区环境保护局，2015年6月5日，http://hbj.zh.gov.cn/hbxw/gzdt/201506/t20150605_388730.html。

新的作用。2014年3月5日，镇海区环保局石化区分局在石化区内6家企业开展了OGI废气泄漏检测[①]，用于弥补LDAR遗漏的监测点。截至2014年8月，作为LDAR辅助手段的OGI技术已应用到18家企业，专门用于检测远距离、高处且浓度大于5‰的泄漏点，通过即时修复，消除重大安全隐患[②]，因此受到越来越多企业的青睐。

镇海区作为国家级化工园区备受瞩目，但随着全域城市化的发展，重污染行业排放的各种污染物严重影响居民生存环境。虽然化工企业有机废气的泄漏原本不是环保局的本职工作，但是镇海区环保局不顾舆论与压力，坚持严谨办事、创新管理，不仅仅立足于末端管理，还坚持从源头治理。开展LDAR工作是推进重污染行业整治提升、倒逼转型升级的重要手段，又是无组织废气整治工作的切入点和突破口，做好这一工作也就避免了企业蒙受重大的损失同时又保障企业员工的身命安全[③]。

案例三：有偿排污，企业为排污负责

想要从源头治理企业排污问题，政府除了对企业直接进行管理，还需要制定辅助政策，而将区内排污权有偿使用就是治理污染的“有力臂膀”，区内企业若想排放污染物就要通过购买指标享有排放污染物的权利。此举兴起于美国，自2000年引入中国，镇海区便走在前列，2008年镇海区开始试行排污权有偿使用制度，作为宁波市第一个排污权有偿交易的试点区。镇海区积极响应升级要求，探索环境保护新路子，打好污染减排攻坚战，并对所有要排放污染物的企业施行有偿排污制度，如对SO_2年排放总量大于3吨的企业，化学需氧量年排放总量大于3吨的工业企业，以及废水日均排放量大于10吨的含电镀、酸洗等表面处理工序的工业企业施行有偿排污制度[④]。在镇海区实行排污有偿使用之后，对少排污的企业实行奖励政策，因此企业可以通过提高技术减少排污量将指标“转卖”给环保局。2010年宁波乐金甬兴化工有限公司一次性支付了23万元向

① 《红外线成像检测废气泄漏》，镇海区环境保护局，2014年3月12日，http://hbj.zh.gov.cn/hbxw/tpxw/201403/t20140312_157049.html。

② 《三年削减有机废气三千余吨》，镇海区环境保护局，2014年8月25日，http://hbj.zh.gov.cn/hbxw/mtbd/201408/t20140825_209263.html。

③ 《靠前再靠前，精细再精细，宁波市镇海区引入LDAR破解化工异味难题》，中华人民共和国环境保护部，2014年1月6日，http://www.mep.gov.cn/xxgk/hjyw/201401/t20140106_266026.shtml。

④ 《宁波镇海排污权交易试点显效》，《中国化工报》2010年4月13日。

镇海区环保局购买了每年85吨、为期4年的化学需氧量排放总量使用权;镇海区久丰热电一次性购买4年排污权,每年最多排放470吨SO_2。如果企业通过提高技术、改造制作工艺减少了排放量,政府对此举有奖励政策,政府会以原本卖出价的1.2倍“高价回收”节余排污量,这一奖励政策鼓励企业提高生产工艺减少排污量,也会使得该企业在该区有偿使用排污权的改革中成了“大赢家”。虽然很多企业通过改造工艺等手段,节省了排污总量,但大多企业并不会为了一时之利把多余的排污总量“卖给”环保部门。例如,镇海区的久丰热电,虽已购买排污权,但与此同时该企业也加强了污染减排工作,提高了资源利用效率,但该公司并未将节余指标“卖给”环保部门,这主要考虑到进一步扩大生产会吸纳指标,节余指标留作后用。镇海区环保局对排污权有偿使用费实行专款专用,款项除了用来治理境内化工企业污染外,还会重点放在高价“回收”企业的节余量上。

截至2010年,镇海区污染物排放总量使用权认购企业达32家,根据镇海区颁布的《镇海区污染物排放总量有偿使用管理办法(试行)》,镇海区企业申购的排污总量使用权有效期为4年,可采取一次性付清或分期付款的方式。镇海区针对企业购买的排放总量,给企业发放排污总量指标的许可证,如果企业在生产过程中排放超过所购买的总排放量,不仅要继续高价买指标,还将面临限期治理的处置。① 此举对镇海区清洁生产运动起到了巨大的推动作用,企业为了减少支出会进行工艺改造尽其最大限度减少排污,2009年及2010年该区企业已投入10多亿元,实施了35个临港工业废气整治项目。2010年,镇海全区化学需氧量和SO_2排放量同比分别下降了30%和32%,城区空气环境优良率达到91.2%,这其中很大的贡献与排污权有偿使用制度有关。②

2013年,镇海区环保局正式提出“推进新一轮排污权有偿使用”的政策,排污权有偿使用及交易在化学需氧量和SO_2的基础上,增加氨氮和氮氧化物2个指标的交易试点,实现全部4项主要污染物指标纳入试点范围。2013年11月,宁波橡胶有限公司以5.55万元购得使用期限为5

---

① 《镇海试点排污权交易企业减少排污也能赚钱》,新浪财经,2009年3月3日,http://finance.sina.com.cn/china/dfjj/20090303/14395924996.shtml。

② 罗涟洁、张如新、张霞,等:《镇海46家企业率先有偿使用排污权》,《宁波日报》2010年7月12日第A01版。

年的化学需氧量和氨氮排污权指标，成为镇海区首家完成排污权交易的企业。[①] 2014 年，镇海区扩大排污权有偿制度覆盖面，对区内 140 余家企业开展了排污权有偿使用征收工作。镇海区自排污权有偿使用和交易试点以来，已征收排污权有偿使用费近 2 亿元，占宁波市征收总金额的 71.4%；完成扩建项目排污权交易 2 085 万元，占全市交易总额的 19%[②]。

镇海区在制定排污权有偿交易制度带动镇海区内企业集体减排的同时，又制定刷卡排污工作方案(诺克斯等，2010)，刷卡排污指的是“一企一证一卡”的企业排污总量控制新模式，镇海区从单一减排制度向系统集成、网络管理转变。镇海区强化刷卡排污系统运行管理，落实关闭阀门等刚性措施，充分发挥了刷卡排污平台的作用。截至 2014 年底，镇海区选取 34 家重点企业试运行刷卡排污系统，其中 2 家电镀企业因月新鲜水使用量超出月度指标被强制限排。

镇海区贯彻的排污权有偿使用和交易制度及刷卡排污等一系列措施，使得更多企业专门出售污染治理技术和设备，使环境资源“有限、有价、有偿”的意识进一步深入人心，市场配置环境资源的机制作用逐步显现。

案例四：集思广益、公众各施技能视为己任，共担治水责任

镇海区是典型的河网水乡，良好的水环境是生态环境的落脚点，是其“全域城市化”的必要条件。20 世纪 90 年代，镇海区工业高速发展带动了经济突飞猛进，但辖区内农村生活污水乱排放、畜禽养殖场管理落后，工业、农业、养殖业逐渐成为镇海区的三大污染源，严重污染了镇海区原本清澈的河水，镇海区水环境情况堪忧。尽管 2014 年之前投入了大量资金实施水环境整治工程，但由于三大污染源的存在，整治效果并不理想。2014 年，镇海区响应市政府号召因地制宜地颁布《宁波市镇海区“五水共治行动总体方案》，做出了治污水、防洪水、排涝水、保供水、抓节水“五水共治”重大决策，全力推进“五水共治”治污水工作，大力实施城镇截污、农村生活污水治理、畜禽养殖业环境整治、工业园区水环境整治、两大污水处理厂扩建、河塘水质“三清”等重点工程。

---

① 《我区完成首笔排污权交易》，镇海区环境保护局，2013 年 11 月 28 日，http://hbj.zh.gov.cn/hbxw/gzdt/201311/t20131128_156247.html。

② 《我区获评全省总量制度创新工作考核优秀》，镇海区环境保护局，2015 年 2 月 12 日，http://hbj.zh.gov.cn/hbxw/gzdt/201502/t20150212_355401.html。

自镇海区颁布"五水共治"方案之后，集中开展了以"清垃圾、清污水、清淤泥、清违建"重点整治"黑河、臭河、垃圾河"为主要内容的"四清三河"攻坚行动，带动了全区力量一起努力。2014 年 7 月，宁波工程学院化工学院"绿之队"的一群学生与九龙湖镇志愿者对九龙湖镇内河流和山塘水库进行水质监测，共涉及九龙湖镇 80 座河流水库，同时又在重要的河流交汇处及居民居住较为密集地区、工业园内等关键位置对水质进行了取样监测，义务制作了一份关于九龙湖镇内水质的"体检报告"，为九龙湖镇保护水源、进行有针对性的污水处理工作提供了有力的资料。该报告对所监测的每个监测点用文字、表格和照片三个部分详细注明了每个监测点的相应检测指标、水质类别、水质情况分析、水质参数对比和污染源等。九龙湖镇水污染主要是以居民生活污染为主，污染要素主要为氨氮，污水处理率不高是氨氮污染超标的最主要原因，部分生活污水并未经过合理的处理就被排放到附近河流内。九龙湖镇内水质较差的原因可以归结为三个原因：工业企业造成的工业废水排放、农业生产区内有机化肥使用不合理及居民生活聚集区排放的生活污水未得到及时处理。这一报告为镇海区后来的水污染治理工作起到了指导作用。

环境保护不仅需要政府的政策，更需要全区人民齐心协力共同政治维护镇海区每个周末都有一批来自社会各个领域的城管义工风雨无阻地守卫着城区内河，维护周边内河清洁，劝阻随处扔垃圾的不当行为，并且以身作则主动捡拾河边垃圾，这是镇海区"五水共治"专项活动中一道亮丽的风景线。同时，镇海区城管义工办事处、各城管义工服务点又联合承办"助力五水共治、同享碧波清泉"等系列活动，义工们纷纷投入护河清源的行列中去，并且带动了居民参与的积极性。

2014 年 5 月上旬，近 20 名来自明欣建设有限公司的城管义工，在静远社区和骆驼街道服务点的集体组织下，对骆兴家园内的景观河进行清理淤泥，打捞水草和河面漂浮物等义务劳动，通过除污去杂，净化景观河水生态环境，改善居民生活环境。2014 年 7 月初，庄市街道发动宁波大学的义工对庄市街道境内的浜子港河道污染物进行清理，使当年干净清澈的美丽"母亲河"重现。① 群众齐齐献力整治镇海区水质，2014 年 9 月，镇海区招宝山街道保洁中心的包雪平在风龙路河岸上对河面漂浮物进行

① 《宁波市城管义工全面助力"五水共治"》，中国宁波网，2014 年 8 月 5 日，http://www.anhuinews.com/zhuyeguanli/system/2014/08/05/006505897.shtml。

清理。包雪平原本是镇海渔业队捕捞工人,"五水共治"专项活动中,街道发动群众征集河道保洁金点子,包师傅发挥自己的"余热",传授拉网式兜捞法,还向同行传授自创的油污吸附法、竹竿拦截法和真空抽吸法等清理河道的高招,将河面污染物一网打尽,有效提升了城区河道保洁率。[①]

为了更好地宣传"五水共治",让节水护水意识深入人心,需要从娃娃抓起,加强对学生的水情教育,培养和提高学生的水法制、水忧患意识,引导学生树立爱水、惜水、节水和护水意识,为此镇海区义工们在九龙湖、骆驼等小学宣传节水知识,对学生进行教育,普及关于水的基本知识及日常生活中关于节约用水的小窍门等。

除了节水、治水环节,排水工作也是"五水共治"的重要一环,在镇海区内排水工作也受到了广泛的关注。2014 年,台风"海葵"来袭,宁波市内多地出现积水现象,在镇海区却未发生这种现状,因为镇海区拥有通畅的排水管道。2014 年 6 月,汛期将临之时,区内义工们跟随区市政养护中心的专业管道疏通人员,提前对可能会发生积水的雨水及污水管道进行巡查清理工作。在对管道巡查的过程中,发现管道阻塞的原因是部分餐饮店随意倾倒油水,为防止这种情况恶化,义工们忍受高温协助养护人员对阻塞的管道进行了疏通,避免了暴风雨来临之时的积水问题,提升了市政设施的养护水平。

治水是关系到民生的实事工程,不单需要政府的鼎力支持,更需要紧紧地依靠群众、广泛地发动群众,让全民参与。在影响水环境的因素中,群众中的许多不文明行为是影响水质的一个重要因素。镇海区成功地做到了带动群众的力量,集思广益、各取所长,扩大了群众参与的路径和通道,让群众参与评估、建设、监管等各个环节,使每个人都成为治水的宣传者、实践者和受益者,集体为镇海区创建优美环境出力。镇海区全县各级各部门和广大干部群众积极投身到"五水共治"这场硬仗中,形成全区支持"五水共治"、参与"五水共治"的良好氛围,共同建设美丽幸福镇海的碧水蓝天。

(四)政府具体政策与措施

镇海区政府十分重视全区生态环境的建设,通过出台一系列有效政策和措施,全面确保镇海区生态环境的长足、有效发展。

---

① 《昔日渔队捕捞工今日金点子治水人》,《宁波日报》2014 年 9 月 3 日。

1. 城镇管理

在水治理方面，镇海区于 2014 年颁布《宁波市镇海区“五水共治”行动总体方案》，该方案指出镇海区下一阶段对污水处理的主要工作为全力治污水，消灭垃圾、黑、臭河道；快速排涝水，完善防洪排涝工程；科学防洪水，加固水利工程，城区和各镇（街道）确定区防洪标准达到 50 年一遇；有效保供水，强化供水安全保障水平；全民抓节水，合理利用水资源，确保城乡居民饮用水的安全、稳定、优质。2014 年，《镇海区生态环境综合整治三年行动方案》中指出要治理净化百条河道，对区内 195 条主要河道进行全面治理；同时结合“双清”“四边三化”“三改一拆”等专项行动，对将近 100 千米的河道进行疏浚和清淤工作。完善智慧水务项目，对城区内现有排水管线开展普查测量、管网设施疏通及节点改造工作，打通“断头管”，形成全区管网“一张图”。

在加强绿化工作方面，镇海区于 2012 年颁布《镇海区生态文明示范区创建暨生态环境整治五年行动计划》，提出要有序地推进公共绿地、生态廊道和屋顶花园建设，增加城市绿化覆盖率，营造宜居城区。2014 年《镇海区生态环境综合整治三年行动方案》中说明，要建成立体绿化万亩屏障，通过林带、绿地、湿地及植物园等立体绿化建设，新增一万亩左右的生态屏障。并且在镇海城区内开展机动车和扬尘防治工作，完善城市交通基础设施；开展交通拥堵治理工作，建设公交专用道网络和公共自行车系统；全面推进机动车环保标志核发工作，制定“黄标车”淘汰相关政策，扩大“黄标车”限行区域，开展道路和工地扬尘控制。

2. 农村方面

2004 年《镇海区生态建设规划》中提出生态示范村镇的建设布局，将九龙湖镇建设成为一个集生态农业和生态旅游于一体的生态镇；把庄市街道建设成为集高教园区、科技创业园区和现代生活园区于一体的生态园林城区；将澥浦镇建设成为一个新型的集工业生态系统、城乡生态系统于一体的生态镇。

2004 年《镇海区生态建设规划》中还提出对农业实行生物节水、农艺节水、工程节水与管理节水的有机结合，加强对节水农业新产品与节水农业技术的应用。2009 年《宁波市镇海区农村近期（2009—2011 年）生活污水工程实施方案》和 2014 年《宁波市镇海区“五水共治”行动总体方案》重点提出对农村和平原地区进行排涝整治，争取达到 20 年一遇的排涝标准;修编农村生活污水处理规划;设定畜禽禁养区和限养区;全面关闭或拆除污染大、群众反响强烈的、主要河道两侧的禽类养殖场;扎实推进农业减排工作,大力发展高效生态农业。2014年《镇海区生态环境综合整治三年行动方案》中提出截污纳管千户家庭,使全区61个村的住户生活污水全部得到纳管或生态化处理。

2012年,《镇海区生态文明示范区创建暨生态环境整治五年行动计划》颁布,该计划中提出镇海区实施碧水绿岸行动,开展全长24千米的镇海东排南线工程和全长8.5千米的姚江东排镇海段整治(三期)工程,完成河道综合治理和两岸绿化的目标。并且开展清水河道治理,打造绿色水系,重点推进镇、村级清水河道的两岸绿化工作。该计划进一步说明,镇海区致力开展“幸福美丽新家园”建设,打造两个精品区块和若干条区域风景线,全面创建小康村、5个特色村;深化“清洁美化家园”行动;开展“温馨家园、秀美村庄”示范村建设。2014年《镇海区生态环境综合整治三年行动方案》中推进农房“两改”工程,完成区域村庄布局规划修编,将“2016”村庄布局规划调整为“1519”村庄规划布局。

3. 产业内环境治理政策

《宁波市镇海区清洁空气行动工作方案》中指出镇海区会进一步控制有机废气排放,减少空气异味,控制煤尘、建筑工地粉尘和道路扬尘对空气环境的影响,提升区域大气环境质量。①扬尘污染整治。通过加大对空置场地的整治工作,开展道路扬尘整治工作,加强建筑工地扬尘管理水平。②有机废气专项整治。③油气回收治理。实施中心城区和绕城高速范围内燃煤(油)锅炉的淘汰改造工作。④开展再生金属资源加工利用工作。确保以上行业环境综合整治等行动落实“清洁空气”运动。2011年镇海区颁布《宁波市镇海区“十二五”主要污染物减排工作方案》,主要针对水污染物[化学需氧量和氨氮(NH_3-N)、大气污染物,SO_2 和氮氧化物(NOx)]进行总量控制。

2012年,镇海区环保局颁布《镇海区划定禁止销售使用高污染燃料区域实施方案》,主要对高污染燃料区域施行全区范围内的改造,开展停止燃用高污染燃料,改用天然气、液化石油气、电或者其他清洁能源,淘汰燃煤(油)锅炉等,深入推进清洁空气行动。为了对排污单位实行排污许可证制度,镇海区出台了《镇海区排污总量核定技术规定》,对列入排污许可证发放的单位下达了公告,限期要求企业提供资料并进行核定,完成63家单位的排污许可证发放。2012年的《镇海区生态文明示范区创建暨生态环境整治五年行动计划》中提出着力实施清洁空气行动、节能减排行动。

2014年颁布的《宁波市镇海区"五水共治"行动总体方案》中指出，镇海区下阶段要推进高耗能、高污染企业的关停并转，调查工业企业污水排河情况，对具备纳管条件的企业一律纳管处理；对"低、散、小"治理无望的印染企业关停并转，深化电镀工业园区污水整治工作，提升区域水质。2014年《镇海区生态环境综合整治三年行动方案》中提出整治提升的十大行业包括化工、印染、造纸、制革、电镀、电力、铸造、酸洗、金属拆解、废塑料造粒。

2014年《镇海区生态环境综合整治三年行动方案》提出要对镇海港区和镇海煤炭交易市场防风网进行闭合，对镇海港区喷淋系统进行智能化改造，从而实现喷淋全覆盖。在镇海煤炭交易市场普及施行人工降雾系统的同时完成企业脱硫脱硝，对工业企业的燃煤锅炉、工业窑炉、自备燃煤电站使用清洁能源进行代替。对挥发性有机物（VOCs）进行治理，推进区域能源系统整合。

2004年《镇海区生态建设规划》中提出发展的重点任务是把传统农业向都市型农业、生态型农业转变，积极发展设施农业、园艺农业，提高农业科技水平，形成主导产业明确的多样化"柔性"农业产业结构。其中，重点建设花卉苗木基地、无公害蔬菜基地和绿色食品生产系统，控制畜禽养殖业的进一步发展。

4. 海洋环境政策

2004年《镇海区生态建设规划》中提出，当时镇海区海洋环境质量较差，受石油类污染日益严重，近岸海域海水富营养化程度较高，无机氮、无机磷超标明显，在一定气候条件下，可能出现赤潮，对渔业资源造成极大影响。规划还提出了保护海洋湿地功能区，解决废水排海问题，治理海洋污染；限制近海捕捞，防止海洋资源的枯竭。

2011年《宁波市镇海区海洋经济发展规划》中指出，要完善海洋防灾减灾网络建设；推进"强塘固堤"工程建设，完善海堤强化加固工程；加快围垦区域标准海堤建设，加强沿海平原防洪排涝设施配套，完善沿海防洪御潮体系、江河堤防工程及上游拦蓄工程体系，有效控制洪涝、风暴潮。

四、文化建设:内化于心,外化于行,固化于制

镇海素有"浙东门户"和"海天雄镇"之誉,不仅拥有丰富多样的自然景观,也有灿烂的历史文化,是历史上重要的海防重镇,宁波最早对外交流的港口,也是宁波最早的启碇港之一,海外"宁波帮"的重要发源地。镇海千年古韵源远流长,不仅积淀了独具特色、底蕴丰厚的"海防文化""商帮文化""院士文化""民俗文化"等地域文化,而且有著名的"镇海龙鼓""蛟川走书"等艺术文化,深受人们喜爱。

(一)现状分析

为顺应党的十八大以来新型城市化新一轮发展特点与趋势,近年来镇海区大力推进"六大战略",建设"六个示范区",其中着力点之一便是全力建设文化发展示范区,促进精神文明和物质文明相协调。镇海区十分重视文化发展,曾先后多次获得过国家、省、市文化奖,这也从侧面反映镇海区在文化建设方面取得的成效。

1. 镇海区文化发展总体状况

近年来,镇海区经济平稳有序发展,全域城市化扎实推进,城市化水平不断提高,从2004年的60%迅速提高到2015年的85%,越来越多的人口进入城镇。随着这些群体收入水平的不断提升,他们的物质文明的需求基本得到满足,转而不断要求满足其精神文明的诉求,这是一种社会进步的体现,是真正提高城镇化质量水平的动力所在。因此,镇海区迫切需要提升文化实力以最大限度满足城市化迅速推进,引致文化方面的需求。基于镇海拥有雄厚的区域经济基础及历史悠久的人文环境等独特优势,镇海区完全有能力进行文化建设,把文化软实力做大做强,其中重点要加快精神文明建设,消除与物质文明建设长期存在的差距,使两者协调同步发展,最终携手共同推动全区文化大发展、大繁荣。另外,加快完善公共文化服务体系,全面提高文化建设中科技发展软实力水平,以科技支撑文化发展,促使文化建设健康、持续、快速地发展。根据最新资料显示,镇海区各项文化事业、文化产业和文化活动持续发展。

为了加快文化产业集聚发展,自2012年镇海区实施文化提升发展战略开始引进文化创意企业以来,每年新引进文化创意企业数目稳步增加,

从2012年引进文化创意企业201家到2013年的243家，再到2014年的293家，截止到2015年初文创产业合计企业数为737家，合计注册资金25.7亿元，有238家文创企业注册资金达500万元以上，约占企业总数三分之一。累计主营业收入达16.15亿元，吸引相关产业领域人才近7 000人，涌现出东蓝控股、恒隆高科、互通有无等年营业收入超200万元的文创企业121家、超500万元的文创企业52家、超1 000万元的文创企业15家①。从发展现状来看，全区文创产业总体发展能力和集聚效应不断提升。

镇海区镇(街道)文化站总数最近几年都没有变化，保持在6个，然而各类艺术表演团体的数目每年显著增加(图3-23)。2009年，各类艺术表演团体为345个，2014年增加到450个，尽管期间增长速度有所下降，但始终处于正的增长态势，并且这种增长速度有增加的倾向。事实上，根据统计资料显示，2005年至2007年，镇海区艺术表演团体只有个位数，在最近5年迅猛上升至三四百个，可见镇海区各类艺术表演团体发展规模水平之高，同时也能反映最近几年镇海区文化的繁荣和昌盛。

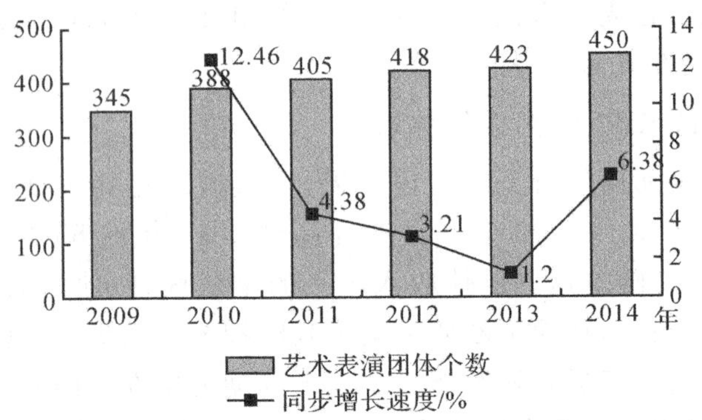

图3-23 2009—2014年各类艺术表演团体个数及同步增长情况

数据来源：镇海区统计局。

一个地区文化繁荣和发展的程度、文化建设水平的高低显然与该地区每年开展各种文化活动场次有关，每年开展各种文化活动场次越多，表明该地区对文化建设重视度越高，人们参与各种文化活动积极性越高，从而不断加快推动该地区文化建设进程，促进文化大发展、大繁荣。近年

① 《镇海年营业收入超千万的文创企业已达15家》，中国宁波网，2014年11月10日，http://news.cnnb.com.cn/system/2014/11/10/008201308.shtml。

来，镇海区每年都会组织大型文化演出及群众性文化活动，各种不同形式的文化活动都在如火如荼地举行，如 2014 年首届市民文化节成功举办。2009—2014 年大型文化演出和群众性文化活动情况如图 3-24 所示。

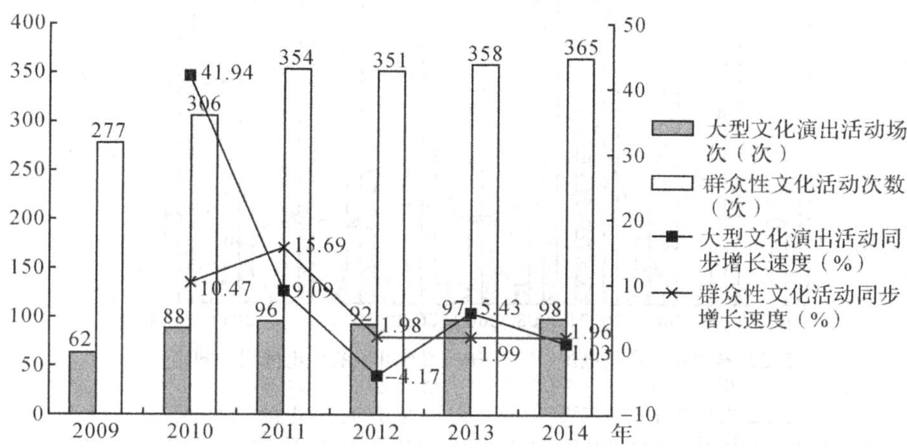

图 3-24　2009—2014 年大型文化演出和群众性文化活动场次及同步增长情况

数据来源：镇海区统计局。

从图 3-24 中数据可以看出，2009 年到 2014 年，镇海区大型文化演出和群众性文化活动场次总体趋势在增加，除了 2012 年大型文化演出活动场次略有减少外，其他年份的大型文化演出活动和群众文化活动场次都在增加，但是增长速度都趋向放缓，保持在一个稳定的增长速度，这些数据显示镇海区远远高于同期宁波其他地区水平。

近年来，由于镇海区全域城市化进程不断推进，城市化水平不断提高。得益于城市化发展速度，镇海区经济也在不断发展，农村和城市物质文明和精神文明建设都在不断发展。电视等媒体行业的快速发展是一个地区文化和精神文明提升的显著标志，尤其是有线电视和数字电视的出现，是对传统电视媒体进行的一次重大的变革，极大地丰富了人们的精神文明生活，提高了人们对先进文化的追求，亦是一种提升文化实力的手段。近年来，镇海区开通有线电视和数字电视用户的数据如图 3-25 所示。

从图中数据可以看出，2004 年到 2014 年，累计开通有线电视户数总体趋势不断增加，但增长速度有所放缓，而且期间增长速度有正有负；农村开通有线电视户数已经基本稳定，所以农村累计开通有线电视占比在下降；全区新增数字电视户数近几年没什么大变化，比较稳定，但相比较

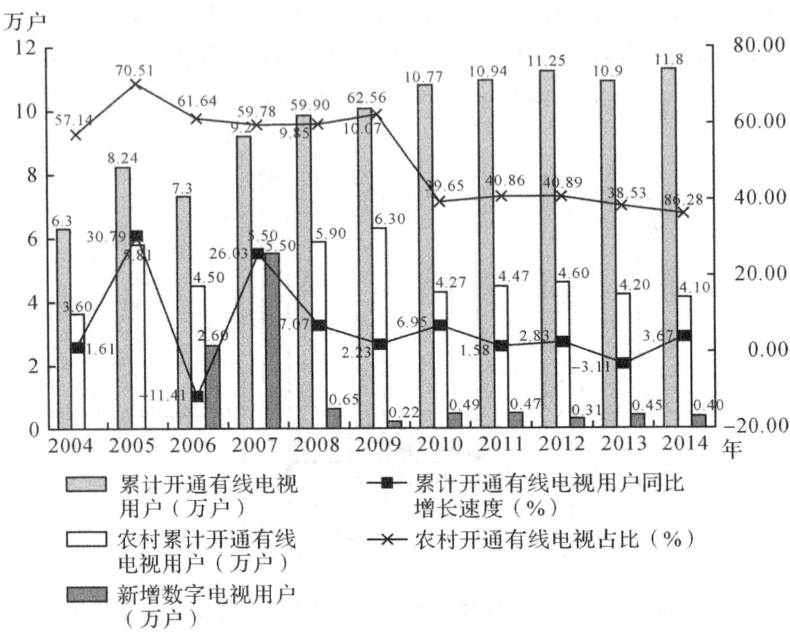

图 3-25　2004—2014 年开通有线电视和数字电视户数及同步增长情况

数据来源：镇海区统计局。

前几年，下降幅度较大，这可能由于镇海区最近几年数字电视发展到了一定的水平后所出现的接近饱和状态。

随着全域城市化的推进，镇海区城市化和现代化水平越来越高，人们不仅仅要求满足物质文明的需求，更重要的是随着人们的文化素质和精神境界的不断提高，他们越来越要求满足对精神文明的需求，不断充实自己的精神境界。镇海区政府支持这种精神文明追求，并针对其开展了大量工作，一个突出表现是近年来公共图书馆藏书量逐年增加。“书中自有黄金屋，书中自有颜如玉”揭示了读书的重要性，人们阅读书籍的兴趣越来越大也能反映其精神文化素质的不断提高，这就自然而然要扩充公共图书馆的藏书量，以满足人们精神文明的需求。最近几年公共图书馆的藏书量具体数据如图 3-26 所示。

从图中数据可以看出，镇海区 2004—2013 年公共图书馆藏书量在逐年增加，虽然期间增长幅度有大有小，但都是出现正的增长幅度。其中，2010 年增长速度更是达到惊人的 50.28%，不过随后几年增长速度有所放缓，维持在一个平稳的速度增长。有数据显示，镇海区图书馆万人藏书量较宁波其他地区有着明显的优势。通过公共图书馆藏书量的变化，可

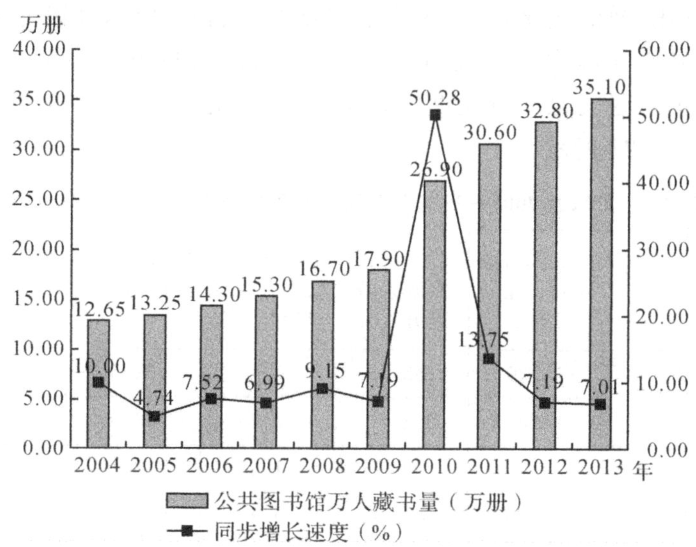

图 3-26　2004—2013 年公共图书馆藏书量及同步增长情况

数据来源：镇海区统计局。

以看出，镇海区居民对精神文明的需求越来越大及镇海区在文化建设方面投入的力度也越来越大。

文化建设既是党的十八大确立的中国特色社会主义“五位一体总体布局”的重要组成部分，也是新型城镇化建设和发展的重要组成部分、重要保障和推动力量。今后，镇海区还将不断加强文化建设，全力打造“厚德之城”，继续打响“雄镇大舞台”群众文化品牌知名度，大力推进“道德讲堂”建设，完善共建共享的文化建设机制，从而不断提高精神文明水平，使之更好推动全域城市化进程，提高城市化的质量水平。

2. 镇海区文化旅游业发展状况

近年来，镇海区旅游部门紧紧围绕区委、区政府“六大战略”，以建设宁波都市近郊型旅游目的地和长三角重要旅游节点为目标，坚持改革引领、创新驱动，全力推进年度各项重点工作，并取得了预期成效[①]。文化建设离不开旅游业发展，旅游业发展也不能脱离文化氛围，两者相互促进、相互关联、相互渗透。拥有特色文化资源是当地提高旅游业核心竞争力的最有效手段。镇海区旅游管理部门充分认识到文化对旅游的重要

① 参考镇海区旅游局《2014 年镇海区旅游经济运行分析》。

性，发现文化、激活文化，给景区赋予文化的内涵和灵魂，是镇海区让旅游散发独特光彩和魅力的一大“秘诀”①。凭借区域特色文化和旅游的“无缝对接”，镇海区文化旅游业健康持续发展，文化旅游业具体指标数据如表 3-9 和图 3-27 所示。

表 3-9　镇海区 2008—2014 年旅游业发展主要指标数据及同比增长

年份	旅游综合收入(亿元)	旅游综合收入同比增长(%)	接待国内外旅游人数(万人)	接待国内外旅游人数同比增长(%)	两大景区接待旅游人数(万人)	两大景区接待旅游人数同比(增长)(%)
2008	13.8	11.20	182.18	32.42	162.59	
2009	15.39	11.50	232.57	27.66	163.99	0.86
2010	18.57	20.70	406.7	74.87	212.12	29.35
2011	21.36	15.00	485.3	19.33	254.47	19.97
2012	24.24	13.50	546.1	12.53	258.12	1.43
2013	27.65	18.00	594.17	8.80	255.27	−1.11
2014	31.02	12.20	642.01	8.05	270.27	5.88

数据来源：镇海区统计局

图表数据直观地显示，2008—2014 年镇海区旅游业主要指标数据都在逐年增长，尽管期间增长幅度有大有小，但是最近 3 年都趋向平稳增长。自 2007 年两大主要景区招宝山旅游风景区、九龙湖旅游度假区被评为国家 4A 级旅游风景区后，两大景区接待旅游人数除了 2013 年略有减少外，其他年份都在明显增加。旅游活动从本质上讲是文化活动的重要组成部分，旅游活动具有很强的文化性，从现实中我们到处可见每个景点都有其特色的文化氛围，甚至成为它们提升核心竞争力的最有效的手段，任何脱离文化建设的旅游发展都不是健康持续的发展。事实上，旅游业的发展对于促进不同文化群体之间相互交流及促进文化大融合、大发展具有十分重要的作用。镇海区文化旅游业发展如此成功的关键在于地方特色文化和旅游景点的有效结合，文化和旅游携手迈向未来，这值得其他地方借鉴，尤其是那些依靠旅游业发展的地区。

---

① 《镇海：特色文化为旅游“撑腰”》，中国宁波网，2012 年 1 月 1 日，http://daily.cnnb.com.cn/nbrb/html/2012－01/01/content_411147.htm。

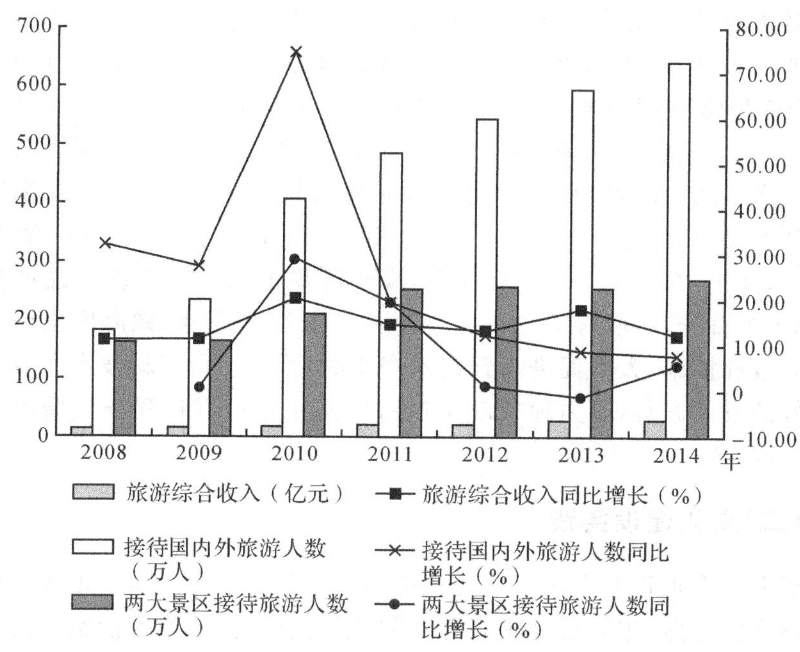

图 3-27　镇海区 2008—2014 年旅游业发展主要指标数据及同比增长

3. 镇海区高新技术产业发展最新状况

文化发展离不开科技的发展，科技发展是文化建设过程中的重要一环，科学技术是第一生产力，而创新是科技的灵魂。任何不依赖科技创新的发展都不是长久的发展，要想推进镇海区全域城市化发展，镇海区必须要依靠科技和人才。基于此，镇海区充分认识到科技创新的作用，高度重视发展高新技术产业，积极探索、勇于实践，借助六大创新平台，对重大平台、重点项目、重点人才的引进扶持敢于打破常规，对外来高技术人才和企业给予丰厚的政策优惠，提供各种服务，不断提高人才和企业的引进效率。这一系列做法是镇海区在加快高新技术产业发展方面表现出的特色所在，使得高新技术产业在近年来取得了较快发展。2014 年，镇海区高新技术产业产值达到 545.98 亿元，同比增长 4.6%，占全社会规模以上工业总产值比重的 21.8%。目前，镇海区有国家高新技术企业 79 家，从企业所属技术领域分布来看，行业发展有所侧重，主要集中在光机电一体化和新材料两大领域，分别达 29 家和 27 家，占比分布为 36.7% 和 34.2%。2014 年，全区 79 家高新技术企业累计实现工业总产值 232.6 亿元，占全区区属高新技术产业产值(464.8 亿元)的比重达 50%，占全区高新技术企业工业总产值(545.98亿元)的比重达42.6%，总量较2013年增加27.6亿元，同比增长13.5%；累计实现高新技术产品产值168.1亿元，较2013年同期增长9.9%，占全区高新技术企业主营业务收入比重达79.2%。此外，从新产品产值情况来看，2014年全区79家高新技术企业共实现新产品产值127.7亿元，同比增长16.8%，高于区规模以上工业新产品产值增速(—11.2%)约23.9个百分点；新产品产值率达54.9%，高于2013年1.6个百分点，高于区规模以上工业新产品产值率约32.1个百分点，取得了突破性的进展。总之，近几年，镇海区出台了一系列政策和措施，大力促进高新技术产业的发展，使得高新技术产业表现出良好的发展态势，有力地推动了镇海区文化建设进程和全域城市化的发展进程。

(二)文化建设实践

镇海区在推进新型城市化进程中加强文化建设方面做了很多不同于其他地区的实践，也取得了很多客观的成效，值得其他地区借鉴，主要有：

1.科技创新特色明显

在现代社会中，科学技术是人类文化的重要组成部分，科学和技术都是人类精神文化的根基。科技发展和文化建设的交融日益广泛和深入，科技发展和文化建设紧密联系、相互依存、相互交融、相互促进。科技的发展对文化建设至关重要，只有依赖科技发展推动文化建设才是最高水平的、最深层次的、最广范围的文化建设。科技发展为创造和发展文化提供了物质基础，科技进步不断推动文化建设进程。

科学技术是第一生产力，而科学技术的灵魂在于科技创新，科技创新推动科技不断进步。近年来，镇海区之所以在科技创新建设中取得丰厚佳绩，具体体现在四个“真”字上，即在发展思路上坚持“真”转，在工作层面上坚持“真”干，在服务体系上坚持“真”做，在创新平台上坚持“真”抓。具体表现在：

第一，科技创新平台发展较快，特色明显，其功能效应逐步发挥，不断满足企业的技术需求和为企业提供技术保障。近年来，全区不断促进创业创新平台建设，基于镇海区与清华大学、国际应用能源大会的深厚渊源和人脉优势，目前已形成清华大学校友创业创新基地，引进了中欧国际应用能源创新研究院、中国金融数字文化城项目、中科院大连化物所技术转移中心宁波分中心、中科院宁波材料所初创产业园、西安电子科技大学宁波信息技术研究院和产业园等一批高质量的创业创新平台，形成了人才集聚高地，带动了城市经济的发展①。目前这些科技创新平台已经与镇海区多家企业开展了多个项目的合作，满足了许多企业的技术需求，给许多企业提供了技术保障，提高了企业的技术生产率，增加了企业附加值，提高了企业的经济效益，也为镇海区创新驱动战略实施和经济社会转型发展提供了坚强的人才保障和智力支持。目前，各平台建设整体顺利，部分平台产业集聚效益初显，截至 2014 年，西安电子科技大学宁波产业园共注册企业 32 家、注册资金达 2.55 亿元，以电子信息、智慧城市、系统集成和软件开发等主导产业为主的企业占 70%，园区的产业集群和产业特色较为明显。②

第二，科技市场建设稳步推进，区域科技服务水平更趋完善。2014 年 5 月，宁波市首个区级科技市场——镇海区科技市场正式投入运行，自投入运行以来，已连续在西安电子科技大学、宁波大学、中科院宁波材料所、大连化物所、哈尔滨工业大学 5 个专场线下举办了产学研对接活动，涵盖电子信息、装备制造、新材料等领域。当前科技局重点工作就是科技市场建设，因为镇海区是宁波市科技市场的一个试点地区，主要利用科技市场把科技创新平台打造成一个科技创新孵化器，一方面通过科技市场来集聚、培育和扶持一批科技中介服务机构，让这些科技中介服务机构为镇海区一些企业实施科技中介服务，满足企业的技术需求，不断提高企业的生产力水平，目前已经有 10 余家科技、人才、金融、技术转移等中介机构确定入驻；另一方面重点是通过科技市场促进技术成果的转移和交易，让科技创新带动整个镇海区经济文化快速发展。根据镇海区科技局有关数据显示，在线下活动的带动下，2014 年通过网上技术市场发布企业难题 100 项，其中成交项目 25 项，技术交易额达到 6 081 万元，三项数据均位列全市前三。③ 当前，镇海区科技市场根据相关政策文件要求，已经制订完成了科技市场企业化运作方案，并正加紧实施，力求稳步推进科技市场建设。

第三，以提高科技惠农水平为目的，推动现代农业发展。实施全域城

---

① 《镇海：人才科技“六大平台”点燃创新驱动新引擎》，中国宁波网，2013 年 11 月 18 日，http://zh.cnnb.com.cn/zhnews408/gaer/wmfy/snmtkzh/201311/20131118154035.asp。

② 参考镇海区科技局《2014 年镇海科技局工作总结》。

③ 参考镇海区科技局《2014 年镇海科技局工作总结》。

市化战略,并不是消灭农业,而是大力发展现代农业,通过高度机械化的农业生产,以科技带动农业发展,不断释放农村劳动力。镇海区充分认识到科技惠农对推动全域城市化发展的重要性,以产学研合作加强农业项目储备,引导和组织农业企业与省区市农科院、浙江农林大学、宁波大学、浙江万里学院等科研院所开展技术、人才合作,着力构建长期稳定的农业科技合作体系,加快科技研发与农业经济的结合,大力引进有效益的、有前景的、有市场的农业科技成果在镇海区转化,也可以通过科技市场和科技创新平台引进有关农业发展的技术成果,引导科技中介服务机构为农业企业提供技术服务,满足农业发展阶段的技术需求,不断提高农业技术水平,从而促进农业生产率的提高,推动现代农业的发展。与此同时,为加快发展现代农业,培育农业科技创新型企业,增强企业自主创新能力,促进经济转型升级,提升农业科技创新型企业对农业农村科技和产业发展的支撑作用,对于从事农业科技研发的企业,镇海区不断地加大对这些企业农业科技经费的投入力度及对农业科技研发的政策支持,鼓励从事农业科技的外来企业到镇海区投资,让农业科技成果在镇海区有效转化应用,并且抓好科技反哺农业也有利于促进新农村建设的示范村建设,能为镇海区农村文化建设保驾护航。比如,宁波镇海区九龙湖科奥农业科技园的负责人李柳生,他清楚地明白科学管理、科学种植才是现代农业的唯一出路,为此,他牢牢掌握科技前沿信息,不断改进经营管理方式。探科技奥秘、呈绿色特质、盼科技惠农是李柳生生态科技园的运营宗旨,同时,也是李柳生绿色梦想的最好诠释。李柳生和他的农业科技园之所以取得巨大成功就是充分依赖科技带动现代农业发展的结果,这一举措值得其他地区借鉴。

第四,巩固完善和高校、科研机构的合作交流。近年来,镇海区已与30多家高校院所和科研机构建立了合作关系,巩固了“一府十校十所”科技人才合作机制和“三校一所”科技人才联动等合作平台;定期会商和对接,促进了优秀项目和科研成果在镇海区科技市场优先转化;大力引进高校和科研院所来镇海区设立研发机构和技术转移中心,为镇海区企业提供科技服务。同时,镇海区继续举办“镇海杯”国际工业设计大赛,进一步提高企业参与面、活动影响力和成果转化率;组织科技人才赴高校院所培训,鼓励企业与高校院所共建联合技术研发中心,不断加强企业与各高校院所和科研机构的交流,不断巩固与高校合作平台的建设。与此同时,镇海区不断以科技市场建设为契机,以“六大”科技创新平台为导向,加快引进高校、科研机构的技术转移机构，完善科技市场中的科技中介服务，为科技成果在镇海区成功地转化、应用和推广搭建桥梁。

2. 文化创意产业发展能力和集聚效应不断提升

为了加快文化产业集聚发展，自 2012 年实施文化提升发展战略开始引进文化创意企业以来，镇海区依托宁波市大学科技园，大力扶持发展文化创意产业，引导产业结构调整优化，转变经济增长方式，以动漫设计、广告、会展等为代表的新兴文化创意产业如“雨后春笋”般涌现。近年来，镇海区对文化创意产业从投资促进、人才招引、税收返还等方面给予政策优惠；同时建立健全服务体系，营造适宜文化创意产业发展的环境，吸引创意产业企业入驻，并且引进高技术人才，支持文化创意产业企业做大做强。[①] 当前，镇海区高度重视文化创意产业的发展在文化建设方面的重要性，将资源要素优先投入文化创意产业，旨在力求以文化创意产业发展带动整个文化建设的不断向前推进。从发展现状看，全区文创产业总体运营态势良好，成果丰富，自身发展能力和集聚效应不断提升。[②]

文化创意产业能力不断提升，集群特征和集聚效应逐步显现。近年来，镇海区重点关注文化创意产业的长远发展，不断加强文化创意产业集聚区配套设施建设，为文化创意产业从业人员创造良好环境；加强大学科技园文化创意产业核心基地、西安电子科技大学宁波产业园、清华大学校友创业创新基地和镇海新城文创产业楼宇群建设，不断形成以大学科技园为核心，各镇（街道）、园区文化创意产业集聚区为多点的“一核多元”的产业布局。自引进文化创意企业以来，镇海区文化创意产业发展迅速，创造了许多能够吸引人眼球的文化产品，不断推动全区文化建设进程。近年来，区委、区政府坚持以人才、科技为支撑，依托甬港文化创意产业合作对接会等平台，不断加强政策扶持力度，鼓励文化创意企业做大做强，增加适合文化创意企业的融资品种，因此优质项目不断增多，镇海区文化创意产品和服务在国内外市场的占有率不断提高，因此，创意产业集群发展特征更加明显，产业的集聚效应日益增强，区域文创知名度迅速提升，可以说，文化创意产业发展的良好氛围已经形成，并取得了较好的成效。

鉴于文化创意产业发展在镇海区文化建设方面的重要性和特殊性，

---

① 《镇海 文化创意触发产业升级引擎》，《宁波日报》2010 年 9 月 8 日第 A3 版。

② 《镇海区召开全区文化创意产业发展工作座谈会》，宁波文化网，2014 年 11 月 10 日，http://zw.nbwh.gov.cn/art/2014/11/10/art_49_62198.html。

镇海区规定资源要素优先投入文化创意产业。文化创意产业作为一类新型产业，被誉为21世纪的“朝阳产业”，因此，要想该产业更好更快地发展，必须加大投资力度，从而产生一系列社会经济效应。来镇海区落户的文化创意产业，最需要解决的是研发和生产场地问题。为此，镇海区政府急企业所急，想企业所想，充分盘活现有的闲置楼宇和厂房，通过腾笼换鸟的方式，保证文化创意产业用房需求。摆在文化创意企业面前的另一大难题就是资金短缺。出于对这些急需帮扶的文化创意企业“扶上马，送一程”的考虑，镇海区专门安排了文化创意政策资金。为了切实用足用好这笔专项资金，真正起到“扶大、扶优、扶强”的作用，镇海区出台了一系列配套措施，确保该资金的高效利用。近2年来，全区共投入文化创意产业扶持资金6 000多万元。① 同时，镇海区也不断健全文创产业服务体系，用优质服务拥抱文创企业，为落户企业提供一切服务，积极践行“妈妈式”服务承诺，主动为文创企业提供交流沟通、政策咨询和展会推介等服务，真正把企业的事当成自家的事。

3. 镇海区文化旅游业建设

当前，镇海区文化旅游运行特点是不断加快旅游行业转型升级速度，加大对商务会展和休闲度假旅游项目投入力度，加强观光旅游的市场营销工作力度，使各项旅游经济指标呈现稳中有升的良好态势。镇海区旅游市场总体特征是国内市场继续保持稳定发展态势；通过“走出去、引进来”等形式组织各类境外展览会，引导外地旅游人员来镇海观光旅游，使得入境市场平稳回升；伴随着镇海区交通区位条件的优越性，自驾游成为主流，加之旅游景区提供诸如餐饮、住宿、购物等便利的条件，使得节假日旅游市场需求旺盛，也拉动了当地的消费市场，2014年春节、国庆等节假日，镇海两大景区接待游客人数大幅增加。综合来看，镇海文化旅游发展已经逐步进入良性轨道。但是，由于受政策影响及电子商务等新型产业发展的冲击，旅行社发展面临多方挑战，转型压力依然较大。面对客源市场结构变化，各旅行社相继调整策略，提供更优质的服务，有效利用镇海区传统文化优势发展新型旅游产业，突破传统旅游的困境，开展旅游地接业务。同时，政府也相继出台一系列产业扶持政策，鼓励文化旅游行业利用自身独特的文化优势和地理区位优势进行不断地改革，以促进文化旅

① 《文化创意产业渐入佳境》，中国经济网，2014年6月5日，http://www.ce.cn/culture/gd/201406/05/t20140605_2928788.shtml。

游产业更好更快地持续发展。

镇海区在旅游业发展的同时，还有效利用科技创新来推动旅游产业发展，进一步提升旅游服务功能水平，这是镇海区比较典型的特色。2014年，镇海区围绕“2014 中国智慧旅游年”主题，深入实施《镇海智慧旅游发展实施意见》，构建网站、微博、微信和手机四大信息发布平台，开设镇海区旅游微信公众平台，建成并投入运行镇海区旅游导游导览手机 App，设立旅游信息二维码导视牌，启动景区免费 WiFi 开通、游客流量监测等项目，并积极引导区内旅游企业与携程网、同程网、驴妈妈等 OTA 网站开展合作；“12301”咨询热线同步开通，景区游客服务中心日益完善，形成了二级游客咨询服务网络；依托城市交通体系与各区域旅游规划布局，配套建设连接主要景点与重要交通站点之间的旅游公交。①

总体来看，镇海区文化旅游产业发展活动依然丰富，整体表现比预期要好，继续保持稳中有进、稳中有为的良好态势。文化旅游产业是镇海区发展的主要产业，充分发挥了区位优势和文化优势，突出了文化旅游特色，重点开发了四大旅游景区、乡村生态旅游和都市会展旅游：①招宝山海防文化游。依托老城区的古建筑群、招宝山海防文化遗址、海防文化博物馆等现有资源，对它们进行有效整合，打造社区文化、海防文化旅游等特色文化旅游活动，以此做大做强海防文化旅游品牌。②九龙湖休闲度假游。依托丰富的自然资源，紧紧围绕“休闲度假，康体养生”，以湖为核心景点，完善以水为主题的娱乐设施及景区配套酒店、娱乐、餐饮等设施，提高景区接待服务质量水平，加快培育休闲度假业态，推动乡村美食、乡村民俗等特色项目发展。③商帮文化旅游。依托宁波帮文化和商贸基础设施，整合包氏故居、宁波帮博物馆等社会文化旅游资源；依托海上丝绸之路文化旅游节、宁波汤圆文化节等文化节庆活动，丰富商帮精神文化家园内涵；推出“商帮故里文化之旅”，做大商帮文化旅游品牌，加载旅游服务功能，发展都市旅游等新兴服务业，提升文化品位，打造甬商文化传承基地。④郑氏十七房民俗文化体验游。以文化旅游活动为载体、以中华传统节庆文化为主题、以深度体验为手段，开展郑氏十七房特色鲜明的旅游节庆活动，打造具有竞争力的文化旅游产品②，带动整个镇海区从观光

---

① 参考镇海区旅游局：《2014 年镇海区旅游经济运行分析》。

② 《镇海着手策划“节庆文化”主题旅游活动》，宁波旅游网，2009 年 5 月 9 日，http://www.gotoningbo.com/zx/rdxw/200905/t24644.htm。

型旅游转型成现代都市休闲旅游，不断加大旅游资源开发力度，改善旅游环境和交通住宿条件，增强对游客的吸引力，力争把郑氏十七房民俗文化体验游办成全国知名的优秀文化旅游活动。⑤乡村生态旅游。在现有乡村观光景点的基础上精心规划，将乡村旅游朝着生态化方向发展，开发出多样化的乡村旅游产品，不断集聚特色各异的农庄、专业化的农家乐服务店，形成乡村旅游观光带，提升乡村旅游观光品位。⑥都市会展旅游。以现代化的城市设施为依托、以镇海区丰富的和独特的自然人文景观和文化资源及周到的服务来培育专业化的与展览相关的贸易、咨询、策划、设计和服务机构，加强会展场馆建设力度，带动相关产业，促进都市会展旅游业的健康发展。

总之，镇海区在文化旅游业建设中不断加快旅游业转型升级速度和有效利用科技创新平台加快发展新型旅游产业，重点开发特色文化旅游。发现特色文化、挖掘特色文化、激活特色文化是镇海区在发展文化旅游业方面具有的突出特色，正是凭借这些特色，实现区域特色文化和旅游的“无缝对接”，推动文化旅游业健康持续发展，进而推动文化建设进程。

城市作为一个区域的核心，是一个地区经济、文化、社会及各个产业发展的统一体，也是旅游生产力所高度集中的区域，旅游生产地和消费地的统一体。城市旅游业和城市化发展之间存在良性互动关系，旅游业的发展对城市化的发展具有直接的促进和带动作用，城市化发展对旅游业发展具有拉动和促进作用，两者存在密切的相互关系，共同协调同步发展。

4.加强四大道德文化工程建设，不断推动文化建设进程

思想道德建设是文化建设的重要内容和中心环节，规定着文化建设的性质和方向，是文化建设的灵魂。因此，在加强文化建设的系统工程中，必须紧紧抓住思想道德建设这个中心环节。基于此，镇海区充分认识到道德建设对文化建设的重要性，为了使文化强区建设步伐加快，首要工作就是不断加强道德文化工程建设，力争精神文明建设取得新突破。

当前，镇海区把提高市民思想道德素质作为道德文化工程建设的第一要务，积极营造“积小德为大德、积小善为大善”的社会风尚，建设“仁爱无私、明礼诚信、崇孝尚德、宽厚友善”的厚德镇海。可以说，这既是一项

前瞻性的、探索性的工作，同时更是一项功在当代、利在千秋的事业。[①] 加强道德文化建设是一项民心工程、系统工程和文化工程。镇海区着力实施四大文化道德工程，为文化建设培养了肥沃的土壤。具体做法如下：

一是实施“立德文化工程”，设立统一的道德标准，以此规范人们的行为。为了约束人们的行为规范及加强人们的道德素质、社会公德，必须设立统一的道德标准，否则社会便会陷入混乱。一个社会文化的繁荣和昌盛，取决于该地区人们的道德文化素养水平。其中，首先得明确道德标准设立的规范问题，基于此，镇海区不断完善道德模范、最美家庭、人民满意公务员等典型的道德评比机制，不断规范道德设立标准，力求最大化地改善人们的行为，提高人们的素质。镇海区主要从机关、公司、家庭和学校等单位狠抓道德标准的设立工作，制定并完善了《机关文明礼仪公约》《职工职业素养手册》《镇海区志愿服务管理办法》《镇海区家风家训汇编》《学校孝德礼仪主题教育读本》等各类道德建设准则和教材，以此来呼吁人们积极设立道德标准从而主动规范自己的行为。积极开展“厚德镇海”建设课题的工作研究，聘请专家和学者参与道德方面的研究工作，进一步完善道德标准设立理论体系，使得道德标准更具说服性。

二是实施“明德文化工程”，加大道德宣传和教育力度，让道德建设扎根于每个镇海人心中。2014 年，镇海区在区级媒体开设“厚德镇海，文明之城”专题专栏，以成就宣传、热点引导、典型宣传、点评讨论和舆论监督等形式，弘扬主旋律，传播正能量。加大“讲文明树新风”公益广告制作、刊播力度，举办镇海区“扬文明新风、建厚德之城”公益广告设计征集大赛，实施宣传提升行动，营造良好氛围。[②] 第一，学校作为一个青少年吸取和接受知识和文化最重要的场所，是一个人开始形成价值观、人生观、道德观和世界观的最重要场所，因此学校应该作为道德宣传的首要场所；同时，提高一个人的道德品质，必须从小做起，因此完全可以利用学校这个有优良氛围的平台进行道德宣传和教育，正是充分认识到在学校进行道德宣传和教育的重要性，所以镇海区不断加强学校的思想道德宣传和教育。第二，镇海区特别重视农村文化建设和农民道德建设，利用自身独

---

① 《建设厚德镇海 你我都是主角》，镇海新闻网，2014 年 3 月 13 日，http://zh.cnnb.com.cn/zhnews4073/mskd/wypl/201403/20140313070445.asp。

② 《甬文明办工作简报(2015)第 2 期》，宁波文明网，2015 年 3 月 23 日，http://images1.wenming.cn/web_zjnb/gzjb/201503/t20150323_2517873.shtml。

特的文化平台加强道德宣传力度，使农村居民萦绕在优良的道德风气之中，不断提高增强自身道德品质的积极性。例如，2013 年 11 月，镇海区首个农村文化礼堂——澥浦镇十七房村农村文化礼堂建成。农村文化礼堂不是以往生产队、村民开大会的地方，而是有着一整套运作方案、科学管理、统一标识的文化阵地，新型农村文化礼堂蕴含传承、展示、活动和熏陶等多方面的功能，并为集中进行道德宣传和教育提供了一个优良的平台，对来访的观众施以道德影响的道德教育活动，并号召大家积极参与道德宣传，尽可能让所有镇海人都意识到道德水平提升的重要性。

三是实施“行德文化工程”，设立道德标准、加大道德宣传力度最终目的都是道德实践，只有通过道德实践才能体现道德品质的提高，也是实践检验真理的唯一标准的应有之义。近年来，镇海区组织和实施了许多道德实践活动，参与道德实践活动的人不计其数，这充分展现出地方特色道德氛围，可以说，镇海已经建立起了自己独特的道德氛围，值得其他地区借鉴。例如，“日行一善”道德实践活动倡议，号召市民积极参与环境保护、关爱弱势群体、文明宣教和文明交通等“日行一善”公益活动。广泛开展“文明有礼”“文明有序”“文明牵手”三大主题活动，特别是深化“文明礼仪进机关”活动，开展新老社区结对交流、“新老镇海人，共建文明城”、“小手牵大手，文明一起走”等牵手行动，提高人们参与道德实践活动的积极性。[①]

四是实施“崇德文化工程”，不断完善道德回馈机制。镇海区非常重视道德的回馈机制作用，对于道德品质高尚、具有良好道德修养、积极参与道德实践活动的人给予奖励，让他们充当道德模仿角色，做好带头作用，引导广大群众追求先进、崇尚先进、学习先进，推进社会主义核心价值体系建设，促进社会文明程度和道德水平进一步提高。当前，镇海区主要是通过完善志愿服务保障机制来发挥这种道德的回馈机制作用，对志愿者进行星级评定，对于“星级志愿者”优先享受各种社会公益服务。完善道德模范关爱机制，每年召开一次道德模范座谈会，让道德模范之间交流看法，听取、了解道德模范工作生活情况。设立“道德模范关爱周”，组织各级文明单位和广大青少年志愿者慰问道德模范，并开展“我为模范做件事”“听模范讲事迹”“假如我是一名道德模范”等活动。探索农村道德评

---

① 《镇海区深化“厚德镇海”建设 力争精神文明创建新突破》，宁波文明网，2015 年 1 月 27 日，http://nb.wenming.cn/xsqcz/zhq/201501/t20150127_2422711.shtml。

议机制，围绕邻里团结、家庭和睦和诚信友爱等主题，每年策划一次农村传统礼俗和乡风评议活动。①

5. 镇海区农村文化工程建设实践和成效

随着经济快速发展，农民物质生活水平日益提高，但相对应的农民文化生活水平却未能同步提高，农民对文化生活的投入极其有限。主要原因是，由于地方政府过度关注城市文化建设的进展，对城市文化建设投入较大，使得城市文化水平不断提高，然而，由于对农村文化重视不够，投入不足，使得农村文化建设严重滞后于城市文化建设水平，以及农民收入水平的不断提高，加大对文化的需求，越来越不满足当时农村文化的建设进程，主要表现在农村基层文化资源严重匮乏，活动形式单一枯燥，缺乏创新。然而镇海区农村文化建设一直是政府关注的大事，现已形成了独特的文化氛围，可以说，在农村文化建设方面做得比较成功，值得其他地区借鉴。农村文化建设是一个地区文化建设的中心环节，对城市化的推进具有十分重要的作用，尤其是在当下国家和地区大力提倡新农村建设的大背景下，农村文化建设实践对于推动我国城市化质量水平的作用更加明显。因为随着我国城市化的不断发展，农民精神文化需求和自身素质的不断提高，他们已经不仅仅只关注满足其物质文明的需求，而更加注重其精神文化的追求。近年来，镇海区紧紧围绕社会主义新农村建设目标，开展多种形式农村文化工程活动，不断满足农民群众日益增长的精神文化需求，推动全域城市化建设进程，其间农村文化建设取得了丰硕成果。

(1)镇海区开展多种形式的农村“种文化”工程活动

近年来，镇海区结合地方实际，利用农村文化建设中赖以生存的群众基础，挖掘农民群众中蕴藏着的文化生命力，积极开展多种形式的农村“种文化”活动，使得广大农民群众从农村文化建设的旁观者转变为积极的参与者。

一是抓好文化队伍和加强文化阵地建设，为“种文化”活动培育肥沃的文化土壤。镇海区制定了《镇海区农村文化阵地设施管理办法》《镇海区社区文化阵地设施管理考核奖励办法》《镇海区业余文艺团队评估定级实施办法》等政策性文件，完成了所有村“五个一”文化工程，即一个灯光篮球场、一条健身路径、一套健身器材、一个露天戏台和一个村落文化综

① 《镇海区深化“厚德镇海”建设 力争精神文明创建新突破》，宁波文明网，2015 年 1 月 27 日，http://nb.wenming.cn/xsqcz/zhq/201501/t20150127_2422711.shtml。

合活动室；着力实施公共文化基础设施建设“三个百分百工程”，即 100%镇（街道）建有单独设置的综合文化站，100%行政村建有文化活动室（中心），100%镇（街道）、村（社区）建有公共电子阅览室和公共图书分馆；推进镇（街道）综合文化站达标建设，全区 6 个基层文化站达到省一级标准，其中 4 个达到省特级站标准，区财政每年投入 100 万元用于农村文化队伍建设，平均每个村建有 2—3 支业余文艺队伍，村级文化辅导员普及率达到 100%；按照《镇海区公共图书馆总分馆建设实施办法》和“一馆一特”的发展策略，推进城乡一体化公共图书馆服务体系，到 2013 年底，80%村已经建成标准配置的公共电子阅览室和公共图书分馆。截至 2015 年初，公共电子阅览室和公共图书分馆已经对所有行政村实行全覆盖；全区深入实施公共文化全民共享工程，完善文化馆（站）、图书馆、博物馆、纪念馆等各级公共文化场馆的免费开放服务。扎实推进广电有线网络“一省一网”的整合，有序推进农村应急广播体系的建设，确保完成 50%行政村应急广播体系覆盖的年度任务；农村文化礼堂、24 小时自助图书馆、古塘文体场、绿轴文体公园一期工程、社区组织公益园等文化惠民工程进展顺利，目前全区已建成农村文化礼堂 15 个、24 小时自助图书馆 10 家。[①]

二是组织多种多样的文化活动，为“种文化”活动顺利开展提供了便捷的途径。近几年，镇海区开展的文化活动场次逐年递增，而且形式越来越多样化，避免了由于枯燥而使群众参与的积极性下降；相反，正是由于文化活动形式越来越多样，使得“种文化”活动的开展越来越顺利。当前，镇海区重点做好“雄镇大舞台 · 七彩绣真爱”系列公益文化活动，截至 2014 年底，全区开展“演、展、赛、学”各类活动近 500 场次，涉及不同举办主体 30 余个，其中半数以上为镇（街道）、村（社区）主办的文化活动项目。同时，镇海区坚持形式多样化，通过政府购买公共文化服务、企业支持赞助等方式，到村（社区）、企业送“种文化”电影放映 660 场次，雄镇大舞台专业剧场到镇（街道）、村（社区）送杂技、越剧、京剧、话剧和甬剧等 373 场次，实现平均每村每年看 6 场戏；坚持演出常态化，区文化馆深入基层开展“艺韵 · 追梦”文化巡演活动 12 场；各镇（街道）、农村文化礼堂，文化走亲 30 场次以上。各镇（街道）根据历史渊源、人文底蕴，重点打造“一镇（街道）一品”特色文化，开展了“招宝大家乐 · 一月一风采”“蛟川街道企

① 参考镇海区委宣传部（区文化广电新闻出版局）工作总结。

业文化节”“人文庄市”“骆驼书画之乡”“澥浦农民画之乡”“九龙湖端午文化节”等地域品牌文化。①

三是加强机制保障，为“种文化”活动带来优秀的文艺精品，提供广泛的动力支撑。建立和实施重点创作项目立项制度和项目化管理制度。完成《镇海区文艺精品创作项目化管理实施办法》《镇海区优秀文化成果奖励办法》的制定，在区财政每年投入 100 万元设立“政府文化成就奖”的基础上，再投入 200 万元对文艺精品创作进行前期扶持和后期奖励，以此激励和鼓舞文化精品创作及加大对优秀文艺精品创作的奖励，结果成效非常显著。如 2014 年，电影《镇海保卫战》已在全国公映，报告文学《肝胆相照》、电视连续剧《郑氏十七房》、电视纪录片《晒盐人》、广播连续剧《热血丹枫》获宁波市第十二届精神文明建设“五个一工程”奖。广播连续剧《热血丹枫》还荣获浙江省“五个一工程”奖。同时，镇海区还荣获市“五个一工程”优秀组织奖，这也是镇海区首次获得该奖项。此外，广播连续剧《包玉刚》荣获中国广播剧研究会专家奖金奖。2014 年，全区 20 多个群文创作项目在全国各省、区、市重要展赛中获奖。歌曲《老爸》等 7 个作品在全国各省、区、市音舞节中获奖；《键盘伴梦飞》等两首歌曲跻身全国村歌大赛优秀作品奖，《国色天香》入选 2014 年度省群星奖；总浦桥社区合唱队在浙江省合唱大赛中获铜奖；澥浦农民画作品获全国农民画大展优秀奖；朝阳村排舞队在浙江省文化礼堂乡村排舞大赛中获得金奖。出版学术著作《鲁迅诗歌注析》，儿童长篇小说《疯狂海螺牛咕咚》，长篇报告文学《肝胆相照》《好人刘国娟》，长篇小说《宁波商人》《血案迷踪》，可以说，镇海区积极贯彻以中国梦为引领，进行文艺精品创作。②

(2)农村文明建设不断深化，农民综合素质不断提高

一是加强农民思想道德建设。镇海区根据市委、市政府《关于进一步加强和创新社会管理的决定》和新一轮文明城市创建工作目标的相关精神和要求，在各镇(街道)设立礼仪培训点，有序开展各项礼仪培训活动，几乎所有农民都得到了礼仪培训，农民思想道德素质不断得到提高。镇海区重点关注农村道德模范评比机制，对于道德模范的典型事迹，必须进行严格审核，必须确保真人真事，然后才加以宣传，使农村道德模范起到

---

① 《宁波镇海开展多形式的农村“种文化”活动 力推乡风文明建设工作》，宁波文明网，2014 年 5 月 6 日，http://nb.wenming.cn/wmcj/201405/t20140506_1920085.shtml。

② 参考镇海区委宣传部(区文化广电新闻出版局)工作总结。

引领作用，引导其他农民效仿，最终带动所有农民道德品质更上一层楼。镇海区大力弘扬农村志愿者队伍建设，提倡每一个农民都可以积极加入志愿者队伍，培养为本地区农民服务的良好品质。2007 年，镇海区志愿者协会、志愿者指导中心成立。截至 2014 年，全区志愿服务总队达 31 支，志愿服务分队 450 余支，登记注册志愿者人数达 3 万余人。为了广泛弘扬爱心志愿服务精神，镇海区在各个镇(街道)成立志愿者分会，在农村成立志愿服务站，以“志愿服务农村行”为抓手，以“送服务、带队伍、建基地”为主要内容，开展“农村志愿服务普及年”活动，用他们的善行温暖着这片土地，激活每个人心中的“雷锋”。

二是加强农村未成年人思想道德建设。一个人的文化素养必须从小培养，从小就树立自己的道德标准，这样才能健康成长。未成年阶段是一个人最容易接受和学习新知识和新文化的阶段，如果在未成年时没有形成良好的道德标准及提高自身道德素质，那么成年以后将更难进行思想道德培养。由于城市家庭中的父母知识水平相对较高，从小对孩子施以恰当的教育，使家庭形成优良的道德氛围，因此农村未成年人的道德培养更应该受到足够重视。镇海区充分认识到未成年人思想道德建设的重要性，重点加强了对农村未成年人文化活动阵地建设，积极推进“乡村学校少年宫”“春泥计划”“快乐少年”“四点钟学校”行动等活动，通过参与这些文化活动教育未成年人设立道德标准，以此规范他们的行为，使未成年人健康成长。例如，在澥浦中心学校设立全区唯一中央专项彩票公益基金支持的乡村学校少年宫，并被列入全市首批 4 所试点学校之一。截至 2014 年，镇海区已累计投入约 30 万元，增加学校室内外场所活动面积和活动器材数目，广泛开展各类文化活动项目，让所有学生都能积极参与。镇海区认真落实“春泥计划”实施工作，确保形成有利于未成年人健康成长的良好环境，不断提高他们的思想道德水平。目前，各“春泥计划”实施村在原有的图书室、阅览室的基础上，成立“春泥书屋”，部分村还开设了电子阅览室，这些活动场所都免费向未成年人开放。①

三是加强农民培训工作，不断提高农村科学文化教育软实力。近年来，为深入整合镇海区农民职业技术教育工作各类资源，助推全区农民培

---

① 《镇海区注重四个环节抓好寒假“春泥计划”实施》，宁波文明网，2015 年 3 月 9 日，http://images1.wenming.cn/web_zjnb/wcnr/wcnr_zxxx/201503/t20150309_2489514.shtml。

训工作快速发展，镇海区现代农民职业技术学校的成立为农村文化建设提供了人才和智力支持，通过不断培训农民，使得农民的科学文化水平和素质明显提升，使得镇海区农村文化建设更具地方特色。镇海区还深入实施"千万农村劳动力素质培训工程"和"百万农村实用人才培养计划"，不断加快"三农"领域改革建设，以此推动新农村建设和全域城市化进程。

(三)典型案例

案例一：厚德校园建设取得丰硕成果

2014 年 3 月，镇海区在教育系统全面启动"弘扬传统文化，践行孝德礼仪"三年行动计划，以"习行孝德、明礼知仪、感恩社会"为重点，扎实开展国学经典诵读行动、孝德礼仪课程行动、主题实践体验行动、文化理念引领行动、教师榜样示范行动和多方联动牵手行动，成效明显，涌现出了一批主题鲜明的校园文化特色学校、师德高尚的"最美教师"和崇孝尚礼的孝德学生。

镇海区古塘中学充分利用校门口约 50 米的墙体，将孝德以最直观的方式展现在师生面前。结合长廊文化，古塘中学还开展了孝德长廊解说比赛，通过与经典对话，从中使学生对孝德有更深刻的领悟和启发。艺术实验幼儿园通过校园音响，播放传统的孝德小故事、儿歌精选，如早上学生来园，幼儿园播放孝德儿歌，中午的时候播放孝德小故事，下午学生离园的时候播放孝德《三字经》。这样，通过在日常生活中滚动播放的孝德故事、儿歌，让孩子们在潜移默化中学习孝德和萌发孝感。

镇海区精英小学 603 班的赵钰婕同学因为孝敬父母、自强不息，被评为 2014 年宁波市美德少年、浙江省美德少年称号。在榜样的示范引领下，第二届青少年孝德明星应运而生，29 名由各学校推荐的孝德明星是全区青少年践行孝德礼仪的缩影，他们的事迹平凡却真实。以最高票获得区级孝德明星的吴光娟的一句"我已经没有妈妈了，不能让弟弟也没有妈妈的疼爱……"感动了现场。

一年来，镇海区教育部门的微博、微信中频频看到家长们的感言，一名五年级小学生的妈妈在收到孩子亲手做的零钱包时说："爱不是甜言蜜语，也不只是停留在头脑中，而是付诸行动中，孩子动手更能萌生对父母的爱！谢谢女儿，谢谢老师！"一位爸爸在看到孩子准备的早餐时说："真心不舍得把早饭吃掉！感谢老师在教授知识的同时，还教育孩子怎么做人！"这些孝德事迹和家长的感受都是镇海区孝德礼仪教育成效的点滴体现。

“弘扬传统文化，践行孝德礼仪”三年行动自启动以来，孝德礼仪等传统美德在全区青少年儿童心中和日常行为中得以具体而真实的体现，为孝德礼仪教育的深入推进打下了坚实的基础。①

中华民族五千年文化源远流长，内涵十分丰富，与世界各国的民族文化相比，有着不同的、优秀的特点。孝德是我国民族文化的核心价值，是文化建设的核心内容，对推动城镇化建设具有重要的作用。俗话“百善孝为先”，可谓家喻户晓。孝德文化建设是社会主义现代化建设必不可少的、重要的精神力量，孝行天下促进经济持续发展，是文化推动经济的有力支撑。镇海区经过多年的打造，让孝德文化在镇海可谓“家喻户晓”，深得民心，其从开始的一个普通文化主题活动，到现在已经渗透到居民日常生活的方方面面，包括学校的孝德教育、孝德社区评选等。“少年强则中国强，少年富则中国富。”可见培养青少年的良好习惯和优良品质的重要性，因此校园孝德文化建设至关重要，镇海区近年来不断加强校园文化建设，并取得了丰硕成果。然而随着镇海区区域环境和产业的提升发展，越来越多的“新镇海人”来到这里工作和生活，而孝德文化也成为当地新型城镇化的一个有力推手。孝德文化不仅是镇海区的一个“新民俗”，也成为区域新的文化和品牌。2013 年底，镇海区的常住人口达 45 万，但是户籍人口只有 23 万多，这么多的产业工人来到这里创业生活，可见孝德文化对他们有很好的凝聚力。近年来，随着镇海区提出“厚德镇海”和打造“雄镇大舞台”，无论是在产业、环境、社会民生、城市文化建设方面都站在了较高的平台上，并吸引了越来越多的高端人才来此聚集，从而助推区域产业的转型升级和新型城市化的建设。同时，面对区域环境、基础设施和产业等“硬实力”的逐渐提升，镇海区的文化等“软实力”也得到了同步提升。异地务工人员来到这里工作，他们也需要更多的文化活动，这样才能实现真正的安居乐业。区域文化品牌的形成将对城镇化建设有很好的推动作用，并有助于最终实现产城人融合。②

案例二：庄市农村文化礼堂聚人气扬正气

2014 年 12 月 24 日早上 6:00，街面上还较为清冷，镇海区庄市街道

---

① 《镇海区厚德校园建设取得丰硕成果》，宁波文明网，2015 年 5 月 6 日，http://wmb.zh.gov.cn/wcnrsxddjs/zygyddr/201505/t20150506_382804.html。

② 《孝德文化助推新型城镇化建设》，《南方日报》2015 年 3 月 6 日 FC03 版。

勤勇村文化礼堂内已不时传出爽朗的笑声。练太极、打羽毛球、排舞蹈，礼堂内好不热闹。

勤勇村文化礼堂是该村依托邵氏康乐园现有的基础设施，通过整合资源，改建、扩建、补建而成的，将村史村情、道德模范和村规民约等内容集中到文化礼堂展示，并定期开展形式多样的文化活动。与原有农村文化设施最大的不同在于，它的内容包括农村整个精神文明建设，特别注重教化功能。

根据全国各省、区、市“试建一批、后备一批、带动一批”的规划，庄市街道2013年率先建成万市徐村文化礼堂，将形势宣讲、文体活动、技能培训和画廊等搬进礼堂，将其打造成村民自己的“精神家园”，深受村民欢迎。2014年，庄市街道充分挖掘、传承和利用农村优秀传统文化资源，广泛吸收村庄文化中的各种积极元素，通过融合创新，在形成特色、形成品牌上下功夫，做到“一村一色”“一堂一品”。同时，以有场所、有展示、有活动、有队伍和有机制等基本标准，建成集学教型、礼仪型、娱乐型和长效型“四型”于一体的光明村、勤勇村多功能农村文化礼堂。

“现在下班后，可以到文化礼堂去锻炼身体，大家一起聊聊天，还能增进感情。”勤勇村村民朱仰华说，这样一来，搓麻将滋事的情况很少发生。勤勇村党总支书记吴一峰说。文化礼堂建成后成为集思想道德建设、文娱活动、知识普及于一体的农村文化综合体，无形之中增强了村民凝聚力、认同感及归属感。

万市徐村缤纷文体廊展示村民健康和美的幸福生活，光明村文明之星廊的好人好事、道德模范潜移默化地影响着村民，勤勇村村史村情廊，映射着村里发展建设的步伐……文化礼堂已逐渐成为村民生活的“必需品”，也成为“接地气、聚人气、扬正气”的文化阵地。

下一步，庄市街道将继续挖掘、整合各村现有的文化资源，不断丰富村民文化生活、满足村民精神文化需求，在推进农村文化礼堂建设、巩固农村文化阵地、保留村民文化“根”的同时，将农村文化礼堂打造成村民的精神家园。[①]

当前，随着我国经济的迅猛发展，农村群众的生活质量和幸福指数节节攀升，但农村文化建设存在诸多问题，这在一定程度上制约了城镇化建

① 《庄市农村文化礼堂聚人气扬正气》，镇海文明网，2014年12月24日，http://wmb.zh.gov.cn/wmjj/wmjj_12356/201412/t20141224_348760.html。

设的发展。因此,2013 年以来,镇海区围绕“文化礼堂,精神家园”主题,丰富道德建设举措,挖掘乡土文化载体,配合推进农村“文化礼堂”建设,进一步提升农村精神文明建设水平,有效破除农村文化建设滞后导致制约城市化进程的难题。

镇海区打造的新型农村文化传播模式,有效解决了“农民身体进城了,精神没进城”的农村文化建设难问题,尤其是为全面推进农村文化建设、加快农村城镇化进程提供了可行性参考样板。镇海区以农村文化礼堂为载体进行农村文化建设,营造了全民积极参与农村文化建设的氛围,激发了农民活力,培养了文化能人,繁荣了地方经济,加速了城镇化进程。

随着农村文化礼堂的建成和投入使用,为农民参与文化活动提供了便捷的场所,也不断增加了开展文化活动的场次和丰富了文化活动形式的多样性,满足了农民的多样化需求,也促使农民集中参与活动,节约了资源,共享了成果。这种以文化礼堂为载体的农民集中活动让农民的生活方式由单一走向多元、从零散走向集中,极大地丰富了人们的精神境界,是一次缩小城乡差距、加快农村城镇化进程的变革。那么在农村打造“人文社区”,更会让农民的生活从相对落后走向现代文明,接受现代转型和改变,从而更有效地促进社区社会安定和城乡经济统筹发展,最终不断推动城镇化进程。实际上,传播农村文化的根本意义就在于通过文化建设提升农村居民的整体素质和文化素质,造就具有先进文化理念的新型现代化农民,进而加速农村城镇化的进程,促进农村向城镇的转型,这与当前我国很多市、乡、村几级基层政府积极引导和大力倡导的“农村变城市,农民变市民”这条新型城镇化道路的建设目标是一致的。

总之,由单纯改善农民的居住条件到塑造适应时代发展的新型农民,镇海区的做法为加快农村文化建设、推动新型城镇化进程提供了参考和指南。这种加快农村文明建设进程的做法值得大力推广。

案例三:镇海区“三个化”谋求文明创建实效上的新突破

2014 年以来,镇海区围绕为宁波市争创全国文明城市“四连冠”再做贡献这一目标,在创建全域化、常态化、民生化上寻求新突破,把文明创建真正做成老百姓看得见、摸得着、感受得到的民心工程。

一是健全全域化的创建机制,让老百姓看得见创建工作。在巩固、深化招宝山街道这一核心城区文明创建成果基础上,发挥中心城区辐射带动作用,加快完善蛟川、骆驼、庄市片区的市政道路、环卫、消防和绿化等公共基础设施建设,健全基层文明创建机制和队伍,丰富创建活动载体。

骆驼街道制定了《文明创建五年行动计划》,并提前2年申报冲刺市级文明街道;庄市街道、蛟川街道也全面吹响创建冲锋号,完善工作体系,建立联动机制,全面开展创建专项行动。在区文明办、区民政局牵头组织下,基础设施相对较好、创建经验相对丰富的招宝山街道10个社区分别和蛟川、骆驼、庄市街道的23个社区开展结对共创活动,推进全域化文明创建工作,让全区老百姓都看得到创建工作给城市带来的新变化。

二是健全常态化的督察机制,让老百姓摸得着创建工作。针对老百姓反映较大的重点、难点和细节问题,区文明委主任、区长魏祖民与各镇(街道)及各相关职能部门负责人分别签订《文明城市创建重点工作目标责任管理书》。同时,以领导专项督查、检查组联合督查、志愿者不定期巡查和第三方公司全面调查四类方式,对各街道和主要职能部门的创建工作进行督查、测评并通报成绩。招宝山街道专门出台《整治社区环境、提质社区文明专项行动实施方案》,重点“查细、找短、治差”,在现有基础上使工作细中抓细,精益求精。骆驼街道探索树状式网格管理制度,将片区划分为175个微网格,落实“一网多员”责任,明确各网格的职责范围,网格责任人实名上墙,接受网格内居民监督。庄市街道实施“网格干部包干制”,网格员每周至少用4个半天走访所属区块并记录,民生实事限时结办。这些落实到细小的创建举措,解决了老百姓经常看到的“老大难”问题。仅蛟川街道督导员队伍成立以来就通报了60余项督办事项,相关部门对50余项完成了整改。

三是健全民生化的志愿服务机制,让老百姓感受得到创建工作。“招宝文明大管家”“九龙湖黄背包”“绿丝带”环保等志愿者品牌队伍,已经活跃在镇海区的各个基层点。2014年新组建了以关爱未成年人为志愿服务内容的“林萍妈妈爱心联盟”,以交通文明劝导、清洁美化家园为内容的骆驼“红袖章”城市环境志愿服务队,以社会公益为内容的蛟川“红立方”志愿服务队,能够更好地为老百姓提供全方位专业化的志愿服务。如前所述,镇海区共拥有志愿者队伍450余支,注册志愿者人数超过3万。2014年底,区志愿者服务中心建成并投入使用。区文明办还为全区在册3万余名志愿者(慈善义工)购买活动人身意外保险,成为宁波首份“区域全体志愿者保险”。据不完全统计,2014年镇海全区注册志愿者参与学雷锋志愿服务活动人均6次以上,参与文明城市创建各项活动和工作的志愿服务达2.4万人次。志愿服务已经成为推进文明创建、提升民生服务水平的有效抓手。[①]

近年来,镇海区围绕宁波市创建全国文明城市这一目标,以“文明之城、爱心之城、礼仪之城、厚德之城”四位一体的创建活动为载体,努力提高新老镇海人的文明素质和社会文明程度。镇海区坚持把文明城市创建工作作为推进“六大战略”实施、[②]“六个示范区”建设的有效载体,加快把镇海区建设成为文化发展示范区作为促进全域城市化、推动各项工作再上新台阶的重要举措,在全区各级各部门高度重视和精心组织下,文明创建工作取得了一定成效。镇海区紧紧围绕市委确定的建设更高水平的文明之城目标,以深化“厚德镇海”建设为载体,全面动员,全民参与,全方位推进,深化社区“文明创建牵手行动”,完善《文明城市创建重点工作目标管理考核细则》,制定《镇海区文明单位管理考核办法》,广泛开展“文明镇海系列活动”,实行文明单位称号动态管理。下一步,镇海区会再接再厉,加大文明创建实践宣传力度,坚持大处着眼、小处着手,紧紧围绕培育社会主义核心价值观、提升市民文明素质、破解难点问题、创建长效机制等方面抓好创建工作,让城市更精彩、让生活更美好。文明城市反映的是一个城市的综合竞争力,更体现了一个城市的文化软实力,全区上下要统一思想,强化认识,正确理解深化文明城市创建的重要意义,不断巩固和扩大文明城市创建成果,优化城市发展环境,让群众得到更多实惠,推动文明城市创建工作向更深层次、更广范围、更高水平迈进,最终推动文化建设向更深层次、更广范围、更高水平迈进。[③]

文明创建是新型城镇化建设“五位一体”文化的重要组成部分之一。文明创建是提高镇海区文化软实力、全面建设和发展新型城镇化的重要途径,是新型城镇化建设和发展的前提和基础,是新型城镇化建设和发展的重要推动力量,是新型城镇化建设和发展的内在需要,是新型城镇化建设和发展的精神动力和思想保证,是新型城镇化建设和发展的智力支撑和重要保障。总之,镇海区在全域城市化进程中,所做的文明创建实践取

---

① 《镇海区“三个化”谋求文明创建实效上的新突破》,镇海文明网,2015年1月8日,http://nb.wenming.cn/wmcj/201501/t20150107_2388393.shtml。

② 镇海区政府:《镇海区文明城市创建阶段性工作总结会召开》,2015年1月4日,http://zh.cnnb.com.cn/zhnews406/todayonhistory/zhtodayonhistory/20150120150710.htm。

③ 《全区文明城市创建阶段性工作总结会召开》,镇海新闻网,2015年1月4日,http://www.zh.gov.cn/jjzh/jrzh/201501/t20150104_349550.shtml。

得的成效非常显著，值得其他地区借鉴。

案例四：镇海区举办“绿色广场舞 文明你我他”广场文化活动文明公约签名仪式暨广场舞培训活动

2014年11月8日，镇海区在人民大会堂广场举办了“绿色广场舞 文明你我他”广场文化活动文明公约签名仪式暨广场舞培训活动。活动由广场文化活动团队齐跳广场舞、举办单位宣读《镇海区广场文化活动文明公约倡议书》、广场文化活动代表上台签名、广场文化活动代表发言、镇海区文化广电新闻出版局局长致辞及举办广场舞业务培训6个环节构成。

近年来，为丰富群众文化生活，镇海区投入了大量的资金与人力，高效推进了文化广场建设工作。以广场舞为主要内容的群众自发性广场文化活动发展迅速，不仅促进了全民健身，而且活跃了群众文化。在2014年镇海区广场舞、排舞大赛中，多支广场舞团队集体亮相，展现了良好的精神风貌和风采。在“2014年全国全健排舞大赛”中，骆驼街道排舞队的《纽约到洛杉矶》和招宝山街道排舞队的《今晚去跳舞》分别荣获了文化部群星奖——“2014年全国全健排舞大赛”团体开放组和中老年组一等奖，全面展示了镇海区群众文化建设的丰硕成果和卓越的市民文化风采。

但同时，也因活动场地资源紧张、管理机制不健全等诸多原因，引发了诸如噪音扰民等社会问题。为消除隐患，促进社会和谐稳定，中共镇海区委宣传部、区文广新局经过慎重酝酿，广泛征求各方意见，凝聚成《镇海区广场文化活动文明公约》。他们希望用实际行动，通过自觉引领，规范广场文化活动，消弭社会矛盾。由此，打造健康的现代休闲娱乐生活方式及和谐美好的社会环境，推进文明城市创建，圆满完成构筑高效能公共文化服务体系示范项目的创建工作。①

广场舞是现代文化活动的典范，是舞蹈艺术中最庞大的系统，是一个地区文化发展到一定程度必然存在的公共文化活动。广场舞因成员多在广场聚集而得名，集自娱性与表演性于一体，以集体舞为主要表演形式，以娱乐身心为主要目的。当前，广场舞活动在我国非常流行，广场舞活动是当前城市居民最主要的文化娱乐活动之一。也许大家都认为广场舞在

---

① 《镇海区举办“绿色广场舞 文明你我他”广场文化活动文明公约签名仪式暨广场舞培训活动》，镇海区文化服务网，2014年11月9日，http://www.zh.gov.cn/zwgk/ztzxnew/ztxc/zhqcjzjsggwhfwtxsfq/zxdt_7918/201411/t20141112_276293.html。

城市很普及，但事实上，广场舞最大的阵地在农村。近几年，随着新农村建设的蓬勃开展，与农村社区建设相匹配的广场设施建设后来居上。农民新军的加入，让广场舞遍地开花，普及速度惊人。①

广场舞文化建设作为镇海区精神文明建设极其重要的组成部分，从本质上讲是一种精神文化，其发展极大地丰富了人们的精神娱乐生活。城市居民在进行广场舞的同时，不但可以达到锻炼身体的目的，同时也可以释放出自己的压力，使自己的心灵得到舒展。同时，社区的居民可以通过广场舞这一良好的平台，加强与同社区居民的交流与沟通，促进社区居民的情感增进，尤其是对于拥有大量外来务工人员的镇海区来说，广场舞文化活动使得外来务工人员更积极、更方便地参与到城市文化活动中，从而为文化建设贡献自己的一份力量。广场舞文化活动也为外来务工人员和当地居民更好交流和沟通提供了一个优良的平台，一定程度上还能够促进更多的外来务工人员流入镇海。总之，镇海区广场舞文化具有非常强的渗透力与凝聚力，能够有效地提高城市居民的归属感和认同感，极大地丰富了城市居民的精神生活。广场舞对于提升城市文化软实力具有十分重要的作用，不仅如此，还可以使来到镇海区的流动人口能够迅速融入目的地，提高社会融入度，加速市民化和城镇化的进程，最终实现永久性迁移，真正提高镇海区城市化质量水平，给镇海区带来巨大的社会经济效益。尤其是从现实层面看，随着人口红利的消失和老龄化社会的来临，通过文化建设增强城市对流动人口的吸引力，进而促进人口的流入对推动镇海区城市化和工业化进程具有十分重要的作用。

为了丰富人们的群众文化生活，镇海区投入了大量的资金用于广场文化活动建设，取得了显著的成效。近日，浙江省文化厅公布2014年浙江省“群星奖”入选作品，镇海区文化馆和骆驼街道创作的广场舞《国色天香》赫然在列。然而，广场舞也有一定的弊端，如打扰其他居民的生活，也会出现挤占一部分公共空间妨碍其他活动的开展，镇海区为消除隐患，促进社会和谐稳定，做了大量的工作，使得广场舞文化活动得以顺利的展开，而且群众的支持声音越来越大，反对声渐行渐远，因此为了能促进我国城市广场舞文化的进一步发展，进而为丰富城市人民的娱乐生活、锻炼市民的身体素质及提高我国国民精神文明建设的水平做贡献，最终为推

---

① 熊慕雪：《广场舞为什么这么火》，《人民日报（海外版）》2014年11月28日第13版：文论万象。

进城镇化建设做贡献，我国各地区必须借鉴在这方面做得比较成功的地区的经验做法。

(四)政府具体政策与措施

镇海区政府长期以来支持区域的文化发展建设，并出台了一系列政策、措施，因此全区文化教育与科技创新建设得到有效发展。

1.关于加强科技创新的政策

2012年6月，镇海区科技局会同区财政局颁布了《镇海区农业与社会发展科技项目认定管理办法》，主要是为了适应科技体制改革的形势，加强对农业与社会发展科技项目专项资金的管理，进一步提高资金的使用效益。本办法对项目申报、项目立项和项目管理做了详细说明。

2012年6月，镇海区科技局会同区财政局制定了《宁波市镇海区产学研合作项目认定管理办法》，旨在深入贯彻实施“六大战略”和建设“六个示范区”要求，引导镇海区企业与国内外高校院所开展科技合作与交流，鼓励企业开展技术攻关和引进新的科技成果，提升企业科技创新和市场竞争力水平。

2012年6月，镇海区科技局会同区财政局制定了《镇海区科技创新(孵化)载体认定管理办法》，旨在深入贯彻实施“六大战略”和建设“六个示范区”要求，鼓励和支持企事业单位与高校院所联合共建或独建科技创新(孵化)载体，提升镇海区企业原创性自主知识产权的进程，逐步形成以企业为主体，高等院校、科研院所为依托，自主创新与引进消化相结合的科技创新体系，加速镇海区企业的技术进步和可持续发展。

2012年6月，镇海区科技局会同区财政局制定了《镇海区科技服务业发展专项申报管理办法》，旨在深入贯彻实施“六大战略”和建设“六个示范区”要求，进一步健全科技服务体系，提高科技创新效率，促进镇海区科技服务业的发展。

2013年4月，镇海区政府按照高新技术企业认定管理办法和认定管理工作指引，并结合区实际，颁布了《镇海区关于加强对高新技术企业认定后管理的暂行办法》，旨在加强对镇海区高新技术企业的认定后管理，促进企业快速、健康和稳步的发展。

为贯彻落实《关于2010年促进全区经济发展的若干政策意见》(镇区委〔2010〕21号)文件精神，推进科技创新和人才开发，镇海区政府于2011年5月制定了《关于推进科技创新和人才开发若干政策意见的实施细则》,主要是为了实施科技企业培育计划,壮大创新优势企业队伍;实施关键技术攻关计划,增强优势产业核心竞争力;实施创业投资引导计划,加快培育壮大新兴产业;落实人才发展规划纲要,引进培养创新型人才;完善科技和人才工作机制,形成齐抓共管的工作局面。

为贯彻落实《关于2011年促进全区经济发展的若干政策意见》(镇区委〔2011〕8号)文件精神,强化科技支撑能力,加快转变经济发展方式,镇海区政府于2011年8月制定了《关于"强化科技支撑,推动经济转型升级"若干政策意见的实施细则》。其主要是为了培育创新载体,大力发展科技服务业;强化项目带动,大力培育高新技术企业群体;加强自主知识产权建设,大力实施专利品牌标准化战略;增强创新活力,大力提高企业自主创新能力;着力成果转化,大力推进产学研合作;实施"两化融合",大力发展信息产业;推进民生科技,大力提高公众科学文化素质;完善科技工作机制,形成齐抓共管的工作局面。

为强化科技支撑,推动经济转型升级,根据《关于促进全区经济发展的若干意见》(镇区委〔2012〕15号)文件精神,镇海区政府于2012年3月制定《关于加快推进科技创新的实施细则》。其主要是为了增强创新活力,大力提高企业自主创新能力;培育科技型企业,壮大高新技术企业群体;着力成果转化,大力推进产学研合作;实施品牌、专利、标准化和质量管理战略;培育创新平台,大力发展科技服务业;推进民生科技,大力提高公众科学文化素质;加强科技进步考核,形成齐抓共管工作新局面。

为大力实施创新驱动发展战略,推进创新型城区建设,强化科技支撑,提升自主创新能力,促进科技与经济的紧密结合,根据《关于促进全区经济发展的若干意见》(镇区委〔2012〕15号)文件精神,镇海区政府于2013年9月制定《关于加快推进科技创新的实施细则》。其主要是为了实施科技发展工程,提升科技支撑能力;实施科技计划项目,增强企业创新活力;实施品牌、专利、标准化和质量管理战略,提高企业竞争力;鼓励产学研合作,促进科技成果的转化;加强科技创新服务平台建设,促进产业加速发展;推进民生科技,提高公众科学文化素质;加强科技进步考核,形成齐抓共管工作新局面。

2. 文化创意产业发展的政策

根据《关于印发镇海区加快文化创意产业发展三年行动计划的通知》,镇海区将以产业链培育和创意人才集聚为核心,发展信息服务、动漫游戏、影视传媒、设计服务、软件产业和数字内容等产业,强化创新驱动,优化发展环境，推进文化创意产业与相关产业融合发展，实现文化创意产业集群化、品牌化、规模化发展，提升镇海区文化创意产业整体质量水平与核心竞争力，打造文化创意产业特色强区。

为进一步推进文化创意产业发展，根据区委、区政府《关于促进全区经济发展的若干意见》(镇区委〔2012〕15 号)文件精神，镇海区政府于 2012 年 3 月制定《关于加快文化创意产业发展的实施细则》，加强文化创意产业扶持奖励力度。主要内容有：加强财政税收政策扶持，积极引进文化创意产业，鼓励文化创意企业做优做强，重点鼓励发展信息服务业、原创动漫产品、原创影视、出版作品、软件产业，强化文化创意产业服务保障。

3.关于优秀文化和文艺精品的政策

为认真贯彻《镇海区文化提升发展五年行动计划》，充分发挥区政府文化成果奖专项奖励资金的导向和激励作用，规范并完善新闻、理论和文艺精品奖励政策，进一步推动全区优秀新闻、理论、文艺作品的创作，推动文化强区建设，区政府制定《镇海区优秀文化成果奖励办法》。本办法对指导思想、奖励原则、奖励对象、奖励范围、奖项设置和组织领导做了详细说明。

《镇海区优秀文化成果奖励办法实施细则》根据《镇海区优秀文化成果奖励办法》总体要求，对优秀文化成果的奖励在认定标准和认定程序上做了详细说明。

为推动全区优秀理论、新闻、文艺作品的创作，促进全区文化事业大发展、大繁荣，区政府特制定《镇海区文艺精品创作项目化管理实施办法》(2013 年 6 月 17 日)。其主要是为了发展社会主义先进文化，进一步繁荣区文艺创作，推出更多优秀作品、优秀人才，不断满足人民群众日益增长的精神文化需求，推动文化强区建设。

为加快文化强市建设，促进文化广电新闻出版产业又好又快发展，规范和提高政府资金的使用效益，镇海区政府执行市政府制定的《宁波市文化广电新闻出版产业扶持引导资金管理办法(试行)》(2013 年 11 月 7 日)。办法规定自 2013 年起，市里每年从市文化产业发展专项资金中安排部分资金用于扶持和引导文化广电新闻出版产业的发展，主要为了扶持重点文化演艺业的发展，扶持重点影视传媒业的发展，扶持重点新闻出版业的发展。本办法还对扶持条件及标准、申报材料和程序、管理和监督做了详细说明。

五、行政组织:讲服务,促效率,众参与

(一)现状分析

目前,镇海区行政管理体制存在的问题,制约了镇海区城市化的快速推进。因此,必须按照社会经济发展的要求,改革镇海区内部行政管理体制,强化镇海区行政管理体制改革的力度,构建符合镇海区经济发展和城市化进程要求的新型城市行政管理体制。

所谓行政体制和行政管理体制,主要是指政府系统内部中行政权力的划分、政府机构的设置及运行等各种关系和制度的总和。行政体制是政治体制的重要组成部分,政治体制决定行政体制。而行政管理体制是行政体制的重要表现形式,行政管理体制是引导、规范和制约行政权力运行的制度体系。

1.我国行政管理体制改革的特征

我国行政管理体制改革的历史背景、内在动因与当代西方的行政改革有较大不同,使其呈现出极鲜明的个性,主要特点是:

(1)变革的深刻性

我国行政管理体制改革是在发展社会主义市场经济的过程中所进行的革命性变革。在计划管理体制下,以一元化利益格局假设为基础,由政府包揽一切,直接控制生产、交换、流通和分配全过程。经过20多年以市场经济为价值取向的改革,把市场作为配置资源的基本方式、绝大多数产品价格由市场供求关系决定、第一次分配由市场主体自主进行等,对政府职能的简化、政府组织结构的调整、政府行为方式的改革乃至政府工作人员观念的冲击都是史无前例的。

(2)改革与发展相互依存

除了有相互促进的作用外,两者之间相互制约的作用也十分明显。如市场体系的不完备迫使政府不得不承担起培育市场的责任,从而制约政府职能的进一步转变;再如,国有企业改制尚未到位,迫使政府不得不扮演出资人和社会管理者的双重角色等。现存的许多与政府角色相关的问题都与发展不充分有关,有的问题既是发展要解决的问题,又是改革要解决的问题。

(3)规制需求与减少规制的需求同时并存

在改革过程中,市场竞争不充分与无序竞争并存,从而导致要求政府加强规制的呼声与减少政府规制的声音几乎不相上下。一方面,条条块块的封锁依然存在,行业垄断尚未完全打破,市场主体尚未完全实现国民待遇,这些因素导致竞争不充分,需要政府减少规制(有的是不平等的规制);另一方面,不规范竞争、过度竞争也大量存在,需要政府加强规制,完善竞争规则,维护竞争秩序。这一相互矛盾的行政需求,也决定了我国在过渡期内行政供给的特殊性。

(4)内外部制约因素相互交织

在我国,政府内部一些基本关系尚未理顺,如中央政府与地方政府的权限划分,政府与部门之间、同级政府中不同部门之间的职权分配等都需要进一步划清。而要理顺这些内部关系,就需要准确界定外部关系,如党政关系、立法权与行政权、行政权与司法权及政府与市场的关系等。这种受制于内外部因素交织影响的状况也是我国行政管理体制改革所独有的。

(5)传统社会文化与现代行政理念交互影响

我国社会曾长期处于自然经济状态,在此基础上形成的传统社会文化,即公众对政府有较强的依赖心理,这一方面在一定程度上推动了政府理想化人格(当官要为民做主)的形成,对弱化政府职能产生阻力;另一方面,受西方行政改革的影响,各种现代行政理念纷至沓来,对减少政府干预形成压力。上述两种相互冲突的理念都会深刻影响政府职能定位,这也是当代西方行政改革不会遇到的问题。

2. 镇海区行政管理体制改革

(1)镇海区“五清”模式打好综合行政执法改革攻坚战[①]

2015 年,镇海区编委办提出“底数清、范围清、标准清、节点清、分工清”的“五清”,充分发挥带头作用,全面推进跨部门、跨领域的综合行政执法工作。

①“地毯式”排摸,做到底线清。摸清“权力”“人员”两个底数,根据省里确定的 21 个综合执法领域,对照浙江政务服务网公布的“权力清单”,

① 镇海区编委办:《镇海区“五清”模式打好综合行政执法改革攻坚战》,舟山市普陀区机构编制委员会办公室,2015 年 6 月 29 日,http://www.zjjgbz.gov.cn/sxgdt/22965.jhtml。

梳理出环保局等12家单位共计866项行政处罚权与32项行政强制权，摸清权力底数，确保不遗漏；下发岗位调查表，提前排摸各执法队伍的执法种类、机构设置、人员编制和领导职数等情况，摸清人员底数，确保真实客观。

②“百分百”面商，做到范围清。采用“二上二下”的方法，确保拟划转的每一项权力都经双方面商。“一上”，各部门按照省里确定的“基层发生频率高、与群众关系密切、交叉执法问题突出、专业技术适宜”四项原则，提出拟划转的执法权力并阐明理由。“一下”在综合行政执法局成立前，由城管局就能否承接进行研究。“二上”，由编委办牵头主持各单位与城管局面对面交流，并提出最佳方案，努力做到划转有理有效有利。

③“精细化”指导，做到标准清。在职责上，坚持“实事求是”原则，防止把本部门难办或不想办的事项推给综合行政执法部门。在数量上，坚持“成熟一项划转一项”原则，逐步推进，防止出现“小马拉大车”现象。在编制上，坚持“编随人走、人随事走”原则，摸清“事”即权力事项及近3年案件数量，“人”即相关执法人员数量，做好人员编制划转工作。

④“倒排式”部署，做到节点清。倒排综合行政执法改革时间表和线路图，分“调研部署阶段、方案拟订征求意见阶段、方案确定阶段”三个阶段，明确各阶段的工作内容、时限和标准。召开全区综合行政执法改革工作部署会，详细解读工作任务，发放相关报表，确保传达落实不留死角。

⑤“全方位”联动，做到分工清。加强领导，统筹好上下左右多方面关系，建立由区领导为总召集人的综合行政执法改革部门联席会议制度，明确各成员单位责任分工，明确专人负责，布好工作联络网。区编委办、区法制办根据职责分工，分别做好审核工作，其中法制办主要负责对综合行政执法实施方案进行合法性审查，确保改革于法有据。

(2)镇海区地方财政收入

镇海区财政收入是衡量镇海区政府财力的重要指标，镇海区政府在社会经济活动中提供公共物品和服务的范围和数量，在很大程度上取决于财政收入的充裕程度。2004—2014年，镇海区地方财政收入量和增长速度如图3-28所示。

截至2015年，镇海区财政局相关数据显示，2015年上半年全区共实现一般公共预算收入26.66亿元，同比增长8.5%。在2015年经济形势较为严峻的情况下，区财政部门一方面通过“大优服务深调研”了解重点税源的经营发展现状和走势；另一方面，通过重点加强对大工程单位权有偿使用金、海域使用金的征管,从而实现了1—5月财政总收入的稳步增长。

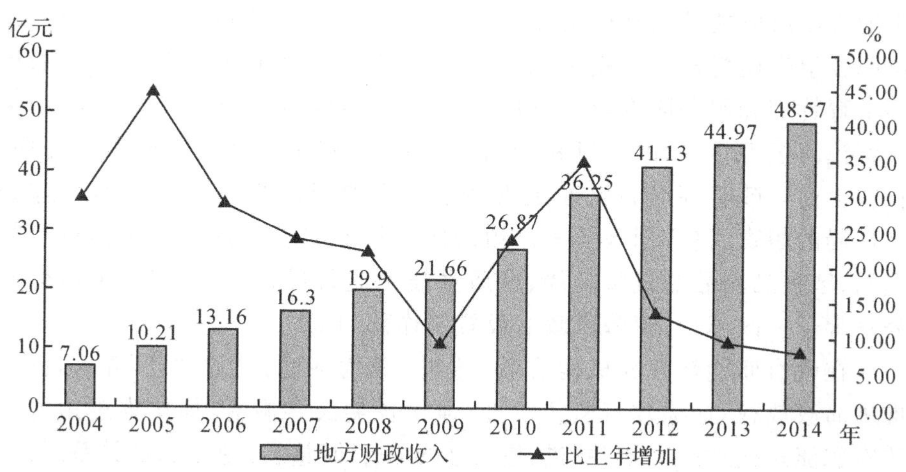

图 3-28 镇海区 2004—2014 年地方财政收入情况

资料来源:2008年至2014年《镇海区国民经济和社会发展统计公报》。

财政收入的提升也进一步说明了镇海区经济的良好发展态势及政府在促进全域城市化方面的努力。近几年,财政收入及支出的数据表明政府正通过向基础设施、社会事业及民生保障方面的大力投资,贯彻并实现镇海区经济与社会的协调发展。

(二)行政组织建设实践

1. 镇海区行政体制改革实践

行政体制改革是政治体制改革的重要组成部分,是上层建筑适应经济基础客观规律的必然要求,贯穿我国改革开放和社会主义现代化建设的全过程。镇海区的行政体制改革一是加强政府效能建设,提高公共管理水平与公共服务效率;二是转变管理模式,增强管理的民主性,提高行政管理的公开透明度,管理方式由单向变为互动;三是重视"软"实力环境建设,如打造数字网络城市、发展各项社会事业、制定新的人才政策等;四是重视研究制定外来人口融入政策、城乡一体化政策等,加深社会融合程度。总之,行政体制改革的目的就在于科学合理地设计、建立和完善相应的制度,以保障和实现行政管理的合理化、科学化。

(1)镇海区转变政府职能和机构改革

按照党的十八大,十八届三中、四中全会精神,以及中央和省市区关于地方政府职能转变和机构改革工作要求,镇海区将区卫生局除用人单位职业卫生监督检查等相关职责以外的职责、区人口和计划生育局的计划生育管理和服务职责,整合划入组建的镇海区卫生和计划生育局,不再保留镇海区卫生局、区人口和计划生育局;组建镇海区市场监督管理局,将区工商行政管理局的职责、区质量技术监督局的职责、区食品药品监督管理局的职责,整合划入其中。镇海区市场监督管理局挂区工商行政管理局、区食品药品监督管理局、区质量技术监督局、区食品安全委员会办公室牌子。改革后,镇海区政府设置工作部门20个。

在政府职能转变和机构改革工作中,镇海区坚持"放""管"并重,深入推进简政放权,加强政府监督管理,强化各类公共服务,加快推进镇海区政府职能转变;"减""增"并进,进一步推进职能整合、理顺职责关系、规范机构设置工作,深化政府机构改革;"点""面"结合,加快事业单位分类改革,深化镇海区镇(街道)体制改革,推进行政执法体制改革和相关领域改革,为广大人民群众提供更加优质高效的服务。

(2)镇海区深化行政体制审批制度改革念好"三字诀"

镇海区着力打造"一站式、一体化、一条龙、一门式"审批服务平台,全力解决审批"烦、难、杂",提升服务"质、效、能",营造更加优质的镇海区行政审批环境。第一,"减"字当头,简化审批事项。全面清理行政许可事项和非行政许可事项,经调整归并,累计减少18项行政许可事项,取消10项非行政许可事项,简化比例达6%。第二,"优"字为要,提升审批效能,优化审批流程,取消不合理审批前置事项,简化申报材料。据统计,2013年1—5月,镇海区应进审批事项进驻率从80%提高到100%;共取消和缩小审核范围审批事项6个,合并审批环节8个,取消中介事项7项;直接签批率从75%提高到91.3%;实际办件时限比——法定办理时限速率从78%提高到86.5%。第三,"治"字为本,规范审批全程。镇海区引入OSM管理方法,出台《关于区行政服务中心窗口工作人员选派和调整管理办法》《六个行业联合审批办法》《镇海区关于建立中介超市规范中介服务工作方案》等制度,从人、事、物三方面建立长效机制,规范审批服务全程。

2.镇海区"全域城市化"的农村社区发展实践

宁波市镇海区于2007年被民政部列入全国农村社区建设实验区,开展了农村社区化管理试点工作，以蛟川街道棉丰村为试点村，并向基础比较好的21个村逐步推进，初步建立了一套农村社区化管理的运行机制。2009年后，镇海区认真贯彻民政部关于开展“农村社区建设实验全覆盖”创建活动的通知精神，高起点谋划、高标准保障、高要求推进，全域统筹农村社区建设，全区60个行政村全面建成社区服务中心，基本实现了领导协调机制全覆盖、社区建设规划全覆盖、社区综合服务设施全覆盖、社区各项服务全覆盖和社区各项管理全覆盖的目标。通过上述措施，以“服务民生、优化管理、促进和谐”为宗旨的农村社区建设的认识和理念得到强化，齐抓共管的农村社区建设工作格局已经形成，进一步提高了农村综合服务水平、群众生活质量和社会和谐文明程度，有效推动了镇海区全域城市化建设。

(1)推进全域城市化

①将农村社区建设纳入全域城市化战略的重要组成部分。

“率先实现全域城市化”是镇海区“十二五”时期的重要战略和发展目标。全域城市化要实现三大目标，即传统农业转型升级为现代农业、传统农村转型升级为现代社区、传统农民转型升级为现代市民。围绕这三大目标，镇海区农村社区建设不仅仅定位于新农村建设的组成部分，更重要的是将农村社区建设纳入全域城市化发展战略的重要组成部分，立足于实现全域城市化，坚持科学规划、科学发展、改革创新、循序渐进、积极稳妥的基本原则，推进城乡社区布局一体化、服务设施一体化、资金保障一体化、公共服务一体化、社区治理机制一体化“五个一体化”，推进城乡社区一体化发展。

②科学规划农村社区布局和推进时序。

按照“统筹城乡发展，聚居人口适度，服务半径合理，资源配置有效，功能相对齐全”的原则，2007年，镇海区编制完成《2007—2020年区域社区规划》和《村(社区)服务中心建设规划》，全区各村按照规划分阶段推进，基本采取了以行政村为单位的“一村一社区”的管理模式，组织开展社区建设。在此基础上，2009年，镇海区又调整完善了农村社区的布局规划。2011年6月，区委、区政府根据区全域城市化发展研究，进一步明确了在村民集居区建设都市型社区、在村民集居点建设田园型社区的农村社区发展思路。到2020年，镇海区将建成50个都市型社区、20个田园型社区(即“5020”城乡社区建设规划)，采取“一村一社区”和“多村一社区”的发展模式，统筹农村基础设施、公共服务设施建设和公共事业发展。

(2)建立四大保障机制

①建立区、镇(街道)两级联动、多部门协调机制,确保农村社区建设有组织保障。

镇海区委、区政府一直以来高度重视农村社区建设,从2007年开始农村社区化管理试点以来,多次召开会议进行专题研究和部署。2009年,在区各部门专题调研的基础上,区委、区政府出台了以农村社区建设为重点的《关于进一步推进城乡社区建设的意见》,提出了进一步高起点谋划农村社区建设的工作要求。同时,区委、区政府成立了由27个部门和6个镇(街道)负责人组成的城乡社区建设领导小组,重点围绕实现农村社区建设全覆盖的目标,制定和明确了各成员单位的工作职责和任务。区、镇(街道)两级将农村社区建设列入党委、政府年度工作计划,统一部署,精心安排,明确农村社区建设工作方向、目标、任务和措施,形成了"党委领导、政府负责、民政牵头、部门配合、村民主体、社会参与"的农村社区建设工作体制。

②建立财政直补、项目资助、三级分担的经费机制,确保农村社区建设有资金保障。

为充分保障农村社区基础建设的有效运转,镇海区委、区政府出台了一系列保障政策。加大对农村社区建设的补助力度,将各类补助经费有机整合为农村社区服务管理补助经费,2009年按照村辖区人口数每人70元标准进行补助,2015年提高到73.5元,并建立了每年5%自然递增机制。对集体经济重点扶持村或区再增加30%补助经费。加大对城乡社区基础设施投入力度,区财政每年安排500万元专项经费支持各镇(街道)开展城乡社区办公服务用房和服务设施建设。加大社区服务项目资助力度,区民政局每年拿出50万—100万元福彩公益金,资助城乡社区社会组织实施公益类社区服务项目。城乡社区建设领导小组各成员单位根据工作职能延伸,积极筹措资金,专项用于社区卫生、文化、体育、教育和治安等公共服务建设。各镇(街道)对区级安排的各项城乡社区建设保障、补助经费按5∶5比例足额配套落实,各村根据自身经济条件,也拿出一部分资金用于农村社区建设,使农村社区建设形成了"财政直补、项目资助、三级分担"的有效投入保障机制。

③建立部门职责落实的、镇(街道)负责的工作考核机制,确保农村社区建设有保障。

在对城市社区考核的基础上,区委、区政府决定,从2010年起,将农村社区建设工作列入对镇(街道)的年度专项考核之中,并按百分制办法,出台了具体的目标管理考核办法,将加强组织领导、强化队伍建设、保障经费投入、做好社区规划、推进社区服务、优化社区管理和抓好社区创建七大块内容分别赋予不同分值,年底由区城乡社区建设领导小组进行量化考核。此外,进一步修订了对区各职能部门的考核内容,重点增加了职能部门对农村社区建设的工作内容。同时,各镇(街道)参照区委、区政府的考核办法,出台了相应的社区建设工作考核措施,形成了一级抓一级、层层抓落实的有效考核机制。

④建立城乡互动共建机制,确保城乡社区建设一体化推进。

镇海区委、区政府在推进农村社区建设过程中,十分重视引入城市社区管理模式和服务理念,按照"资源共享、功能互补、以城带乡、城乡互动、双向受益、共同提高"的思路,积极探索并建立了城市社区、农村社区共建帮扶机制。全区 62 个行政村分别与全区 20 多个城市社区、50 多个机关事业单位、600 多家企业结成共建对子。比如,澥浦镇沿山村与城市社区建设成效突出的招宝山街道总浦桥社区共建"开心农场"、互派社工挂职、同办文化活动,成为城乡社区互动的典型案例。2015 年 5 月,区委组织部、区民政局制定并出台了《关于开展城乡社工挂职交流学习活动的意见》,组织了 40 名城乡社工带项目跨镇(街道)挂职半年,形成以城带乡、优势互补、共同提高的城乡统筹发展社区建设新格局。

(3)加强农村社区三大建设

①加强基础设施建设,健全农村社区服务体系。

镇海区委、区政府要求各镇(街道)、村按照"场所设施标准化、管理制度公开化、为民服务正常化"的要求,建设设施相对完备、服务功能相对集中、群众办事便捷、面向包括外来人口在内的全体辖区居民的社区综合服务中心。以村社区服务中心为平台,统一实施公共服务全程化代理和"一站式"办理模式,基本实现了社会保障、社会福利、社会治安、医疗卫生、计划生育、文教体育和居家养老等为主要内容的公共服务全覆盖,并与区 81890 市民服务热线实现有效对接,使农村社区居民足不出村,即能享受到和城市居民同样的生活便利服务。同时,鼓励支持社会组织、企业和个人兴办社区服务经营实体,广泛开展群众性志愿服务互助活动。目前,在镇海区农村,以政府主导的公共性基本服务、市场主导的经营性服务和社区成员志愿互助性服务的体系初步形成。

②规范工作运行机制,健全农村社区治理体系。

为加强农村社区日常运行的有效组织和科学管理，镇海区相继出台了《镇海区农村社区工作者管理办法》《农村社区服务中心工作首问责任制》《全程代理制》等相关的配套文件，建立健全了社区专职工作者选拔、录用、培训、评估和考核等工作制度。进一步深化完善村务公开和民主管理规范化建设，建立并完善村务财务公开、民主听证会、共建联席会议、社情收集分析、村民代表会议、社工述职等农村社区自治制度。重视加强农村社区社会组织的培育和发展，区委、区政府制定下发了《关于加快发展城乡社区社会组织，推进社会管理创新的实施意见》，明确了城乡社区社会组织培育发展3年目标任务。2015年上半年，区民政局专门举办了镇海区社区自治暨社区社会组织培育推进交流会，明确农村社区重点抓好便民服务类、融合性、专业合作社等类别的社会组织进行培育发展。目前，全区农村初步建立了以村党组织为领导核心，村委会为自治主体，社会组织、企事业单位、村民个体共同参与管理公共事务的农村社区治理体系。

③加强农村社工队伍建设，提高农村社区工作水平。

镇海区重点围绕提高社区工作者的职业化、专业化水平，着力抓好社区工作者队伍建设。按照农村常住人口500—800人配备1名农村社工的标准，通过镇(街道)下派与整合现有村干部资源、向社会公开招聘等方式，配备410名农村专兼职社工。着力抓好社工培训，建立健全了区、镇(街道)、村三级培训网络，加强社工队伍能力素质培养。建立了社工工作考核激励机制，落实社工职责和考核办法，实行定岗定责定人，按分片包干、条块结合的原则，通过网格化管理模式，实现了对辖区内社会管理全覆盖的目标。落实激励机制，积极把优秀农村社区工作者培养发展成为党员，推荐符合条件的优秀社区工作者担任党代会代表、人代会代表等，加大从优秀社工中考录公务员、事业人员和选任街道(镇)机关、事业单位领导干部的力度。出台《关于进一步加强社区工作者队伍建设的若干意见》，在提高社工工资待遇基础上，明确了提高社工队伍的服务能力、知识水平和专业水平的要求。

(4)镇海“三加三加一”的圈层化村社组织体系

作为全国农村社区建设实验区，2007年，镇海区开始用城市社区的先进理念指导22个村开展社区化管理工作，并把农村社区建设定位为社区化服务和管理。为适应农村社区化管理改革的需要，镇海区把构建具有社区化特色、适应城郊型农村管理的组织网络作为重点和切入点，提出了“三加三加一”对策。所谓“三加三”就是在原来的村党组织(党委、党总支部、党支部)、村民委员会和经济合作社的基础上,相对应地新建3个组织,在村党组织统一领导下开展工作。一是以外来人口党员为主,建立党支部;二是以外来人口自我管理、自我服务、自我教育和自我监督为主旨,建立管理委员会;三是由村辖区企事业单位联合发起,通过资源共享、和谐互助,成立和谐共建理事会。最后一个“加一”,就是镇海区和街道将政府管理职能延伸,重心下移,在村级建立社区工作站。由此建立了以党组织为核心、各类融合性组织为补充的圈层化组织体系。

①传统的“三驾马车”。

在镇海区,村党组织、村民委员会、村经济合作社被称为传统的“三驾马车”,在各项事务的管理和服务中起着非常重要的作用,其中党组织处于核心地位,起领导作用。其治理结构是“三块牌子”“一套人马”。“三块牌子”是党组织(党委、党总支、党支部)、经济合作社、村委会。“一套人马”是指各种组织由一套人马交叉任职。

②新兴组织。

面对镇海区飞速发展的城市化和工业化进程,特别是随着大规模的土地流转和人口流动,农村不再是传统意义上封闭的自然村落,而是开放流动的“半城半乡”,农民的职业身份和需求也越来越多元化。多年来,镇海区农村所形成的党支部、村委会及村经济合作社这些村级组织的“三驾马车”,有其存在的必要性和合理性,但是,面对镇海区农村社区半城半乡、居民机构多元化的复杂情况,传统村级体制的功能已不适应,构建一个与之相适应的农村社区化管理体制和运行机制是关键所在。

其一,社区工作站。在推行农村社区化管理的过程中,镇海区在农村设立社区工作站,将城市公共社会服务资源向农村延伸和转移,由社区工作站来完成政府职责范围内的公共事务,包括党建服务、生产服务、公共事业服务、综合治理服务、社会保障服务、计生卫生服务和文化体育服务。社区工作站在村党组织领导和村委会运作下具体实施社区化管理,站长一般由党支部书记和村委会主任兼任。以镇海区农村社区化管理试点村——骆驼街道余三村为例,2007年,余三村按照《骆驼街道余三村社区化管理体制工作方案》,设立“社区工作站”,通过网格化管理模式,着力实现对辖区内全覆盖的管理目标。社区工作者主要由区镇(街道)下派干部、整合后的现有村干部、公开招聘大学生三部分构成。社区按500—800∶1的比例,配备工作站专职社工,社工对包片区实行“一口清”的工作方式,即对片区住户基本情况、片区依靠对象、重点帮扶对象“一口清”;同时,对党的路线方针政策、具体的工作内容也要做到“一口清”。农村社区服务管理经费由区、镇(街道)财政补助,按照公安及流动人员服务管理机构提供的村辖区人口(常住人口、暂住人口),以每人 70 元标准进行补助,最低不少于 15 万元/村,对 18 个集体经济重点扶持村再增加 30%补助经费。

其二,和谐共建理事会。和谐共建理事会是镇海区一种典型的融合性社会组织,其目的在于通过整合各种资源促进本地人与外地人口的融合。镇海区“共建和谐理事会”的章程规定:和谐共建理事会是以村党总支为核心,以村区域内有关单位为主体,按照共驻、共建、共享的原则,发动各方面的力量参与和谐管理的有关载体。其基本工作内容为“五联”,即思想教育联抓、环境卫生联创、社会治安联防、服务设施联建、文体活动联动。如蛟川街道棉丰村针对外来务工人员多、驻村企事业单位多的特点,由村辖区 29 家企事业联合发动成立了棉丰村社区和谐共建理事会,理事会由村级班子主要领导、驻地部、省属大工程单位、有一定威信的村民代表及外来务工人员代表等组成,对社区化管理中的重大事项进行协商、监督,充分挖掘、有效盘活共建单位的人、财、物资源,从而形成共驻共建、共建共享的格局。

3. 镇海区城市街道社区管理

(1)镇海区开展深化镇街道行政体制改革专题调研

围绕创新社会治理、加强基层基础设施建设,镇海区编委办联合组织部、政法委、民政局、人社局等单位深入调研,形成“创新社会治理服务体系 深化镇(街道)行政体制机制改革”的调研报告。

调研针对镇(街道)科学高效履职中面临的层级不明、职责不清、定位不准、人手不足及人浮于事现象并存等问题,下发“乡镇(街道)概况汇总表”“机构调查表”“编制职数及人员结构情况调查表”,排摸各镇(街道)职责增减、人员编制、年龄结构、“条块关系”等情况,并针对镇(街道)行政体制改革提出三点建议:

①明确职能定位。

按照中央关于大抓基层的导向,明确镇(街道)统筹协调辖区共治的“指挥所”的作用,镇海区镇(街道)对辖区内各部门的行政行为拥有指挥、协调、反映和监督等权力,负责统筹协调、指挥调度区域内各条块的管理和服务力量。

②优化组织结构。

镇海区在机构整合上做“减法”，在服务内容上做“加法”，按照精简高效统一的原则，根据镇海区镇（街道）基本职能定位，结合实际共组需要，逐步优化镇海区镇（街道）内设机构，进一步激发基层活力，降低行政成本，提升行政效率。

③规范事权下放。

镇海区部门工作进街道要遵循“三定”规定，对镇（街道）与部门之间职责分工有异议的建立职责分工协商协调制度加以规范。

(2)镇海区城市社区管理[①]

①镇海区庄市街道创新社区管理模式。

2012年以来，庄市街道始终把打造专业化社工队伍、招录培养新进社工、搭建桥梁为民服务作为推进社区管理创新的抓手，这一做法既收到实效，又受群众欢迎。

其一，打造专业化社工队伍。

庄市街道目前有庄市、庄一、兴庄路、陈倪路、高教5个社区，44名社工，其中大专以上学历35名，平均年龄34岁左右。

近年来，庄市街道为强化社工队伍建设，从专业化和职业化着手，分批、分层次地举办各类专题的培训和讲座，逐步培养了一支会领导、有实力、懂技巧的社区中坚队伍。

其二，招录培养新进社工。

2015年2月起，来自杭州师范大学和浙江树人大学的8名学生到庄市街道的4个社区，进行为期3个月的实习。通过学生平时撰写的“社工实践成长记录册”、社区的鉴定及街道面试，最后留下4名学生充实到社工队伍中。

②镇海区在全市首推“一站式”社区健康管理促进服务[②]。

为进一步提高辖区居民健康水平、加强社区慢病管理，镇海区庄市街道社区卫生服务中心建成全市首家以健康管理为主题的“一站式”社区健康管理促进中心，中心配置肺功能检测、动脉硬化检测、超声骨密度检测、

---

① 《镇海庄市街道创新社区管理模式》，中国宁波网，2012年11月19日，http://news.cnnb.com.cn/system/2012/11/19/007532985_01.shtml。

② 《镇海试点首推专职全科家庭医生》、中国宁波网，2013年6月28日，http://news.cnnb.com.cn/system/2013/06/28/007766425.shtml。

智能血糖检测、全自动血压计等仪器和电教化健康教育设备，配备全科医师、中医师、健康管理及应用心理学、营养学等专业医务人员。

一是“预约式”慢病干预。依托社区“家庭医生”“健康小屋”的服务，让慢病患者通过预约的方式，到健康管理促进中心接受“一对一”的门诊干预，提高慢病管理、慢病控制成效。二是“一站式”健康体检。由健康管理促进中心集中承担医保、新农合参合人员，企业及从业人员健康体检工作，优化体检流程，提高体检效率；同时将体检结果动态纳入居民健康档案，筛查慢病患者，由所在辖区“家庭医生”开展慢病管理。三是“菜单式”健康教育。针对慢病管理、健康体检完善居民健康档案，再针对居民个体情况进行不同干预，开展“面对面”个性化宣教，使人群未病先防、有病早治、已病防变、病后调养，最终实现居民健康管理全面化、系统化、个性化和信息化。

（三）典型案例

案例一：镇海区网上的社会管理创新

网络问政不是一场作秀，而是政府与民众之间沟通的窗口。在网络时代，众多便利的沟通、交流渠道，是官民之间体现鱼水之情的场所，而不是激化其矛盾的温床。如今网络社会管理创新方兴未艾，镇海区将带着这面旗帜重新起航。

1. 不下班的网上政府

早在2008年，镇海区就开始实践网络社会管理。当时相关人员利用新闻网阵地推出了“民声快递”为民办事板块和“雄镇论坛”网民议政板块，将镇海区新闻网论坛从原先的娱乐休闲论坛变身为区内最大的网络民意集聚地。2009年，镇海区在浙江省内率先建立网络发言人制度，首批37个政府部门网络发言人登录镇海新闻网，在线听取网民意见，受理网民的咨询投诉与求助，形成了网络问政的雏形。镇海区纪委发文规定，凡网民在镇海新闻网论坛中反映的问题，网络发言人单位必须在3小时内受理，3个工作日内做出在线答复。

2010年，镇海区建立网络问政平台，并从制度建设、队伍建设和硬件投入等多方面着手，着力构建一套比较完整的网络问政体系，形成了“不下班的网上政府”。2012年，镇海区网络社会管理创新工作办公室成立，实施了网络问政重点向网络问效转移。与此同时，镇海区继续推进微博问效工作，建立了由“两个主微博、一个主微群、十家微成员”组成的镇海微博问效群体，并把微成员工作纳入机关效能考核中。

镇海区网络问政、网络问效平台的建立，是一次有效的网络社会管理创新实践，引起了相关领导的注意。时任浙江省委书记的赵洪祝称：“镇海网络问效的做法很好，提高了政府效率，提高了网民对政府的信任度。”

2. 网络问政更利于监督

镇海区网络社会管理创新办公室常务副主任、镇海新闻网总编干剑松表示，镇海区 5 年的实践表明，建设网络问政、网络问效体系，无论是在保障人民的知情权、参与权、表达权和监督权方面，在促进各项工作决策的科学化和民主化方面，在促进服务型政府建设、提升机关工作效能方面，还是在化解矛盾、凝聚民心、汇聚民力、疏导民怨和推进和谐社会建设方面，都具有积极而现实的意义。

数据表明，2010 年建立网络问政平台以来，已累计受理网民咨询、求助、投诉 6 200 多件，办结率高达 98%以上，大批民生问题，包括效能作风问题通过这一平台得以解决。2011 年上半年，镇海区信访量同比下降 36%，而网络问政平台的网帖同比增加了 200%，这表明网络问政问效已经成了网络时代基层群众表达民意、反映诉求的新“出口”，也成了地方党委政府听取民声、化解矛盾的重要场所。

最重要的是，网络问政将所有的事情都放在一个公开的、透明的网络上来解决。事情的进展和解决情况，公民都一目了然，公众监督、舆论监督及机关效能监督找到了最佳结合点，形成了解决问题、化解矛盾的合力。而听取网民意见、接受网民监督，也成为越来越多政府职能部门的行政自觉。未来如何在新形势下，通过网络监督创新社会管理、促进公权在阳光下运行将是政府行政的一个重要内容。

3. 社会管理创新的网络时代

网络不仅是信息载体、交往工具，也是意见空间、社会治理平台。从当年红透大江南北的 BBS 论坛到博客的风靡，从微博的崛起到北京发布、上海发布等政府部门官方微博的出现，在信息化时代，不仅购物、订餐、缴费等可以足不出户通过网络实现，而且现在连社会管理创新也可以通过网络来完成。而近些年来，不断出现的群体事件，无不是以网络为引燃点，这不得不引起相关部门的注意。

干剑松认为，党的十八大报告要求“问政于民、问需于民、问计于民”，网络是一个很好的载体与纽带，在新的历史时期，加强网络社会管理创新是摆在各级党委政府面前的一项重要的课题。镇海区作为宁波市网络社会管理创新试点地区之一，未来在网络问效中将更加重视行政决策的社会效果、机关单位的行政效能、干部队伍的工作效率，并加快推进微博问效工作，大力应用新科技，占领第五媒体等新载体，把“不下班的网上政府”建设成为“随时随地都在身边的政府”。

截至2012年6月底，我国网民数量达到5.38亿人。5亿多的网民，可以在虚拟空间充分体现出个体权利和参与社会治理的力量。提高对虚拟网络社会的管理水平，发挥出网民的智慧，有利于社会管理创新走向开放、和谐。相反，把网络视为洪水猛兽，不仅不加以疏导，反而进行围堵，强行删帖、锁帖、禁言，甚至于超越法律红线伤害个人权益的行为，将会带来更加不和谐的后果。

正如《宁波晚报》的评论那样：“镇海区实行网络问政的实践，令人欣喜地看到，政府如果善于通过网络来听取民意、吸取民智、改善民生，就会赢得网民的理解、信任、支持，就会加强政务公开、改进实际工作、促进社会和谐。”

案例二：镇海区农村社区建设的全覆盖实验[①]

目前，镇海区农村已全面建成社区服务中心，基本实现了“五个全覆盖”，即领导协调机制全覆盖、社区建设规划全覆盖、社区综合服务设施全覆盖、社区各项服务全覆盖和社区各项管理全覆盖。

1.“一村一社区”：镇海区“全域城市化”的路径选择

实现农民职业非农化和生活城市化，让公共财政向农村倾斜，基本公共服务向农村延伸，城市文明向农村辐射——农村社区建设，正成为镇海区“全域城市化”战略实施的重要一极。

城乡社区建设互动协调推进。“农村社区是由一定的地域人群，按照相近的生产和生活方式，实行共同的社会管理与服务所构成的农村基层社会生活共同体。”这是浙江省委、省政府《关于推进农村社区建设的意见》中对农村社区的定义。显然，农村社区更强调地域和生产、生活方式的相近，这与城市社区有很大不同。目前，镇海区农村劳动力中，从事纯第一产业的已不足15%，农民年人均收入有93%来自非农产业，这些都使农民生活方式“就地”城市化成了可能。

---

① 中共镇海区委、镇海区人民政府：《高起点谋划 高标准保障 高要求推进镇海农村社区建设的全覆盖实验》，《宁波日报》2010年12月8日。

不一味把农民迁入城市，而是通过建设农村社区，实现农民职业非农化和生活城市化。镇海区在“全域城市化”实施过程中选择了城乡社区建设两条线互动协调推进的方略。

在推进模式的设置上，镇海区原则上采取了以行政村为单位的“一村一社区”形式。这一现实的路径选择结构明确，资源明晰，便于快速推进。同时，与该区 2008 年确定的“2016”村庄布局规划（20 个中心村、16 个新型居住区）相衔接，可依照建设进度，科学合理地完善布局，最终让 456 个自然村的 10 万农民被这 36 个农村新社区所包容。

如今，在镇海区骆驼街道，全市规模最大的农民居住区“碧水莲晴”已基本成型。作为镇海区新城的重要组团，物业、教育文化和商业设施等一应俱全，可以和区内任何一个城市社区媲美。

2. 农村社区服务中心成为关键载体

农村社区建设的实质就是城市的公共服务向农村延伸。按照“基本公共服务均等化”的要求，在具体开展农村社区建设过程中，镇海区按照“场所设施标准化、管理制度公开化、为民服务正常化”的要求，建设设施相对完备、服务功能相对集中、群众办事便捷、面向包括外来人口在内的全体辖区居民的社区化综合服务中心。

至今，全区农村社区服务中心建设全面完成，共投入资金 5 000 多万元，新建和改建社区服务中心 6.94 万平方米，平均建筑面积 1 400 平方米，最大的俞范村村民服务中心面积有 2 657 平方米，最小的如沿江等村也在 800 平方米以上。

镇海区以村社区服务中心为平台，统一实施了公共服务全程化代理和“一站式”办理模式，基本实现了社会保障、社会福利、社会治安、医疗卫生、计划生育、文教体育和居家养老等为主要内容的公共服务全覆盖，并与区“81890”市民服务热线实现有效对接，使农村社区居民足不出村，即能享受到和城市居民同样的生活便利服务。

此外，各社区服务中心还挖掘并整合了原村民服务中心的资源，按照社区化管理的要求，着手按标准设立“三站六室二厅二栏二中心”，包括党员服务站、社区工作站、志愿服务站，村务办公室、党员活动室、综治警务室、城管工作室、卫生计生服务室、新村民党建工作室，便民服务厅、综合议事厅，党务村务公开栏、科普宣传栏，文体活动中心、老年服务中心（老年活动室）。

如今，各村社区服务中心的“便民服务手册”已发到农村社区居民的手里。手册里不但有服务大厅和工作人员的各项标准和制度，当地服务项目及其责任人的联系方式也一应俱全。村民办什么事、找什么人、走什么流程一目了然。

与此同时，镇海区还鼓励支持社会组织、企业和个人兴办社区服务经营实体，生产和生活方面的服务性企业和个体单位逐步涌现。大力宣传志愿服务精神，普及志愿服务知识，广泛开展群众性志愿服务互助活动。目前，以政府主导的公共性基本服务、市场主导的经营性服务和社区成员志愿互助性服务的体系已在镇海区农村初步形成。

3. 棉丰村：实验的先行样本

外来务工者人数是本地村民数的近10倍！地处镇海区西郊的棉丰村，毗邻多家大工程单位，大量外来务工者在这片区域内工作、生活，特殊的居民结构给当地的基层管理带来了新的难题。

2007年3月，镇海区委、区政府借鉴城市社区管理理念，决定在棉丰村实行一种新的村级组织管理模式——农村社区化管理。从那时起，镇海区迈出了农村社区建设的第一步。从那时起，农村社区建设在镇海全区推开，棉丰村又一次成为先行者。

棉丰村将村委会的职责由原来的封闭式管理本村村民，转向开放式服务全体村民，首次把外来务工人员纳入服务范围。村委会成员包括村主任都当起了专兼职的“社工”，村民的日常事务由社工负责。全村按地域和人口划分为12个片区，每个片区由一名社工联系。

为方便村民，棉丰村在村民服务中心设立了“三站六室两厅两栏两中心”，形成了一个覆盖全村的农村社区综合服务中心，并实行了和城市社区一样的开放式办公、一站式服务。

棉丰村在社区建设的另一项重要探索就是成立了新棉丰人党支部和新棉丰人管委会，由外来人口中的优秀人员担任骨干，有效地处理涉及外来务工人员的各类矛盾纠纷，促进了新老棉丰人的融合；而共建理事会的成立，则整合了辖区内的单位资源，有效解决了外来人口在生活、就业等方面的困难和问题。

老李夫妇都60岁出头，2007年7月来到棉丰村，由于年纪大找不到工作而陷入困境。新棉丰人党支部获悉情况，很快帮助他们在村里找到了保洁和绿化养护的工作，老两口的生活又有了希望。

新棉丰人党支部的一系列活动还带来了其他的效应：一些原来外来务工人员纷纷亮出党员身份，加入这个集体，参与组织活动；越来越多的优秀青年也积极向党组织靠拢。

棉丰村的农村社区建设，是镇海区的一个先行样本。经探索和实践表明，推进农村社区建设，可以有效提升农村基层党组织服务党员、服务群众、服务发展的能力，可以有效提高农村的各项建设能力与和谐文明程度。

案例三：镇海区社区微信公众平台以“三化”管理促服务提升①

2014年8月，镇海区首家社区微信公众平台——蛟川街道“东信路社区”以“订制式服务，畅享微生活”为着眼点，合理整合社区信息资源，以“三化”管理促进社区服务，在短时间内得到200多名用户的关注，并通过平台解决居民问题近百件。

1.微信平台内容精细化

在平台中开辟党建、计生、户籍、保障救助、教育、志愿者和综治调解等九大板块，并将户籍、计生、保障救助等社区服务的申报条件、流程及所需资料细化整理，方便居民了解查询。同时，将居民提交的问题细化分类，按板块和职能分工交由各板块工作人员进行答复。

2.微信平台管理责任化

明确微信平台的管理分工与职责，对日常维护、内容更新和居民问题等做了详细地划分和定位，落实人员分工，制订后台回复流程，并采取“一专多能”的管理机制，由一名社工主要负责，其他社工充当“客服”，保证第一时间在线回应居民的政策咨询、问题投诉和困难求助等诉求。

3.微信平台服务人性化

针对微信平台上的居民提问，社区通过微信、电话和上门三种渠道进行回复，及时与居民沟通，给出解决办法，并在微信中设置“你提我改”“给我留言”等互动模块，及时收集居民在社区微信中留下的各类意见与建议，通过人性化的服务交流不断完善社区整体工作。

（四）政府具体政策与措施

近年来，镇海区政府大力加强行政组织建设，出台了一系列政策与措施，并取得了初步成效，主要表现在：

---

① 《镇海区社区微信公众平台以“三化”管理促服务提升》，宁波文明网，2014年8月15日，http://nb.wenming.cn/wmcj/wmsq/201408/t20140815_2123676.shtml。

1. 关于镇海区政府行政组织建设的政策

《宁波市镇海区人民政府办公室关于开展镇(街道)权力清单和责任清单编制工作的实施意见》(2015 年 10 月 30 日):为进一步深化简政放权,有效促进镇(街道)行政权力公开、透明、高效运行,完善权力清单和责任清单制度建设,根据市政府办公厅《关于推进权力清单责任清单向乡镇(街道)延伸覆盖工作的指导意见》精神,特制定镇(街道)权力清单和责任清单,该意见按照公开透明、有利监督的原则,规定工作指导思想、主要工作任务、实施步骤和工作要求,形成可执行、可考核、可问责的权责清单制度体系。

《宁波市镇海区人民政府办公室关于组织全区政府信息公开工作业务培训的通知》(2014 年 6 月 13 日):为贯彻落实市、区政府信息公开工作会议精神,按照年度工作计划,镇海区政府信息公开领导小组将组织全区政府信息公开工作业务培训,以提高镇海区政府工作的透明度,防止权力腐败;提升镇海区政府公信力,促进政府与公众合作;推动镇海区经济发展;推动镇海以人为本的和谐社会建设。

《关于加强镇海区电子政务工作的实施意见》(2012 年 12 月 28):为推动镇海区电子政务发展,加快电子政务业务应用和信息资源开发利用,促进业务协同和资源共享,按照国、省、市电子政务发展总体要求,特制定本实施意见,旨在确定电子政务指导思想、总体目标、主要工作任务、建设项目的实施及管理和电子政务建设的保障措施。按照"积极防御,综合防范"的工作方针,逐步完善全区电子政务网络与信息安全保障体系。

2. 关于农村社区建设的政策

《宁波市镇海区人民政府办公室关于印发镇海区农业设施用房整治工作实施方案的通知》(2015 年 12 月 15 日):为切实改善农田生态环境,强化耕地资源保护,促进生态农业可持续发展,全面提升美丽乡村建设水平,根据《关于进一步支持设施农业发展的通知》(浙土资发〔2015〕9 号)的文件精神,结合镇海区主要道路沿线环境综合整治提升和农村环境卫生集中整治工作要求,制定本实施方案。旨在围绕区委、区政府实施"六大战略"、建设"六个示范区"的决策部署,根据"提升城乡品质,建设美丽镇海"行动计划要求,结合"五水共治""三改一拆""两路两侧"等生态环境整治行动,按照"全面整理、综合整治、严控新建、长效规范"的要求,坚持问题导向、部门联动、集中整治、注重实效,集中拆除一批有碍环境、有碍安全、挪作他用的农业设施用房，改造、置换一批符合产业发展导向、为生产配套的农业设施用房，全面消除农田脏乱差现象，打造“水清岸绿、田间整治、无垃圾杂物、无私搭乱建、生态良好”的美丽田园。

《宁波市镇海区人民政府办公室关于加快乡村旅游发展推动美丽乡村建设的实施意见》(2015 年 7 月 8 日)：为贯彻落实《浙江省人民政府关于加快培育旅游业成为万亿产业的实施意见》《宁波市人民政府关于加快休闲旅游目的地建设的意见》《宁波市人民政府关于加快推进乡村旅游发展的若干意见》，进一步推动镇海区乡村旅游发展和美丽乡村建设，促进农村经济转型升级和农民就业增收，制定本意见。旨在围绕区委、区政府建设“生态文明示范区”战略，以建设“美丽乡村、休闲镇海”为目标，按照“发展、提升、规范”的要求，以农业特色产业和乡村自然资源为依托，因地制宜，加快构建休闲农业与乡村旅游产业体系，使乡村旅游成为镇海区农村经济新的增长点和美丽乡村建设的有效载体。

3. 关于城市社区建设的政策

《关于印发镇海区住宅小区配套幼儿园规划建设及管理使用办法的通知》(2015 年 10 月 27 日)：为进一步规范镇海区住宅小区配套幼儿园规划、建设、管理和使用，保障居民适龄子女就近接受良好的学前教育，根据中华人民共和国《城市居住区规划设计规范》、《城市房地产开发经营管理条例》、《国务院关于当前发展学前教育的若干意见》(国发〔2010〕41 号)、《宁波市学前教育促进条例》等精神，结合镇海区实际，特制定本办法。

《宁波市镇海区人民政府办公室关于印发镇海区三类小区物业经营专项奖励办法的通知》(2014 年 6 月 27 日)：为贯彻落实《关于进一步加强住宅小区物业管理工作的若干意见》(镇政办〔2012〕36 号)文件精神，调动物业服务企业参与镇海区拆迁安置小区，保障性住房小区及老住宅小区等物业管理的积极性，特制定本办法，并决定把管理三类小区的物业服务企业当年度缴纳的物业经营收入营业税由地方留成部分，经考核后次年对这些物业服务企业予以分档奖励。

第四章 镇海模式

一、全域城市化发展模式的内涵

作为新常态下中国新型城市化发展的先行试点城市，镇海区通过10—15年的时间，逐步形成城乡统筹、城市化高速发展的良好局面，这个发展不仅仅体现在经济、社会、文化等指标的变化上，更体现在指标背后镇海区政府依托市场力量，采用政策手段将国家的发展战略落实到镇海区经济社会发展的实践创新过程上，因此作为中国经济最为发达的区域之一，镇海区城市化发展所积累的宝贵经验将为其他新型城镇化发展，乃至全国城市化水平的有序提升，提供有益的参考。

镇海区全域城市化发展作为中国新型城镇化发展的模式之一，其核心内涵就在于揭示了新型城镇化发展的基本特征、发展动力、发展阶段及核心举措，也就是回答了“什么是新型城镇化”“谁来发展”“如何发展”等核心问题。即镇海模式是通过发挥“市场主体、政府主导、社会主动”的“631”发展机制，通过“五位一体”的城市化发展布局，形成了以“水平高、差距小”为特征的新型城镇化发展模式。

简而言之，镇海区全域城市化内涵就是城乡统筹下的“五位一体”模式。

二、镇海区全域城市化模式的特征

镇海区在全域城市化进程发展的过程中，就是通过“五位一体”的发展手段，提高整体的城乡发展水平，缩小城乡之间的发展差距，逐步消除城乡的二元结构，因此“水平高、差距小”是镇海区全域城镇化发展的突出特征。

“水平高”主要体现在镇海区经济社会发展的总体情况。立足“镇海指数”的评价分析，从 2005 年以来，镇海区经济社会发展水平在宁波地区都属于绝对领先的位置，而宁波也处于国内经济社会发展的前沿，因此镇海区城镇化发展的水平在全国也处于领先地位。

“差距小”主要体现在城乡之间经济社会发展的水平差距小。立足“镇海指数”的评价分析，从 2005 年、2010 年及 2013 年来看，各个层面的城乡差距都在显著缩小。以最为突出的收入为例，1996—2013 年，镇海区的生产总值总体呈不断上升趋势，年均增长速度为 15.66%，增长速度在全市范围内名列前茅；城镇居民人均可支配收入处于一直上升的态势，从 1996 年的 9 056 元增长至 2013 年的 41 729 元，农村居民人均纯收入也从 1996 年的 4 490 元增长至 2013 年的 22 605 元，城乡居民收入显著提高，差距从 1 倍缩小到 0.8 倍。

从镇海模式中可以看出落后的发展水平不是新型城市化，城乡差距大也不是新型城镇化的目标，只有在高水平的情况下缩小城乡差距才是新型城镇化的发展模式。

三、镇海区全域城市化模式的发展机制

镇海区全域城市化发展尽管出台了相关的发展规划，但是在镇海区近 20 年的发展历程中，我们发现并没有围绕新型城镇化发展得非常强势的政策干预机制，而更多的是围绕经济社会发展的不同阶段，充分发挥市场对资源的配置作用，通过政策调节手段，引导城乡有序发展。当出现市场对资源配置失灵或出现市场难以推动的公共福利领域时，政府则主动承担职责，切实推动城市化发展进程，也就是“6 分靠市场，3 分靠政策，1

分政府兜底"的"631 发展机制"。

镇海区是工业大区，第二产业比重占生产总值的绝大部分，其中民营经济占主导地位，产业集群的形成、演进和发展都是在市场竞争机制下自发完成的。支撑城市化发展的巨大动力正是通过市场经济对民营企业的引导作用而产生的。应该说，没有发达的市场经济就不能形成镇海区具有竞争力的产业基础，也就不会形成城市化发展必备的资金、人口、土地等要素的集聚发展。

在经济发展过程中，由于镇海区土地、环境等资源的限制，完全依靠市场机制往往容易形成低层次重复建设，造成资源效率低下，影响区域的可持续发展。与此同时，完全依靠市场机制还容易形成资源的集聚，造成地区经济发展不平衡，特别是城乡之间差距必将进一步拉大，因此政府就需要通过有效的规划与政策，保证经济社会的有序发展。政策在其中起到了对市场配置资源的方向性把握，通过财政、税收等政策手段，通过杠杆作用进一步发挥市场的积极作用。比较典型的就是对于镇海区农村人口有序集中的"1915"工程。

在城乡统筹发展过程中，必然存在市场机制难以作用的公共价值领域。市场发挥作用主要是通过价格竞争手段及微观主体的经济逐利本质，引导要素配置。但是对于具有较强的公共产品属性及缺乏利润空间的社会福利领域和公共福利领域就需要政府主动发挥作用，通过财政投入保障民生工程。例如，农村的排污管线改造、防护林种植及公共厕所改造等都需要政府进行兜底，切实保障城市化进程无死角、全域覆盖。

镇海区城市化推进的"631 机制"，体现出了政府在资源配置中的衔接作用，肯定了市场配置资源的主体地位，发现了市场推进城市化进程中存在的弊端，也特别强调了政府在城市化进程中必须承担的责任和义务。完全的市场化、完全的行政化都不是城市化推进的有效机制，而"631"恰恰鲜明地揭示了政府和市场在城市化进程中应扮演的角色。

四、镇海区全域城市化模式的发展路径

镇海区的全域城市化发展过程，不仅仅回答了什么是全域城市化，如何实现全域城市化，还揭示了工业发达地区城市化发展的三个必经阶段，即城市化发展的一般发展规律。

第一阶段：市场主体、产业支柱。

推进一个区域的城市化进程，首先要通过确立该地区的产业基础，发展经济形成地区增长极，来实现对土地、劳动力、资金等要素的集聚，确立城市化发展的基础。没有产业支撑与人口集聚作为前提，城市化发展就会走向极端，形成“空城”“鬼城”。

第二阶段：政府主导、多元协同。

在具有一定产业基础和经济水平下，政府就要有意识地在社保、教育、住建、交通和环保等领域进行有效规划和协调，通过政策杠杆一方面引导产业升级与可持续发展；另一方面缩小城乡差距，调动社会力量，推动城市化发展，特别是通过大型基础设施和重大项目带动整个区域经济发展。

第三阶段：社会主动、城乡一体。

镇海区的全域城市化还在不断推进和完善，最终要实现的目标是形成市场主导、政府协调的区域城市化自组织系统。居民和企业成为主导城市化发展方向的核心力量，通过有效的民主机制及PPP（公私合营）等金融手段，改变依靠政府主导的财政支出模式；通过健全城乡的社保、卫生等软硬件设施，缩小在公共服务水平层面上的城乡差距；通过侧重性地发展生态农业与城市经济，形成城乡不同经济社会发展形态，两者之间有序共生，满足区域不同人群的发展需求，实现城乡一体化发展。

五、镇海模式的突破口：新常态下的“城市经济突围”

当前，我国经济发展进入新常态。在新常态下，经济发展将面临四大发展问题的选择：增长速度稳定、结构调整发力、增长动力重塑和风险挑战防范。其中，经济增长动力重塑与结构纠偏是主要的问题和矛盾所在。解决好这两个问题，经济风险就可以得到有效化解，经济增长自然会进入新的平台。

（一）过渡期的增长速度与动力结构

摆脱贫困、实现温饱到走向基本小康，我国经济发展的主要任务是要努力挣脱储蓄水平低、资本积累不足的陷阱。这也是我们在目前阶段发展上的最大瓶颈，是发展成功与否的关键。因为目前这个阶段，只要能够实现高储蓄、高积累，经济就能取得高速增长。

在国内资本运营能力不足、开放度不够的条件下，经济发展可以向内挖潜，借助于“农户、储户、散户、购房户、外来户（外资）”这“五户”进行内部积累。这是中国过去实现超高速增长的投融资基础。

现在中国人口红利基本消失，人口老龄化，高储蓄不能维持，因此增长速度自然就要降低。“十三五”期间增长速度可能是7%～8%，10年后是6%，20年后是5%，增长水平逐步降低。在中国现代化进程中，随着储蓄率的先上升后下降，经济增长速度也会出现先超高速和高速，然后进入高中速的现象。由于储蓄率客观上具有内在的下降要求，因此它不支持我国长期的投资驱动型增长模式。

中国是典型的二元经济结构国家。一半的人口仍然在农村的现实，以及绝大多数城镇居民低收入的格局，决定了大部分人的消费能力有限，还不能完全指望以消费型内需拉动生产。同样，以出口导向为主的外向型发展模式，也是不可持续的。从需求方面看，我们还没有看到可以有哪些国家能够长期接受中国这么巨大的出口生产能力；从供给方面看，现在我国的要素成本尤其是劳动力、资金成本上升太快，生产率提升速度明显跟不上，因此这必然会导致企业生产成本居高不下，企业的国际竞争力降低。

尽管如此，投资驱动的发展模式，在现阶段还有一定的空间。一是中国依然需要建设大量的高铁、地铁、机场等基础设施。二是中国必须加大环境治理和投资力度，纠正日益严重的环境污染。三是产能严重过剩一般都发生在制造领域，对于广大的公共服务设施领域，投资不是太多而是太少了。四是随着创新经济的建设，越来越多的投资将进入具有强大外部性的研究开发领域。为此应该通过资本市场的资源配置功能，把那些不肯、不敢进入实体经济而始终流动于金融体系之内的大量资本，优先集中地引进实体投资领域，支持发展创新驱动型经济。

经济发展进入新常态后，必须重塑经济增长的驱动力量。如果缺少新的增长引擎，就会使发展陷入中等收入陷阱。中等收入陷阱主要是缘于创新不足，即结构调整、技术创新和体制改革等经济增长的长期因素和机制的培育和供给不足。创新不足会使生产率上升速度低于要素成本的上升速度，使产业国际竞争能力下降。创新驱动发展格局不是一朝一夕就能够形成的，这就决定了中国经济的增长速度还会逐步降低。

(二)走向新常态的经济结构纠偏

目前,中国经济运行中的一系列问题,最主要的在于结构失衡。结构失衡不是指产业结构、空间结构和所有制结构失衡,而主要指:一是增量与存量之间的失衡,过去光是靠增量调结构,现在存量如果不调整,结构调整就无法进行。二是最紧迫需要解决的,实体经济与虚拟经济之间的严重失衡。表现为:一方面,实体经济不实,即产能过剩、技术含量低和附加值不高;另一方面,虚拟经济太虚,即利率高、汇率高、房价高和债务高。结构失衡问题的本质,是我国经济发展中缺少竞争性出清机制。一是我国工业化以来没有发生过大规模破产倒闭、金融危机,长期累积下来的结构问题没有通过被动型的、强制的出清机制来均衡;二是缺少主动性出清机制,即我国工业化以来没有出现过大规模收购兼并浪潮;三是经济增长中光有货币市场的增量投入,没有资本市场的存量调整功能;四是从20世纪90年代中期开始,中国由商品短缺走到了资产短缺,由于投资渠道的狭窄、投资工具的缺乏,社会资本被引导到了房地产这单一的资产领域,吹大了经济泡沫。

解决结构失衡问题有两种截然相反的思路,它与是否大力发展还是坚决抑制以金融为核心的现代服务业之间有直接的关系:一是主张通过对金融活动的严厉管制,以及抑制市场主体的金融活动来适应实体经济的要求,如对利率进行严厉管制来应对实体经济融资成本上升势头,严格禁止金融和非金融机构的创新行为以防止风险,等等。这其实是"削足适履"。二是主张通过创新增加高质量的金融资产供给,平抑因资产的长期结构性短缺而导致的虚拟经济过火的势头。这就是可行的"阴阳平衡"战略。

虚拟经济"过火",根本原因是我国金融服务业不够发达,金融市场不够健全,金融工具和金融产品稀少,投资者投资渠道单一。未来随着我国居民收入水平的上升和理财需要激增,以及房地产市场泡沫的逐步破裂,中国将长期处于资产结构性短缺状态。这对中国经济发展的影响是十分巨大而长远的。一是直接导致资产价格泡沫化。二是产能过剩行业不能重组为优秀企业旗下的优质资产,劣质资产不能淘汰,优质企业不能通过购并途径壮大,这意味着长期累积的产业结构矛盾无法通过市场机制进行调整;三是直接导致我国缺乏稳定的长期资金,企业资产负债率过高。从美国家庭资产中含有70%的金融证券类资产、中国家庭资产结构中持有70%的房地产的事实中，可以清晰地看出我国企业负债率相对较高的根源。四是它是我国货币始终面临超发压力的主要来源。因此，努力增加高质量的金融资产供给，是缓解资产短缺的主要途径，它不会给经济金融运行带来风险，只会化解现在严重的潜在风险。真正给经济带来风险的，是放任资产短缺引发严重泡沫经济的行为，是假借金融创新把低质量的金融资产经过包装装进金融市场的虚假创新行为。

因此，中国大力发展以债券市场为主的资本市场的直接效应为：一是可以立即出现财富效应，扩大消费型内需；二是可以使创新性投资有可靠的来源，从而激励创新性行为；三是困扰中国经济的产能过剩问题，可以通过活跃的资本市场，在企业的收购兼并中很快得到根本性解决；四是企业资产负债率过高的风险，可以通过得到不需要归还的长期资本而得到缓解；五是如果主要企业都通过资本市场融资，那么就可以真正地放开政府对利率的管制，实现利率市场化；六是货币发行M2指标立刻会得到降低；七是房地产泡沫被缓慢刺破，经济更加健康；八是可以通过资产证券化缓解商业银行风险；九是资本市场开放可以帮助人民币国际化的目标实现。

(三)新常态下的经济转型升级

保持中高速增长和迈向中高端水平“双目标”，是经济发展进入新常态后，中国政府对经济提质增效升级的总体要求。保持中高速增长，既是为了与全面建成小康社会目标相衔接，也是为了与经济总量扩大和结构升级的要求相适应；迈向中高端水平，关键是要努力攀升产业价值链，提高要素生产率。具体途径很多，如增加研发投入，提高技术进步速度，加强质量、标准和品牌建设，促进服务业和战略性新兴产业比重提高、水平提升，优化经济发展空间格局，加快培育新的增长点和增长极，等等。达到上述“双目标”的最佳状态，是能够实现在发展中升级、在升级中发展的。

习近平总书记强调，从发展上看，主导国家发展命运的决定性因素是社会生产力发展和劳动生产率提高。因此，“提高生产率”才是政府推进经济转型升级的政策标准和依据。这是因为：第一，我们实施转型升级工程，无论发展什么产业，根本上是要提升企业竞争力，实现生态文明。企业采取提高员工素质、研发新技术、更新设备、加强管理、构建渠道和培育品牌等策略，在很大程度上都是通过提高生产率的方式，增强企业的盈利和效益。第二,提升生产率是实现“稳增长”的重要保障。企业生产率慢于劳动力工资、资金价格上涨的速度,是企业经营效益下降、投资意愿减弱的主要原因,在宏观上就表现为经济增速下降、财政增收困难等。归根结底,企业生产率的不断提高,才是经济增长经久不衰的可持续源泉。第三,只有生产率提升,才能使城乡居民收入提高进入良性轨道。“惠民生”最重要的表现就是城乡居民收入稳步提升,工资作为居民收入的主要来源,其增长的可持续性在于劳动生产率的提高速度能否与之保持同步和适应,否则“收入倍增”等规划就是无源之水、空中楼阁。

因此,面对当前生产要素成本的迅速上升,转型升级的真正含义和由此决定的最佳策略,就是要让传统产业提升生产率,通过生产率上升克服成本上升因素,并通过更低的成本和价格刺激市场扩大。另外,如果我们以“提高生产率”作为推进转型升级的政策标准,来看过去我们在转型升级中的“腾笼换鸟”问题,显然这个时候的“腾笼换鸟”,就不是简单化地搬迁企业,或者把企业赶走挤跑,而是指要为企业生产率的上升腾出空间,原有产业和企业要通过凤凰涅槃,重新生出生产率更高的,经过新技术、新模式、新管理改造过的新产业体系。因此,强调“腾笼换鸟”,不如强调通过技术改造,实现产业就地升级。

第五章 镇海模式的问题与展望

一、经济发展

(一)农业发展

1. 农业发展存在的问题[①]

(1)"三农"工作的认识还需转变

"三农"问题始终是农村经济发展的根本问题,虽然近几年在镇海区推动全域城市化发展的战略指导下,农业发展得到一定程度的改善,但扶持力度不够,一些瓶颈性的问题没能得到有效的解决,这些仍然制约着当地农业的发展。整体来看,农民增收的渠道比较单一,农业生产技术有待提高,促进农业增收、农民致富还需进一步地转变思路。

(2)生态环境建设长效机制还需完善

近年来,镇海区实施了一些生态林带工程、水利工程与污水处理工程的建设工作,生态环境总体尚好,但生态环境与水环境的压力依然很大,特别是污染源得不到控制,公共污水管网的利用与处理能力有待加强。

(3)农业发展瓶颈和集体经济发展还需突破

一方面,当前出台了一些关于土地流转的政策,但落实难度还很大,难以形成规模化生产;另一方面,园区基地、家庭农场和农家乐的配套用地等土地指标无法完全保障,制约了大户的发展信心。此外,全区上下对

① 参考镇海区农业局政府工作报告。

村级集体经济的发展与改革还缺乏统一认识，农村集体资产的管理与发展、处置与改革还处在进一步探索之中。

2.未来工作展望

为了解决当前农业发展所面临的突出问题，在贯彻“全域城市化”发展的战略指导下，镇海区按照“生态都市型休闲农业”的建设方向，应主要从以下几个方面着手：

(1)推进农业产业的转型升级

推进农业产业的转型升级：一是加快建设“一带三区五基地”总体布局，根据当地实际发展情况，制订三至五年的行动计划，并抓好启动和实施工作；二是加大土地流转力度，特别是粮食功能区等重点区块土地流转，并完善落实相关政策的管理机制；三是鼓励农业龙头企业多多参与展销会，推进品牌建设，提升镇海区农产品知名度；四是提升农业生产质量和效率，加大科学技术投入力度，建设“智慧农业”，实施农业节水项目500亩喷微灌建设等。

(2)开展水环境全面整治工作

开展水环境全面整治工作：一是继续推进“双清”行动，加大区域内河面保洁与两岸的整治力度；二是推进骨干水利工程建设，兴修水利，加大对清水河道的整治力度和河道清淤的治理力度；三是按照全市排涝系统建设新要求，实施九龙湖水毁修复工程与九龙湖低洼地防洪排涝应急工程，切实提高镇海区排涝泄洪水平。

(3)推进生态农业建设，打造“森林镇海”

推进生态农业建设，打造“森林镇海”：一是坚持生态农业方向，在做好“创森”省里验收工作的基础上，募集好“森林基金”，并进一步规范基金的使用和管理工作；二是推进生态林带提升工程，完成绕城林带骆驼段的绿化工作和“三改一拆”重点区块蛟川石塘下区域的河道清理与生态林带建设工作；三是继续“后创森”工作，指导做好九龙湖镇“省级森林城镇”创建工作。

(4)大力实施农村经济发展与改革工作

大力实施农村经济发展与改革工作：一是稳步推进村级集体经济发展与改革，加快薄弱村的发展和加快成熟村的改革；二是加强对村级财务“三年一轮审”审计结果的应用，抓住薄弱环节与存在问题，进一步完善和规范村级财务公开工作；三是做好镇海区“省级农村集体三资管理规范化区”创建工作，做好镇(街道)市级“三资”管理规范化乡镇创建工作。

(二)工业发展(工业园区建设)[①]

1. 工业发展存在的问题

工业一直是镇海区经济发展的支柱产业之一，特别是工业园区的建设，近年来，在政策的驱动和重点产业基地建设的推进下，取得了突飞猛进的发展。但从整体来看，与其他一些地区相比，还存在一定的差距，比如园区的区位商较低、关联度较差、创新能力低和产业聚而不集等。此外，发展规划雷同、缺乏比较优势、公共平台建设严重滞后、专业招商能力不强和产业结构不尽合理等也是制约工业园区发展的因素。在当今市场发育尚未健全、经济处于转型的背景下，如何根据本地的比较优势选择合适产业，引进或培育出具有较强衍生能力的关键企业，逐步吸引越来越多的相关企业集聚并形成产业集群，是完善与提升工业园区功能、促进产业发展的关键。

2. 未来工作展望

(1)加大宏观调控力度，协调实施重点园区发展规划

以扶持发展千亿元产业集群为重点，以优势资源、优势产业和重点项目为支撑，以产业园区为载体，依托中心城镇和重点区域，鼓励企业聚集、产业集聚，努力实现区域布局优化和产业升级这一目标。

(2)大力招商，积极引进大型龙头企业

加强与世界500强、国内100强的企业合作，以此逐步引进整个产业链；创新招商方式，推广特色园区的成功招商经验，加快产业链的培育和完善。同时，通过集群式招商，承接产业的整体转移。

(3)积极鼓励和支持产业集群企业设立国家级和省级研发中心

大力推进科研院所和园区的合作，将科研机构和大学科研力量引进园区，促进园区内产业集群发展，推进以企业为主体、产学研相结合的科研创新体系的建设。

(4)积极帮助解决企业发展中的资金问题

鼓励企业在国内外金融市场直接融资及组建有限责任公司乃至利用参股等形式大力吸引社会资金；促进各银行、担保公司等金融机构和企业

---

① 《2015关于工业园区发展专题调研报告》，中国人才网，2015年6月1日，www.cnrencai.com。

之间紧密合作，建立“银、企、保”合作机制，改善中小企业融资环境。

(5)建立多层次的公共服务平台

按照“政府推动、市场运作、自主经营、有偿服务”的原则，促进以企业为主体、以市场为导向的“官助民办”服务体系的建设。

二、社会民生

1. 存在的问题

(1)养老机构的建设经营中存在的财政问题

目前，镇海区养老机构的建设经营都是以公办为主，区政府仅2014年就为区内养老机构的改造、建设投入4 500万元；而在日常经营方面，由于各家养老机构本身具有公益性质且服务模式相对滞后，很难做到盈利或收支平衡，每年都需要财政拨款给予补助，政府面临巨大的财政压力。如何在加快推进养老机构建设发展的同时，缓解已经相当繁重的财政负担是镇海区政府亟须解决的问题。

随着我国老龄化问题的加剧，以及居民收入水平的提高，养老产业具有广阔的市场前景。目前，镇海区虽然已经开始通过一些扶持政策鼓励民间资本进入养老领域中来，但还只是处于初始阶段。实际上，企业是否愿意进入一个产业中的根本原因是能否获得可观的经济利润。在现有的相关政策中，镇海区过多地强调公益性和福利性，这在一定程度上阻碍了社会资本的进入。因此，可以在保证一定比例的公办养老机构以提升社会福利水平的同时，将养老领域进一步放开，尤其是那些高端的、多样化的养老服务，要让更多的民营企业看到这个产业是有前景的、有利可图的，这样既能形成公私兼备、服务互补的良好格局，又可以减轻政府的财政负担。在经营方面，镇海区虽然已经在尝试“公建民营”的发展模式，但更重要的是总结出一套合适的管理机制和细则要求，从而按照规范化的流程将更多的公办养老机构外包给专业的服务团队。这样不仅能降低经营成本，提高效率，而且可以提升服务质量，满足居民多样化的需求，当好“裁判员”才是政府应该做的事情。

(2)基础设施建设中存在的财政问题

“十二五”以来，镇海在区内基础设施建设方面投入巨大，资金主要来源于土地财政和政府债务。随着房地产市场的低迷及中央加强对地方政府性债务的管理，使原有的资金获取渠道受阻。基础设施建设是镇海区增强区域竞争力、提高居民生活质量的基石，因此必须冲破财政方面的束缚。

镇海区基础设施建设的融资方式主要包括发行地方政府债券、发行地方性市政债券及PPP，发行地方政府债券是最常使用的手段，然而这种方式并没有将民间资本吸纳进来。镇海区应重视运用新的融资模式，将一切符合条件的资本“为我所用”，为推动区内基础设施建设添加助力。在国内一些城市，BOT（建设—经营—转让）模式、PPP、PE（私募股权基金）等金融手段已经被逐渐应用到基础设施建设中，而西方发达国家的许多基础设施也都是由私人企业投资完成的。因此，镇海区完全可以借鉴已有的成功案例，总结经验，同时结合本地区情况，具体问题具体分析，吸纳更多的社会资本投入到基础设施建设中来。

（3）外来人口的社会保障问题

目前，镇海对区内城乡户籍居民的各项福利政策都落实得比较到位，无论是养老保险、医疗保险，还是子女教育、住房保障及社区建设都处于较高的水平。相对而言，政府对区内外来人口的各种福利保障的重视程度明显不足，现行的多项社会保障制度中并未将外来务工人员纳入其中。镇海区是一个严重依赖外来人口的地区，约一半的常住人口是外来人口，如何使他们长期留居在镇海区是推动新型城镇化的重要环节。

首先，可以根据镇海区外来人口的情况，出台相应的社会保障政策，在原有标准的基础上，适当提高福利标准。其次，社区服务是镇海区社会民生发展的一大特色，在一些基础性服务项目中可以尝试把外来人口纳入进来，让他们感受到政府的重视与关爱，推进城市化与市民化综合发展。最后，推进城市住房保障制度改革，出台多样化的住房政策以满足外来务工人员的需求。中共中央在2016年经济工作会议上，明确提出“要深化住房制度改革，以满足新市民住房需求为主要出发点，建立购租并举的住房制度”，这也为镇海区如何进一步加强对农民工等群体的住房保障力度提供了方向。

（4）保障性住房问题

镇海区的住房问题主要表现在两个方面：一方面是区内保障性住房的供需不平衡，存在较大的供应缺口，尤其是位置好的、环境优的公租房和廉租房供不应求，这使得居民的住房需求无法得到满足；另一方面，受制于房地产的疲软及前几年的大规模发展，镇海区现有大量的空置商品房,如何扩大有效需求、打通供需通道、消化库存、稳定房地产市场是摆在政府面前的一道难题。

改革是社会发展的强大动力,因此应坚定不移地推行住房体制改革。镇海区需在现有规模的基础上,增加公租房、廉租房的供应量,同时细化申请标准,降低申请门槛,将更多的外来人口包含进来。目前,区内的流动人口数量很大,但户籍人口连续几年处于稳定状态,这实际上不利于镇海区的下一步发展。帮助一些高素质的外来人口解决早期的住房问题,为他们长期定居扫除障碍,不仅可以增加一定比例的城市人口,增强城市活力,而且这也可以带动当地房地产市场,集聚人气,消化库存。

(5)公共交通问题

镇海区内公共交通与经济社会发展存在契合程度低的问题:一方面是公交场站基础设施建设相对滞后,现有主要公交首末站数量少、规模小,与居民需求量不匹配;从选址角度看,公交场站不能较好服务于新城人口密集区,不利于新城的综合发展。另一方面是公交线路规划调整跟不上城市化发展步伐,现有公交线路多为向宁波中心城方向,新老城之间直达公交线路不多,并且部分公交线路发车密度低、线路非直线系数过高、服务能力较低,导致居民出行多以私家车为主,公交分担率偏低。

2. 未来工作展望

解决公共交通问题的关键是将居民需求与城市道路情况相结合,对部分群众反应比较强烈的公交线路进行重新规划,根据目前人口聚集情况尽可能地照顾到所有的居民;同时,一些新建居住区也需要便利的公共交通来带动人气,增强吸引力。针对公交首末站数量较少的问题,开设循环公交线路是一个有效的手段,这可以减少公交首末站的建设,节省资源。目前,镇海区公交公司每年都是处于亏损的状态,其中一个原因就是除上下班高峰外,其他时间乘车的居民较少,经常出现一趟车只拉三五个人的情况。有关部门可以根据实际情况调整发车频率,高峰期提高发车间隔,而客流少时降低发车频率,这样既可以保证居民需求,又可降低运营成本。此外,城市公交 App 的开发、推广和使用也是解决公共交通问题的一个重要手段,可以有效降低居民与公交公司之间程度信息不对称的程度。

三、生态环境

(一)空气质量

1. 空气质量存在的问题

镇海区近几年空气质量存在的问题主要表现在综合能耗高、单位生产总值工业废气排放呈增长趋势。结合镇海区石化、电力、能源等临港重化工业集聚、高耗能产业占据了其大部分大型项目、工业结构重型化明显等现实情况,为了提高其各行业能源利用率、建立合理能源利用环境、规范节能指标,镇海区实施各种政策严抓严打监测。但随着经济的快速发展,单位生产总值能耗还是居高不下,工业耗能占了全社会能源消费量中的绝大多数,给镇海区的节能降耗工作带来了较大压力。

受镇海区临港产业结构影响,镇海区挥发性有机物排放仍很难控制,煤尘整治虽然取得一定的成效,但空气中煤尘、粉尘含量还是不可观,大气复合污染物特征明显,特别是临港化工集聚区域大气污染问题、"灰霾"天气仍然是公众关注的焦点问题,整治力度仍需加大。根据 2014 年镇海区大气环境监测数据,按照空气质量指数(AQI)标准评价,2014 年空气质量优良率为 80.2%,与 2013 年同期 75.3%相比有所改善。但相比 2013 年,细颗粒物(PM2.5)的污染依旧比较严重,臭氧污染显著增加,呈现出复合型污染的特征,NO_2 和臭氧的污染比重明显增加。并且单位生产总值废气排放呈上升趋势,尽管产值增加高于工业废气排放量增加,单位生产总值工业废气排放量在 2011 年达到最低,后期还是逐年缓慢增长。控制综合能耗、降低单位生产总值工业废气排放是下一步镇海区环境治理面临的重大问题。

2. 未来工作展望

针对镇海区高耗能行业,镇海区有关部门要严格控制其盲目扩张,从源头上严把高耗能行业进入,从严控制石油化工、精细化工、喷漆、污水处理和电力等行业项目,特别是高耗能项目,避免资源大量浪费的现象。鼓励企业要通过实施产品结构调整、推行清洁生产、提升装备水平,强化治理,不断改进,提高工艺尾气回收利用效率、储罐呼吸和无组织废气收集效率等。政府可建立节能目标责任和评价考核制度，定期向社会公布单位生产总值能耗、单位工业增加值能耗、重点企业能耗和工业废气排放等指标，鼓励公众监督。

（二）水环境质量

1. 水环境质量存在的问题

由于镇海区特殊的工业定位，长期以来城市工业化进程等原因，镇海区自然资源基础和城市生态环境受到巨大冲击，面临很大压力。虽然镇海区近些年在节能减排方面采取了很多工作，也取得了很大的成效，但是对比随着临海产业快速发展对环境带来的负面环境效益，水污染等指标的治理压力很大。城区一直致力创建“宜居宜业”的优质生存环境，不好的环境对其发展会产生阻碍作用，滨海产业带和城乡居民之间的矛盾突出。生态环境问题事关民生和未来的发展，依然是镇海全域城市化推进、建设宜居宜业城区需要解决的重要问题之一。

镇海区地表水自净能力较弱，平原河网特别是进村中小河道污染较重、水质较差，水环境负荷量制约日益明显。根据2014年镇海区水环境监测数据，2014年镇海区地表水设有9个市级常规监测断面，功能达标率为100%，尽管镇海市级以上骨干河道水质较好，但镇海区监测的10个“三河”点位受营养盐污染严重，水质很差。

尽管镇海区近岸海域水体中pH值、石油类、高锰酸盐指数、汞、镉、铅和铜七个指标均符合一类海水标准，但仍有活性磷酸盐和无机氮含量超过四类海水标准，其近岸海域污染严重，富营养化程度不断加剧，近岸海域水质为劣四类海水。

2. 未来工作展望

针对上述问题，未来工作应由镇海区环保局牵头，各镇（街道）、宁波化工区管委会、镇海各企业相互配合，在维护好市级以上骨干河道的同时，对10个水质相对较差的“三河”点位外加进村中小河道进行整治提升，继续开展“四清”（即清垃圾、清污水、清淤泥、清违建）行动。严格执行海洋环境功能区划，实施“碧海”工程，明确近岸海域使用功能；严格执行海洋环境功能区划，力求从源头上控制海洋污染源，逐步减缓海水水体富营养化的趋势。严把海洋工程建设审批关，加强镇海区近岸海域水环境容量和总量控制研究，有效控制陆源污染。

四、文化建设

(一)科技工作

1. 科技工作存在的问题

当前,不可否认,科技局所做的工作取得了许多客观的成效,但是也逐渐显现出一些问题需要重视。一是科技创新氛围不够浓厚,仍需进一步营造。镇海区对科技创新推动经济社会文化发展的重要性认识不够,科技创新平台建设有待进一步巩固和完善,从而更好地为区内企业提供科技中介服务。每年用于科研的经费支出虽然逐年递增,但相比其他地区,还是略显不足。对科技创新管理服务水平缺乏重视,导致管理服务机制不够完善。二是科技市场建设有待进一步加强,从整体来看,企业自主科技创新能力还有待进一步提高。区内企业高水平创新能力不强,能发挥支撑作用的骨干企业和知名品牌较少。科技创新产出能力不强,高新技术产品缺乏。[①] 三是与高校和科研机构的科技合作交流不够密切,需要进一步深化。四是农业科技创新比较薄弱,从事农业科技创新企业明显不足,使得科技带动农业发展遭遇瓶颈,必须突破农业科技创新难题,不断提高科技惠农能力。

2. 未来工作展望[②]

今后,科技局必须认识到在发展过程中存在的问题,加以重视,牢牢把握创新驱动主旋律,以服务"六大战略"实施、"六个示范区"建设为主线,继续发扬"团结、务实、创新"的工作作风,进一步强化认识科技创新推动和支撑经济社会发展的重要作用,进一步突出以企业为主体的自主创新能力的培育,进一步强化农业科技创新工作,进一步深化与高校和科研机构的科技合作交流,为推动"六大战略"实施、"六个示范区"建设取得新业绩提供强大的科技支撑。为了解决科技工作中存在的问题和不足,由镇海区政府支持,区科技局牵头和实施,相关部门协调,积极落实有关项

---

① 参考《镇海区科技局 2014 年工作总结》。

② 参考《镇海区科技局 2015 年工作目标》。

目,不断推进科技工作更好发展。

(1)加强科技市场建设

进一步完善科技市场企业化运作机制,推进浙江省网上技术市场镇海区分市场及科技市场服务大厅“一网一厅”的建设,重点发挥“展示、交易、共享、服务、交流”五位一体的功能,加强科技中介招商工作,引进科技中介服务机构来镇海区投资,为镇海区企业提供科技创新出谋划策,加快形成科技中介集聚服务区,为企业提供线上及线下技术交流、咨询培训、专利代理和技术合同登记等一站式科技服务。建设科技成果推广有形市场,对区域内高校院所的各类技术转移转化机构进行集中办公、规范管理和服务,支持具有自主知识产权、技术含量高、创新性强、成熟度好和处于国内领先或国际先进水平的重大科技成果在镇海区优先转化,让这些科技创新成果被区内企业充分使用,不断提高企业的生产能力。最终努力将镇海区科技市场建设成为立足镇海、面向全市的产学研合作促进平台、科技成果统筹转化中心、科技创新综合服务基地和科技人才补给口岸。

(2)巩固并完善科技创新平台

健全科技创新平台的创业创新、科技孵化和科技服务机制,提出科技创新平台管理扶持政策。未来核心工作仍是加快巩固和完善六大科技创新平台,重点提高西安电子科技大学研究院为企业和社会提供服务的能力,积极引进和培育创新团队;确定西安电子科技大学产业园、中科院材料所初创园和清华大学校友创业基地的专业园区定位,鼓励园区加大公共服务场地建设及公用服务设施投入,努力把园区建设成为专业苗圃、专业孵化器、加速器和产业化基地的完整产业链条式企业发展平台;继续推动中科院大连化物所宁波中心、中欧国际应用能源创新研究院、中国金融数字文化城项目与区内企业的在科技与人才方面的全面合作。

(3)深化与高校、科研院所的科技合作交流活动

与高校、科研院所定期组织各类形式的对接活动,同时指导各镇(街道、园区)、企业积极主动开展合作对接;主动征集各类技术难题,分类汇总后分发到有关高校、科研院所,征求他们的意见,寻求他们的援助,最终帮助企业圆满解决企业技术难题;继续巩固与“三校一所”,以及哈尔滨工业大学、浙江工业大学、西安电子科技大学、河南科技大学、上海大学等高校院所良好的科技合作关系,努力拓展新的科技合作关系,重点在轴承、液压、机械制造、化工新材料和电子信息等领域进行深入合作;以镇海区科技市场建设为契机,加快引进高校、科研院所的技术转移机构,积极培

育技术经纪人，完善科技中介服务，不断深化与高校、科研院所的科技合作交流，充分利用宁波市产学研平台和浙江省网上技术市场，鼓励企业通过网上技术市场与高校、科研院所进行技术、人才对接。

(4)加强农业科技工作，提高科技惠农水平

首先，必须加强农业科技创新与推广。鼓励和支持农业科技型企业和专业合作社联合涉农高校、科研院所，开展长期稳定的技术、人才合作，建立企业研发中心、研究所等农业科技创新机构。进一步加强农业技术推广体系的建设，提高农业技术推广和服务的能力，大力引进有效益、有前景、有市场的农业科技成果在镇海区转化。抓好具有特色和代表性的科技促进新农村建设的示范村建设，以农村生态环境建设、农村住宅建设、资源综合利用和新能源开发应用等为重点，在示范点组织实施科技成果集成应用项目。强化农业科技计划项目申报工作，大力实施农业成果转化、产业化项目，集中力量重点扶持农业科技型龙头企业。其次，必须加快和培养农业科技产业。充分调动社会各方面的积极性，将农业科技创新成果与农业科技生产相结合，不断提高农业科技贡献率和农业生产率，深入推进产学研相结合，着力开展农业科技成果的应用和推广，最终形成农业科技产业集聚区，逐步发挥其集聚效应。

(二)文化创意产业

1. 文化创意产业发展的问题

自2012年提出文化产业发展战略以来，镇海区开始重视文化创意产业的发展，引进文化创意企业的数目逐年递增。经过几年的发展，镇海区文化创意产业发展取得了客观的成效，基本形成了文化创意产业集聚区，集聚效应不断显露出来。但是，在发展过程中，也遇到了一些问题。一是对文化创意产业人才队伍的建设有待进一步加强。人才是第一位的，没有人才，文化创意产业的发展无从谈起。近年来，镇海区对文化创意企业的员工队伍培训工作做得不到位，文化创意企业员工的整体素质还有待进一步加强。二是文化创意产业布局还不够合理，需要进一步优化，产业集聚发展需要进一步提升。三是文化创意产业政策不够完善，扶持力度需要进一步增强。四是产业服务体系不够健全。这些问题都是未来镇海区文化创意产业发展必须重视的问题，一方面，只有有效解决这些问题，镇海区文化创意产业才能更好更快地发展下去，发挥巨大的产业扩散和集聚效应，从而带动一系列产业发展。另一方面，文化创意产业发展也是

镇海区文化建设的一个重要组成部分，文化创意产业发展好了，才能持续有效推进文化建设进程，最终推动全域城市化进程。

2.未来工作展望

为了解决文化创意产业发展的问题和不足，由镇海区政府支持，区委宣传部（区文广新闻出版局）牵头和实施，相关部门协调，积极落实有关项目，不断推进文化创意产业更好发展。具体做法如下：

（1）不断加强文化创意企业人才队伍建设

未来镇海区必须要加强对文化创意产业专业人才特别是高端人才、复合型数字艺术人才、营销人才的引进工作，不拘一格选用人才，加大文化人才培育宣传力度，增进文化人才互动交流，加快对文化创意产业人才的培养，认真做好文化创意企业员工的培训工作，加强员工思想道德建设，使得文化创意企业员工整体素质不断提升，从而不断加强文化创意企业人才队伍建设，加快形成文化创意产业的人才集聚效应。为了扶持文化创意人才队伍建设，政府可以为具有创造潜能的人才队伍提供政策支持、资金支持和税收优惠。同时还要继续加快文化创意产业集聚区配套设施建设，为文创从业人员创造良好的环境。

（2）进一步优化产业布局，推进产业集聚发展

加大高知识性、高增值性项目的引进力度，形成以大学科技园为核心，各镇（街道）、园区文化创意产业集聚区为多点的"一核多元"产业发展格局。继续加强文化创意产业集聚区建设，提高文化创意产业集聚水平，另外继续加强大学科技园文化创意产业核心基地、西安电子科技大学宁波产业园、清华大学校友创业创新基地和镇海区新城文化创意产业楼宇群的建设。根据各区域产业发展基础与资源优势，逐步形成突出重点、特色明显、适度交叉、协调推进、错位发展的优化"一核多元"的产业发展格局，实现文化创意产业合理布局，加快形成文化产业集约化、集群化、规模化发展，充分发挥镇海区域特色文化创意产业集聚效应。

（3）完善文化创意产业扶持政策，扶持产业做大做强

进一步完善和落实《关于印发镇海区文化创意产业集聚区认定及管理办法的通知》《关于加快文化创意产业发展的实施细则》等相关文化创意产业扶持政策，对落户 3 年的优质文创企业继续给予税收奖励等政策倾斜，鼓励企业做大做强做优。继续鼓励金融机构提供创新金融产品和服务，不断增加适合文化创意企业的融资品种，拓宽产业融资渠道。继续鼓励支持企业参加国内外知名展会，进一步提高镇海区文化创意产品和

服务在国内外市场的占有率。

(4)继续健全文化创意产业的服务体系

继续践行"妈妈式"服务承诺,真正把文化创意企业的事当成自家的事,主动为文化创意企业提供政策咨询、交流沟通和展会推介等服务。充分发挥文化创意产业联盟的"产业协作、对外拓展、交流培训、金融支撑"平台作用,为企业发展创造条件。当今,招商引资的竞争,关键是投资环境的竞争,而今,投资环境孰优孰劣,主要不是比政策优惠,而是比政府形象和政府服务,因此区政府要把创新服务方式、丰富服务内容、提高服务效率作为优化投资软环境的重中之重,从而使得文化创意企业不断来镇海区投资发展。

(三)文化旅游产业

1.文化旅游产业发展面临的问题①

当前镇海区文化旅游产业面临的主要问题有:一是都市旅游不够出色。镇海区新城和老城与主要景区的互补关系、客源组织等方面有待加强。城区旅游景点弱、小、散,旅游集散系统建设落后,旅游交通成为制约都市旅游发展的瓶颈之一,文化旅游产品缺乏核心竞争力,尤其是现代都市旅游产品更是严重缺乏,观光购物、商务会展、娱乐休闲、特色餐饮、文化修学和住宿等设施落后,与城市建设的融合度不高,主客共享的旅游休闲功能不强。二是转型压力依然较大。受内需不足、现代科技冲击、市场环境压力、同业竞争、成本上升及宏观政策等因素影响,旅游部门经济效益普遍较差。当前,饭店业遇到多年来少有的困难,转型压力尤其巨大,由于受到政策等多重因素影响,饭店业依然处于低位运行状态,部分饭店经营状况每况愈下;旅行社也面临着规模小、竞争力不强,以组团为主,营业额普遍不佳的难题;景区建设缺乏个性化特色,对游客吸引力不大,整个文化旅游产业链较短,远没有形成规模化、集约化运作,仍然没有改变过度依赖景区门票的经营模式。行业主体发育滞缓,缺乏大型的旅游集团和龙头企业引领。三是旅游产品类型相对单一。依然以观光型产品为主,休闲类、度假类、体验类产品较少,缺少多样化旅游产品,难以满足游客多元化的消费需求。旅游购物、旅游演艺等要素培育不够充分,由于旅

---

① 参考《2014年镇海区旅游经济运行分析》,镇海区风景旅游管理局官方网站,2015年1月21日,http://lyj.zh.gov.cn/zwgk/tjsj/201504/t2015042/_380543.html。

游产品的单一性，如果游客消费时间长了自然会失去兴趣并感到枯燥乏味，因此使游客在景区内逗留时间较短，无法提高其人均消费水平，也难以体现出旅游行业的综合收益。四是公共服务相对滞后，旅游服务配套设施建设还有待加强。咨询网点较少，公众咨询、电子商务等平台建设较为缓慢。旅游交通网络尚未形成，区旅游集散中心建设亟须破题，一日游市场未能真正启动。旅游标识标牌指示作用不够明确，其覆盖面较为有限，乡村旅游点未能及时纳入交通指引范围内。

2. 未来工作展望

为了解决文化旅游产业发展的问题和不足，由镇海区政府支持，区旅游局牵头和实施，相关部门协调，积极落实有关项目，不断推进文化旅游业更好发展。

(1)加快推进都市旅游产业发展

一是深度挖掘镇海区历史文化，将文化资源转化为旅游产品。文化是都市旅游的精髓，特色文化和差异文化是促进旅游发展最为重要的因素，因此，镇海区需要充分挖掘当地特色文化和差异文化，满足游客差异化需求。镇海区拥有悠久灿烂的商帮文化、海防文化、宗教文化、院士文化和民俗文化等地域和历史特色文化。因此，如何利用好这些文化，是镇海区旅游突破瓶颈的关键，也是推进现代都市旅游的核心。二是加大现有景区的再开发力度，增强旅游观光吸引力。将招宝山海防文化游、九龙湖休闲度假游和商帮文化游等景区再度改造开发，迎合游客需求特征，拓展游览空间，有机整合相关吸引要素，进一步丰富游览内容，增强观光购物、商务会展、娱乐休闲、特色餐饮、文化修学和住宿等设施建设，提高都市旅游产业与城市的融入度，推动传统旅游产品提档升级为现代都市旅游产品。三是推进节庆、会展和商务购物三大现代都市旅游产品的开发。镇海区应该利用优良的城市环境、日益完善的现代城市基础设施和独特雄厚的文化资源优势及借助镇海区文化创意产业推动节庆、会展和商务购物等现代都市旅游产业发展。

(2)加快文化旅游行业转型升级

随着镇海区的经济快速发展，其旅游业也得到了长足的发展，但是随着时代的发展，历史又赋予了镇海人新的使命，尤其是旅游业如何适应不断变化的形势需求，如何成功实现转型升级，这些艰巨的任务让政府部门和全体旅游从业者面临新的考验。今后，镇海区为了能够成功地从传统的观光旅游向休闲度假、商务会展旅游转型。[①] 首先，必须分析不利因素和认清自身地位，必须改变全社会对发展旅游的重要性的认识不够充分的不利局面，还需不断加大政府对旅游业的扶持力度，积极推进区内旅游产业粗放型经营模式的改变。其次，坚持抓项目就是抓旅游的竞争力，项目是旅游产业发展的重要保障。再次，镇海区旅游管理部门应该“走出去”学习和借鉴在旅游业转型升级比较成功的地区的经验做法，进一步认识旅游业之于城市化发展进程甚至整个区域经济发展的重要性，不断深化体制改革，做到长远发展，实现文化旅游产业的成功转型。最后，迫切需要加大行业主体培育力度，重点扶持几个大型旅游企业发展，鼓励它们做大做强，早日发挥充当大型旅游集团和龙头企业的引领作用。

(3)增加旅游产品种类，满足游客多元化需求

当前由于旅游文化产品种类单一，无法满足游客多元化需求，针对这一问题，镇海区在今后必须致力于优化产品组合，打造品牌战略，积极倡导智慧旅游，即通过高科技手段来满足游客日益多元化和个性化的需求，提升游客的满意度。一方面，由于镇海区文化旅游大部分单体产品规模和功能有限，无法完全满足游客需求，因此在文化旅游发展中就要对不同类型的文化旅游产品进行组合，以提高文化旅游产品的综合优势，避免文化旅游发展中因用地受到限制造成的问题。[②] 通过产品的组合使得文化旅游产品能够适应更多不同的游客，拓宽旅游市场，延长游客游憩时间，丰富游客体验，增加产品需求，提高其消费水平，还能够通过产品的组合增长旅游产品链，这一系列措施都有利于实现旅游综合收益增加。另一方面，镇海区文化旅游应加强文化旅游品牌建设与推广，形成自身的拳头产品，以特色的产品、完善的环境设施和优质的服务保证文化旅游的品牌吸引力，使其成为持续健康发展的新兴旅游产业，为乡村社会、经济、文化建设做出更多贡献。

(4)提高旅游公共服务水平

为进一步加强旅游行风建设，提升旅游服务质量，镇海区旅游部门应该继续广泛接受社会各界监督，构建规范有序、和谐稳定的旅游市场秩序，以此提高公共服务水平。同时，还可以聘请群众监督旅游服务质量，

---

① 徐文潇:《看镇海旅游如何转型升级》,《中国旅游报》2014 年 6 月 13 日第 08 版。

② 《浙江省宁波市镇海乡村旅游发展规划》,土地资源网,2012 年 10 月 9 日,http://www.tdzyw.com/2012/1009/21083.html。

让广大人民群众参与到督促旅游部门提高服务水平上来，例如，镇海区旅游局可以向旅游服务质量监督员发放旅游服务体验券，让他们对全区旅游景区、旅游饭店、农家乐和旅游购物点标准化建设、管理水平与服务质量等进行暗访，并将暗访情况反馈给区旅游局，如果服务水平不达标，必须对各景区、饭店等行业施以最严厉的惩罚，以此来激励旅游部门提高其服务水平。同时，为了提高旅游服务水平，还应该增加咨询网点，加强公共咨询、电子商务等平台建设，拓宽旅游服务渠道；进一步明确旅游标识标牌指示作用，扩大其覆盖面，及时将乡村旅游点纳入交通指引范围内。

五、行政组织

（一）政府智慧办公

1.镇海区政府智慧办公存在的问题

宁波市镇海区政府随着各部门之间横向协作和信息交互的不断加强，由区政府电子政府办公室牵头，区属各部门积极参与建设的镇海区协同办公系统已在全区得到广泛应用。镇海区协同办公系统创新性地采用以基础平台为支撑的模式，紧密结合四套班子（区委、人大、区政府、政协）的政府办公业务，涵盖了当前政府的公文管理、信息采编、检查督办和议案提案等业务功能，在党政机关的公文信息交互协同、内部办公业务的流程处理和集成全区基础政务办公业务方面做出了大胆创新，在支撑全区政务办公工作、提升政府办公效率方面取得了可喜的成绩，政府内部办公业务网络化、自动化、便捷化的信息系统建设获得了长足发展。

但在当前政府行政职能转变、组织结构调整、国家电子政务正向“智慧政府”的建设方向发展的大形势下，镇海区政府协同办公系统在对政府办公业务支撑能力和高度协同能力方面，以及协同办公系统本身的性能、负载、构建速度及扩展性方面都遇到了瓶颈。这些瓶颈对协同办公系统的扩展性、灵活性、集成性、可维护性及快速开发部署等提出了更高的要求。

2. 未来工作展望

(1)智能化的办公平台

智能化是协同办公的发展方向,智能化的外在体现一是系统能够根据工作人员的职责、偏好、使用频率等,对用户界面、系统功能等进行自动优化,对工作可自动提醒,对代办事项根据重要程度、紧急程度等进行排序等;二是集成了政府知识库,可以方便快速地进行信息检索,找到所需要的办公资源,分享他人工作经验;三是用户可以随时随地采用各类终端进行简便办公,方便随时随地进行人、事、资源的相互沟通与调用。而支撑协同办公系统外在智能化需要利用各种先进技术,如网络技术、云计算技术和 SOA 架构技术等技术来实现。智能化办公平台的建设,使得办公系统具有良好的扩展性和灵活性,办公资源得以高效利用,信息交互共享畅通,管理决策职能科学,操作简便,维护便利。

(2)立体化的办公环境

立体化的办公环境是在当前网上办公的基础上,进一步通过互联网、移动网络和政府内外网,构建立体化的安全办公网络;通过整合利用资源,以个人信息中心为主要内容的网络办公门户、移动办公门户建设,实现政府领导和工作人员无论何时、何地,都能通过电脑、智能手机、iPad等职能终端,高效处理办公事务。

(3)全方位的高度协同

政府办公业务的协同不仅涉及办公事项,还涉及办公事项所关联的部门或工作人员,以及该事项相关的信息资源。因此,协同办公系统不仅需要办公事项的协同,还需要办公事项相关的职能部门的协同,以及事项涉及的信息资源的共享交换、工作人员之间的即时沟通等,即实现"人""事""资源"全方位的协同,形成协同工作的有机整体。

以上"智能化的办公平台、立体化的办公环境、全方位的高度协同"的发展方向可以为镇海区智能协同办公系统的建设提供指导。

(二)镇海区村组织建设①

1. 镇海区村组织建设存在的问题

镇海区村组织建设存在的问题主要有以下四个方面:

---

① 参考镇海区党委课题组:《镇海区村级组织建设调研报告》。

(1)两委会的战斗力发挥不够好,自身建设还有待进一步加强

村级班子经过精简和村级换届选举,整体结构大大优化,但年龄、文化结构不合理现象还存在。加快农村党员干部队伍年轻化、提高干部的文化水平依然是一个迫切的问题。由于村党组织与村民委员会领导班子选举产生的渠道不同,有些村两个领导班子出现合力不强和关系不够融洽的情况。个别村干部小村地域观念强,全局观念不足,办事往往从小村利益出发,影响了村班子的整体合力和全局工作的开展。

(2)基层党组织对党员的教育和管理仍需加强,先进性体现不足

从调研情况来看,农村党组织书记属于业务型、经营型、管理型的多,既精通业务,又熟悉政治工作的复合型村干部较少。在方法上,一些村党组织政治教育以读书、读报、读文件为主,不能较好地把理论、政策与农村实际有机结合起来。有的村党组织在年底民主评议党员工作中,严肃性不强,部分党员不能有效地开展批评与自我批评,评议工作往往流于形式。

(3)少数村级经济组织基础比较薄弱,经济发展不平衡

镇海区农村经济组织虽然在迅速发展壮大,但发展不平衡的现象仍然存在。有的村办企业发展势头良好,经济实力很强,村级可用收入达到300万元以上。但少数村的可用收入仅徘徊在30万元左右。农村经济组织的发展速度慢也制约着农民的收入水平的提高。

(4)民主法制建设仍显滞后,外来人口管理亟待制度化

个别村民委员会向村民会议负责并报告工作做得不够好,动员党员和村代表共同参与村级事务管理的民主决策制度在落实时情况不容乐观,村委会内部在决定问题时也不能全部做到少数服从多数,一个人或几个人说了算的情况时有发生,这样很难保证村级事务管理的科学性和民主性。村务公开制度在镇海区实施已久,有些村公开的内容还存在欠缺,更新不够及时。随着外来人口的增多,给本村的治安、卫生、教育等带来了压力,同时因出租房屋和违法搭建房屋产生的邻里纠纷也时有发生。针对这些情况,个别村委会管理和服务手段不足。有的村虽然摸索出一些办法,但由于没有形成规章制度,实施起来效果也不明显。

2.未来工作展望

下一步镇海区政府有关部门应注重以下几个方面的发展建设:

(1)建设高素质的农村基层干部队伍,提高农村基层干部的服务意识和能力

①放宽选拔途径,提高基层组织干部队伍整体素质。在选拔上要破除“在少数人中选人”的旧框框,打破地域界限、村际界限、行业界限、所有制界限,拓宽选人的渠道和范围,实行大范围、宽领域选拔。积极采用“异村任职”“跨村兼职”“公开招考”等方式,发现、选拔和吸引优秀人才,真正把党性好、素质高、能力强、勇于奉献、为老百姓干实事的人选拔上来。

②处理好两委会关系,建立“和谐”领导班子。要积极做好建章立制工作,根据村民委员会组织法和《农村基层党组织工作条例》的规定要求,细化两委职责,明确各自职责任务,工作程序和监督办法,使他们各司其职。

③密切党群、干群关系,提高为民服务的意识和能力。在党员扶贫帮困机制上,要注重培植造血功能,继续帮助困难群众落实生产项目,使帮扶工作从输血型到造血型、照顾型到生产型方向转变,尽快使贫困户依靠自身力量,走上脱贫致富的道路。

(2)以保持党的先进性教育活动为契机,着力构建以制度化、正常化为内容的党员教育和管理体系

①建立健全党员经常受教育的培训机制。重点是搞好党员先进性教育活动,运用重温入党宣誓、学习先烈事迹、畅谈革命理想和撰写个人体会等各种方法,对照党章找标准,对照先进找差距,对照任务找方向,找准突出问题。

②健全“严进宽出”的管理机制。要严格按照党章要求做好党员发展工作,重点发展村干部和有文化、有一技之长、能够带领群众共同致富的知识青年;同时,建立健全推优制、预审制、公示制、双重考察制和责任追究制,切实把好教育关、考察关、培养关、审批关和转正关,保证新发展党员的质量。

(3)指导各村开阔思路,采取各种途径促进经济发展和农民增收

①村干部要解放思想,带领农民致富。村干部是农民发家致富的领头羊,他们的精神状态直接关系到农民的增收水平。

②经济发展上要有长远和全局眼光。在农业发展上,各村可结合实际和本地资源,以建设城郊农业为目标,指导农民不断拓展思路,深化改革,稳定粮食生产,加强农业结构调整,大力发展优质高产高效农业,加快农业产业化步伐,让农民在转变生产方式上得到实惠。

(4)加强对基层民主制度的建设和外来人口的管理,逐步实现管理的规范化和民主化

①全面推开村级“民情五制”,促进基层民主政治建设。一是拓宽渠道,进一步完善民情收集制。二是务求实效,进一步完善民情听证制。三是面向基层,进一步完善民情质询制。四是重心下移,进一步完善民情协调制。

②开拓外来人口管理工作的新思路。一是尝试“以外来人口落脚点为管理的切入点,坚持教育、管理服务、维权并举”的外来人口管理工作思路,引入市场机制,通过各种途径,大力推进外来人口集中居住点建设。二是各村建立外来人口管理责任制和公布制度。三是实行亲情化管理,尽力为外来人口提供便利。管理人员应始终把外来居住人员当作自己的兄弟姐妹,对于经济困难的人员在物质上给予帮助。

参考文献

[1] SCHULTZ T. Investing in people：the economic of population quality [M]. Berkeley：University of California Press，1981.

[2] 陈加元.迈向新型城市化[M].杭州：浙江人民出版社，2013.

[3] 诺克斯.城市化[M].顾朝林，汤培源，译.北京：科学出版社，2010.

[4] 高佩仪.城市化发展学导论[M].北京：中国财政经济出版社，2009.

[5] 李禄俊，潘胜军.论城乡统筹背景下的城市化发展策略[J].中国城市经济，2010(9)：280-281.

[6] 芒福德.城市发展史——起源演变和前景[M].倪文彦，宋俊岭，译.北京：中国建筑工业出版社，2005.

[7] 张伟.苏州城乡一体化的实践与探索[M].苏州：苏州大学出版社，2012.

[8] 王桂新.城市化基本理论与中国城市化的问题及对策[J].人口研究，2013(6)：43-51.

[9] 阎勤.宁波城市化历程及推进新型城市化的对策思路[J].三江论坛，2009(5)：8-12.

[10] 高岩，浦善新.中华人民共和国行政区划手册[M].北京：光明日报出版社，1986.

[11] 姜太碧.统筹城乡协调发展的内涵和动力[J].农村经济，2005(6)：13-15.

[12] 景普秋，张复明.城乡一体化研究的进展与动态[J].城市规划，2003(6)：30-35.

[13] 罗宏翔.关于我国新时期小城镇发展政策的回顾[J].成都大学学报：社科版，2002(3)：30-33.

[14] 穆光宗. 小城镇发展政策的追溯与评估[J]. 城镇经济研究，1990(4)：45-50.

[15] 倪鹏飞. 新型城镇化的基本模式、具体路径与推进对策[J]. 江海学刊，2013(1)：87-94.

[16] 薛维海. 镇海：加快推进全域城市化[J]. 市县策论，2015(2)：42-44.

[17] 李亦斌. 浙江新型城镇化建设模式的探索和实践[D]. 杭州：浙江大学，2013.

[18] 李爱民. 我国新型城镇化面临的突出问题和建议[J]. 城市发展研究，2013(7)：104-109.

[19] 蒋永甫. 城镇化发展的中国道路——近年来国内城镇化研究评述[J]. 广西大学学报：哲学社会科学版，2013(11)：69-76.

[20] 农业部农村经济研究中心. 中国农村研究报告(1990—1998)[M]. 北京：中国财政经济出版社，1999.

[21] 徐贵水. 宁波市镇海区农村人才队伍建设研究[D]. 上海：上海交通大学，2010.

[22] 吴丽娟，刘玉亭，陈慧. 城乡统筹发展的动力机制和关键内容研究述评[J]. 经济地理，2012(4)：113-118.

[23] 张占斌. 新型城镇化的战略意义和改革难题[J]. 国家行政学院学报，2013(1)：48-54.

[24] 中国社会科学院经济研究所发展经济研究室. 发展经济学的新格局[M]. 北京：经济科学出版社，1987.

[25] 高岭夏. 系统论观点在城市化发展战略决策中的应用[J]. 三江论坛，2005(10)：16-18.

[26] 朱正刚. 城乡生态文明建设一体化的"义乌经验"及其普适意义[M]. 成都：西南交通大学出版社，2013.

[27] 朱通华. 小城镇建设与中国城市化道路[J]. 经济社会体制比较，1990(2)：60-63.

[28] 胡家丰，鲁佰军. 关于加快镇海区城市化发展的思考[J]. 宁波经济丛刊，2000(3)：39-42.

[29] 方创琳，王德利. 中国城市化发展质量的综合测度与提升路径[J]. 地理研究，2011(11)：1931-1946.

[30] 马卫光. 创建国家级生态区的"镇海模式"[J]. 环境经济，2010(10)：55-57.

[31] 肖永芹.我国化工区的可持续发展研究——以宁波市镇海区为例[D].上海:华东师范大学,2007.

[32] 撒莉莎.开放经济条件下的城市化特征与可持续发展研究——对宁波市城市化的经验实证分析[D].上海:华东理工大学,2011.

[33] 马仁峰,王美,张文忠,等.临港石化集聚对城镇人居环境影响的居民感知——宁波镇海案例[J].地理研究,2015(4):729-739.

[34] 周桃勤.新型城镇化投融资供求平衡研究——以浙江宁波为例[J].浙江金融,2015(4):74-79.

[35] 应云华.宁波镇海区工业经济发展思考[J].统计科学与实践,2010(8):47-48.

[36] 顾甬明.大企业嵌入地方石化产业集聚升级的互动研究——以镇海炼化为例[J].当代石油石化,2012(12):19-25.

[37] 汪世锦.培植核心价值观,提升企业竞争的软实力[J].石油化工管理干部学院学报,2004(4):33—36.

[38] 杜志炎,饶金龙.建制度,造氛围,筑防线——镇海炼化廉洁文化建设纪实[J].中国石化,2010(3):14-16.

[39] 宗世华.标杆企业的“五项修炼”——镇海炼化创建世界级炼化一体化标志性企业纪实[J].中国石油企业,2012(8):20-23.

[40] 杜志炎,钟大海,何世念.一体化驱动实现两翼齐飞——镇海炼化、茂名石化的优化实践[J].中国石化,2014(10):25-28.

[41] 王娅,陈睿,郝之颖.港口多式联运物流枢纽区发展模式研究——以宁波镇海为例[J].城市发展研究,2011(9):8-14.

[42] 滕耀霆.调整优化国土空间布局建设生态和谐美丽新城镇——宁波市镇海区“三带三组团”发展构想探讨[J].浙江国土资源,2013(11):21-23.

[43] 柴鹏飞.镇海区加快农村住房改造推进农民新型居住区建设[J].宁波通讯,2009(5):56-57.

[44] 王人扬.宁波市外来务工人员住房状况及住房保障体系研究[D].武汉:华中科技大学,2014.

[45] 孙大海,李阳育.建设生态镇海,实现科学发展[J].今日浙江,2007(3):51-52.

[46] 李慧娟.科技发展与和谐文化建设互动关系研究[D].福州:福建师范大学,2008.

[47] 董俊平,杨周顺.创新:产业升级的关键举措和不竭动力——宁波镇海区调查[J].政策瞭望,2014(8):18-21.

[48] 金明强,李宪坡.全域城市化的战略内涵与实施路径——以宁波市镇海区为例[C].南京:东南大学出版社,2011.

[49] 赵庆胜,李敏,黄春波等.绿色田园,我的梦——宁波市镇海区科奥农业科技园专注放心蔬果创业故事[J].中国食品药品监管,2015(4):22-26.

[50] 戴备军.生态建设在浙江[M].杭州:浙江人民出版社,2007.

[51] 赵玲,陆宏,杨辉,等.宁波农业生态环境污染研究[M].杭州:浙江科学技术出版社,2009.

[52] 陆立军,杨海军.海洋宁波:海洋经济强市建设研究[M].北京:中国经济出版社,2005.

[53] 王益澄,马仁峰.推进“五水共治”长效机制的构建——以宁波镇海为例[J].三江论坛, 2015(3):43-47.

[54] 虞哲峰.节能减排:石化企业可持续发展的必然选择——镇海炼化节能减排工作引发的思考[J].三江论坛,2009(7):24-26.

[55] 李阳育,孙大海.一个重化工区的生态建设实践——镇海实现经济增长与环境保护双赢纪实[J].今日浙江,2007(3):53-54.

[56] 于鹏,李丽.从社会责任视角分析环境引致型群体事件——以宁波镇海 PX 事件为例[J].WTO 经济导刊,2015(4):67-69.

[57] 刘延恺.城市水环境与生态建设[M].北京:中国水利水电出版社,2009.

[58] 寿鹿.浙江沿岸生态环境及海湾环境容量[M].北京:海洋出版社,2015.

[59] 王晓峰,楼晓明,韩关根,等.浙江省电子垃圾拆解地区环境中多氯联苯污染特征研究[J].卫生研究,2011(5):583-586.

[60] 徐红波,蔡海忠,王维明.镇海炼化建设环境友好型企业[J].国土绿化,2007(11):41-42.

[61] 镇海:三大平台、三大产业、三个要素促转型升级[J].今日科技,2012 (6):19-20.

[62] 赵彬.精神家园之于精神传承的重要作用——以宁波帮博物馆的建设与镇海的探索为例[J].宁波经济:三江论坛,2010(8):43-47.

[63] 邵兴江.学校文化建设的典范:镇海中学的个性建筑文化[J].上海

教育,2013(34):80-81.

[64] 孙瑶瑶.镇海区文化强区建设现状和对策思考[J].经济丛刊,2012(2):30-33.

[65] 吴国平.融合人文与科学,营造个性化校园——“镇海中学现象”的学校文化解读[J].中国德育,2008(12):81-82.

[66] 薛维海.对深化“厚德镇海”建设的几点思考[J].宁波通讯,2014(19):60-61.

[67] 苏晓光,马璇.旅游业与新型城镇化的良性互动关系研究[J].旅游纵览,2013(9).

[68] 罗瑛.浙江农村人才体系构建研究[J].经济师,2008(11):184-186.

[69] 毛孟凯.我国新农村建设中的人才下乡探析[J].乡镇经济,2008(1):90-94.

[70] 潘俊国.我省农村人才资源开发对策研究[J].行政论坛,2006(3):87-88.

[71] 国万忠,袁艳平,周燕.新型农民人才队伍建设——推进农村改革发展的关键举措[J].经济研究导刊,2009(7):47-48.

[72] 陈世伟.土地流转背景下的村社治理研究——基于浙江镇海乡村社区的实证考察[D].武汉:华中师范大学,2011.

[73] 镇海区积极推进农村精神文明建设的实践与成效[J].新农村,2013(2):16-17.

[74] 王晓梅,王旭.农村文化建设对新型城镇化建设的作用——以黑龙江省双城市为例[J].齐齐哈尔大学学报:哲学社会科学版,2015(4):58-60.

[75] 穆晓利,何爱国.镇海:“全域城市化”的农村社区发展实践[J].社区,2011(21):24-26.

[76] 郎晓波.“链合”视角下的新型城镇化道路与农村社区转型——基于浙江J村的考察[J].农业经济问题,2014(5):42-48.

[77] 陈娟.浅谈城市广场舞文化的发展与影响[J].新一代月刊,2013(12).

[78] 汪玉凯.从政策调整到体制创新——中国行政体制改革20年回顾[J].中国公务员,1998(10):7-8.

[79] 陈郑.和谐社会背景下关于我国行政管理体制改革的对策与建议[J].金卡工程,2010(2):255.

[80] 薛刚凌.论政府职能转变与行政管理体制改革(上)——国务院《全面推进依法行政实施纲要》第四部分解读[J].辽宁警专学报,2004,(4):1-4.

[81] 陈世伟,尤琳.封闭抑或开放:农村社区化管理中新旧组织的冲突与共生——基于浙江镇海乡村社区的实证考察[J].湖北行政学院学报,2012(3):70-75.

[82] 耿春雷.镇海:网上的社会管理创新[J].社会与公益,2012(12):54-55.

[83] 关静.智慧城市中的智慧政府:核心特征与目标设定[J].长白学刊,2013(3):70-74.

[84] 于海涛.试论网络智能办公系统的建设与实现[J].华章,2011(13):274.

[85] 邹佳佳.智慧城市建设的途径与方法研究——以浙江宁波为例[D].金华:浙江师范大学,2013.

后 记

过去的10多年，宁波市镇海区政府在国家及浙江省全力推进城市化建设的大背景下，结合自身发展的实际情况，提出加快该区全域城市化发展战略的决定，镇海区的城市化建设进入了加速发展期。综观镇海区近10年来的发展建设，政治、经济、社会、文化和生态等方面都取得了很大进步，并基本形成了以"水平高、差距小"为主要特征的镇海区经济发展模式，为其他地方的城市化发展提供了经验借鉴与实践指导。本书基于镇海区城市化的背景与发展现状，从"五位一体"角度出发，系统总结了镇海区全域城市化进程中发展的经验与存在的问题，并通过构建镇海区全域城市化综合评价指标体系，探讨其全域城市化的发展模式、发展特点、发展机制与发展路径，以提出相应的完善措施，为镇海区相关部门制定出台有关地区经济发展的政策措施及其他地区的城市化发展提供了有益参考。

本书是镇海区发展和改革局委托浙江工商大学参与"镇海区全域城市化发展模式与综合评价研究"课题的一个研究成果。该课题由镇海区发展和改革局盛伟刚主任牵头，由浙江工商大学经济学院毛丰付教授和刘彤老师、工商管理学院曲亮副教授及统计与数学学院徐霭婷教授主要负责，并带领一群年轻、富有朝气的研究生参加此课题的调研和本书的编写工作。课题开展前期，各老师和学生认真总结了镇海区近5年来各政府相关部门的工作文件、政策规定和相关指导意见等内容，提炼各部门在推进全域城市化建设进程中所进行的具体实践、主要成就、采取的措施及存在的不足之处，并针对现阶段全域城市化发展的现状及有关问题，对相关部门进行深入的调研与访谈，获取相关信息和宝贵的意见。此外，为了构建镇海区全域城市化综合评价指标体系，同学们在前期进行了大量数据收集和整理工作，为指标体系的建立、完善和进一步的研究夯实了基础。

本书从研究、写作、修改、成稿到最后的出版，得到了镇海区政府的大力支持。这里要特别感谢盛伟刚主任及镇海区住房和建设交通局、农业局、人力资源和社会保障局、民政局、经济和信息化局、科技局相关领导和负责人，他们在百忙之中抽出时间积极配合本课题的调研与访谈工作，为书稿的完成提供了大量的信息和宝贵建议，极大地丰富了本课题的研究和发展；感谢浙江工商大学出版社的编辑谭娟娟，感谢她不辞辛劳地给予我们悉心的指导，为书稿的完成提供了很多支持与帮助。此外，需要特别指出的是，以下研究生承担了本书的部分撰写工作：柳津妮硕士承担本书背景、五位一体及未来展望部分的撰写工作（累计约 15 000 字）；白云浩硕士承担本书发展现状、五位一体及未来展望部分的撰写工作（累计约 15 000 字）；谢在阳硕士承担本书五位一体及未来展望部分的撰写工作（累计约 15 000 字）；王建生硕士承担本书五位一体及未来展望部分的撰写工作（累计完成约 15 000 字）；李玉龙硕士承担五位一体与未来展望部分的撰写工作（累计完成约 15 000 字）；王哲硕士承担本书背景部分的撰写工作（累计约 12 000 字）；崔爽硕士承担本书五位一体部分的撰写工作（累计约 12 000 字）；毛杰龙硕士承担本书五位一体部分的撰写工作（累计约 12 000 字）；张彦硕士承担本书五位一体部分的撰写工作（累计约 12 000）。

本书的出版对于推动镇海区全域城市化的发展具有重要意义，同时也为镇海区相关政府部门政策的制定提供了一定的理论与实践指导。但在课题研究中仍存在一些不足，如没有深入镇海区各街道及居民社区进行更好的信息收集与调研工作；在全国多数城市开展全域城市化建设的环境下，我们没有细致地归纳总结与借鉴其他城市比较好的发展经验，也没有加入对比分析，而这些工作对镇海区更好地推进全域城市化建设有着重要作用，在今后的研究中我们会加以改进和完善。

由于作者的水平和知识经验有限，掌握的资料和收集的信息也不尽全面，本书中难免会有遗漏和不足之处，恳请读者批评指正。